民事裁判の要領

裁判官の視点から

門口正人
［著］

青林書院

はしがき

　民事裁判は，手続であり，仕組みであり，技術である。それだけに裁判の実情が見えるものでなければならない。ところが，紛争に関わることになった人からは裁判に関する情報が少ないので不安であると言われ，法律を学ぶ人々からは民事訴訟法がなかなか取りつき難いと言われ，法務担当者ら実務家からは見えない部分が多いと言われる。

　本書は，これらの声に応えようとするものである。本書の中核を占める質疑応答の部分は，これらの人々の疑問を採り上げて金融法務事情に連載したもので，さらに連載の過程で寄せられた読者の方々からの質問に答えたものである。その意味では，本書は，まさに読者によって作り上げられたものといえる。

　本書の構成は，民事紛争の解決の流れに沿って14章に仕立てられ，各章の冒頭に必要最小限の概説を付し，続いて実務に関する疑問を採り上げ，末尾に必要な関連法令を掲げた。質疑応答の部分は，金融法務事情に掲載されたものに，新たに寄せられた質問，なかでも要望の多かった裁判官の心証に関する部分を付け加えたものである。各章の概説部分を通読することによって紛争解決の手続の全容が理解され，質疑応答の部分の該当箇所に触れることによって裁判をめぐる疑問が解消されるものと期待する。

　本書が，民事紛争に関わる人々にささやかなりとも寄与することを願うとともに，学部生や法科大学院性のみならず法律実務家の傍にあって参照され，読者の皆様にとって民事裁判が身近なものとなり，使い勝手の良いものになれば幸いである。

　本書が出来上がるまでには，連載に当たっては，金融法務事情（きんざい）の皆様に大変お世話になり，単行本にするに当たっては，青林書院の長島晴美様のご尽力に助けられた。ここに心からお礼申し上げる。

平成28年6月

門口　正人

執筆者紹介

《執筆者紹介》

門口　正人

前名古屋高等裁判所長官
アンダーソン・毛利・友常法律事務所務所顧問　／　弁護士（第二東京弁護士会）

《取扱案件》
　企業法務一般，コーポレートガバナンス，危機管理／不祥事対応，一般民商事紛争，裁判外紛争処理（商事仲裁・ADR 等），事業再生・倒産

《経歴》
　1984 年　　最高裁判所調査官
　1989 年　　内閣法制局参事官
　1994 ～ 1995 年　　東京高等裁判所判事
　1995 ～ 2002 年　　東京地方裁判所部総括判事・民事部所長代行
　2002 ～ 2003 年　　静岡地方裁判所所長
　2003 ～ 2007 年　　東京高等裁判所部総括判事
　2007 ～ 2009 年　　東京家庭裁判所所長
　2009 ～ 2010 年　　名古屋高等裁判所長官（2010 年 12 月 31 日定年退官）
　2011 年 4 月～　　明治大学法科大学院特任教授
　2012 年 4 月～　　新関西国際空港株式会社監査役
　2014 年 4 月～　　昭和女子大学理事
　2015 年 7 月～　　最高裁判所情報公開・個人情報保護審査委員会委員
　2016 年 6 月～　　株式会社三菱東京 UFJ 銀行監査等委員会委員長・取締役

《著書》
　『訴訟の技能─会社訴訟・知財訴訟の現場から』（商事法務，2015 年）（共著）
　『裁判官フランスを歩く─フランスの社会・司法事情』（青林書院，2012 年）
　『会社法コンメンタール(8)機関(2)』綴込み小冊子『会社法の立法と裁判』（対談）
　　（商事法務，2009 年）
　『会社法大系(1)～(4)』（青林書院，2008 年）（共著）
　『民事証拠法大系(1)～(5)』（青林書院，(1)2007 年，(2)2004 年，(3)(4)2003 年，(5)
　　2005 年）（編集代表）
　『新・裁判実務大系(21)　会社更生法・民事再生法』（青林書院，2004 年）（共編著）
　『司法　経済は問う』（鼎談）（日本経済新聞社，2000 年）
　『新・裁判実務大系(13)　民事保全法』（青林書院，2002 年）（共編著）
　『新・裁判実務大系(11)　会社訴訟・商事仮処分・商事非訟』（青林書院，2001 年）
　　（共編著）
　『現代裁判法大系(20)　会社更生・会社整理・特別清算』（新日本法規出版，1998 年）
　　（共著）

凡　例

《凡　例》

- 本文解説中における法令条項は，原則としてフルネームで表記した。
- カッコ内における法令条項のうち主要な法令名は，以下の略語を用いた。
- カッコ内における法令条項のうち民事訴訟法は「法」，民事訴訟規則は「規則」と略記した。

〔主要法令略語〕

　　会社＝会社法
　　憲＝日本国憲法
　　裁＝裁判所法
　　人訴＝人事訴訟法
　　独禁＝独占禁止法（私的独占の禁止及び公正取引の確保に関する法律）
　　破＝破産法
　　弁護＝弁護士法
　　民＝民法
　　民執＝民事執行法
　　民訴費＝民事訴訟費用等に関する法律
　　民保＝民事保全法

〔判例・判例集等略語〕

　　最＝最高裁判所
　　判＝判決
　　民集＝最高裁判所民事判例集
　　判時＝判例時報
　　判タ＝判例タイムズ

目 次

第1章 紛争解決の始まり —————————————— 1

コラム ❀❀ 本人訴訟 ❀❀
- ❶ 概　説 …………………………………………………… 3
- ❷ 紛争解決の目的と手段 ………………………………… 3
- ❸ 紛争解決のための準備 ………………………………… 3

紛争解決の準備　4

1 ▶ ただ今紛争を抱えています。弁護士に依頼したいのですが，どのようにすればよいのでしょうか。依頼しようとする弁護士が自分にとって本当に良い弁護士かどうかわかりません。　4

2 ▶ 弁護士に依頼したいと考えますが，相談に応じていただいた弁護士は，当方の不利な点を指摘するばかりで，具体的な解決策や展望を示すこともありません。依頼しても大丈夫でしょうか。　5

第2章 訴え提起前の対策 —————————————— 7

コラム ❀❀ スロー裁判 ❀❀
- ❶ 概　説 …………………………………………………… 9
- ❷ 訴えの相手方 …………………………………………… 9
- ❸ 民事保全 ………………………………………………… 9
- ❹ その他の措置 …………………………………………… 10
- ❺ 訴え提起前の証拠収集 ………………………………… 11

1　訴え前の調査　11

1 ▶ 訴えを提起したいのですが，相手方が行方をくらまして現在の所在をつかめません。相手方の財産の状態もわかりません。　11

2　民事保全　12

2 ▶ 訴えの提起を弁護士に依頼したところ，その前に民事保全をする必要があるとして，報酬と費用を求められました。保全によって訴えの手続が遅くなることはないのでしょうか。　12

目　次

3　証拠の準備　14

- 3 ▶ 裁判の始まる前に証拠を用意しておくようにと言われました。そもそもどのようなものが証拠となるのかもわかりませんし，どのような方法で証拠を見つけ出すのかも不明です。　14
- 4 ▶ 訴えを提起したいのですが，裏づけとなる証拠が手元にありません。催告書等の文書のほとんどが相手方にあるような気がします。どうすればよいのでしょうか。　15
- 5 ▶ 相手方の手元にある文書が相手方の思うままに作り替えられたり，廃棄されるおそれがあり，不安です。　15
- 6 ▶ 手持ちの証拠で足りないところを弁護士会照会によって補うことになりました。弁護士会による審査では申出を認められたのですが，照会先の団体からは回答が得られなかったようです。そのようなことがあるのですか。　16
- 7 ▶ 株主総会の決議について争うことを考えていますが，訴えの提起をする前に，どのような資料を用意しておくべきでしょうか。　17

第3章　訴えの提起と訴訟の開始　——21

コラム　❊❊❊　企業紛争への心構え　❊❊❊

- ❶　概　　説 …………………………………………… 23
- ❷　訴えの提起 ………………………………………… 23
- ❸　訴えの提起の方式 ………………………………… 23
- ❹　訴状の受理と担当裁判官の指定 ………………… 24
- ❺　訴状の審査 ………………………………………… 24
- ❻　訴状の送達と第1回口頭弁論期日の指定 ……… 25
- ❼　訴えの提起の効果 ………………………………… 26

1　訴えの提起　26

- 1 ▶ 訴えの提起に当たって，心がけておくべきことにはどのようなことがあるでしょうか。　26

2　訴状の作成　27

- 2 ▶ 裁判所に書面を提出するに当たり，何をどの程度記載すればよいのかについて，いつも悩みます。各種書面には作成基準があるのでしょうか。　27
- 3 ▶ 初めて裁判所に提出する代表的な書面として，訴状がありますが，どの程度書けばよいのでしょうか。　28
- 4 ▶ 訴状に紛争の背景事情を記載してよいのでしょうか。記載するとすれば，どの程度にするのがよいでしょうか。　28

目　次

| 3 | 事件の担当部　30 |

5 ▶事件の担当裁判官は、どのようにして決まるのですか。　30

| 4 | 合議制と一人制　31 |

6 ▶合議体と単独裁判官による審理は、どのような基準で決められるのですか。　31

| 5 | 訴状の提出と受領　32 |

7 ▶訴状について、第1回の口頭弁論期日前に、裁判所書記官から電話で不備があるとの指摘を受けました。突然のことで驚いています。　32

8 ▶「訴訟進行に関する照会書」と題する書面を受け取りましたが、必ず記載しなければならないものですか。特に、自由記入欄に何を記載すればよいのかわかりません。　32

9 ▶訴状について、前に裁判所書記官からの質問に答えたばかりですが、裁判官からの質問として、同じ裁判所書記官から重ねていろいろと尋ねられました。このようなことがあるのですか。　33

| 6 | 第1回口頭弁論期日の指定　34 |

10 ▶第1回口頭弁論の期日がなかなか指定されません。どのような事情があるのかわかりませんが、提起した訴訟がどのように扱われているのかと思うと不安です。　34

11 ▶第1回口頭弁論の期日について、担当部の書記官室に問い合わせますと、当事者が多数のために準備に時間がかかっていると言われました。早期に指定するために工夫の余地はないのでしょうか。　35

第4章　訴えへの対応 — 37

コラム ✿ ム　ダ ✿
❶ 概　　説 …………………………………………………………39
❷ 応訴の準備 ………………………………………………………39
❸ 答弁書の作成 ……………………………………………………39
❹ 答弁書の提出 ……………………………………………………40

| 1 | 応訴の準備　41 |

1 ▶応訴の準備のためにはどのようなことをすればよいでしょうか。　41

| 2 | 訴状への対処　42 |

2 ▶届いた訴状を見てうんざりしています。というのも同じような訴訟が過去にも提起されたことがあったからです。不当な訴訟ではないでしょうか。　42

3 ▶訴状の中の関連事実の記載を読んで驚きました。あまりに事実と違うことが掲げられていますので、憤懣やるかたないといったところです。　42

目　次

4 ▶ 訴状の提出に当たり，原告側は，ビラを配ったり，記者会見の場を設けるなどして，一方的に真実と異なる事情を喧伝しています。何とかならないものでしょうか。　43
5 ▶ 訴えを提起したところ，相手方から別の訴訟を提起されましたが，当方の訴訟に対抗するために無理に提起されたようにうかがえます。相手方の訴訟に対してどのように応じればよいでしょうか。　44
6 ▶ 株主総会の決議不存在確認の訴訟と株主代表訴訟が提起されました。証拠もまったく示さないで，まったくの言い掛かりとしか思えません。　44

3　答弁書の作成　45

7 ▶ 重要な書面に準備書面がありますが，まず答弁書についてその記載のあり方について教えてください。　45
8 ▶ 答弁書を提出するにも，十分な打合せをする時間がありません。そのようなときは，答弁書を提出しないことも許されるのでしょうか。　46
9 ▶ 訴状や答弁書において，どの程度書き込めばよいのか迷います。特に，答弁書において，積極的に当方の言い分を記載したいと思いますが。　46

第5章　第1回口頭弁論　49

コラム　❋❋❋ 知的財産・医療・建築 ❋❋❋
❶　概　　説 ………………………………………………………… 51
❷　口頭弁論の実施 ………………………………………………… 51
❸　証拠の申出と書証の取調べ …………………………………… 51
❹　当事者の欠席 …………………………………………………… 51
❺　訴訟の進行 ……………………………………………………… 52
❻　第1回口頭弁論の終了 ………………………………………… 53

第1回口頭弁論期日の実施　53

1 ▶ 第1回口頭弁論期日として，午後1時10分と指定されたのですが，30分も待たされました。このようなことは普通なのでしょうか。　53
2 ▶ 口頭弁論期日に訴訟代理人や法務セクションにある者が多数出席することは，裁判所にどのような印象を与えますか。　54
3 ▶ 多くの事件の口頭弁論の様子を見ていますと，「訴状や答弁書について記載のとおり陳述します」というだけのようですが，その内容について具体的に述べることはできないのでしょうか。　54
4 ▶ 第1回口頭弁論期日に，訴状の内容について，裁判所から質問を受けました。既に期日前に裁判所書記官を通じて補充等をしていましたので戸惑いました。その場で回答しましたが，的確な内容になっていたかどうか疑問です。その場で答えなくてもよかったのでしょうか。　55
5 ▶ 第1回口頭弁論期日に答弁書の作成が間に合いませんでした。当日に口頭で述べ

るつもりですが，大丈夫でしょうか。　56
　6 ▶傍聴席が相手方側の傍聴人で埋め尽くされ，そのために緊張を感じ，自然な答弁
　　　ができません。静かな状況で裁判ができないものでしょうか。　56

第6章　争点等整理手続 ─────────────────── 59

コラム　❄❄下ごしらえ❄❄
❶　概　　説 ………………………………………………………… 61
❷　争点等整理手続の目的と実施 ………………………………… 61
❸　争点整理手続の種類 …………………………………………… 61
❹　弁論準備の実施 ………………………………………………… 62
❺　弁論準備手続等の終了 ………………………………………… 62

1　争点整理等の選択　63

　1 ▶争点等の整理が，準備手続でされる場合と口頭弁論でされる場合があるようですが，その使い分けの基準はありますか。　63
　2 ▶第1回の口頭弁論期日が終わるときに，次回は弁論準備と告げられました。それほど準備することがないように思われますので，直ちに証拠調べをして判決がいただきたいのですが。　64
　3 ▶次回以降の口頭弁論期日が始まる前に争点整理手続について意見を聴かれましたが，どのように答えればよいのかわかりません。争点整理手続の選択はどのような基準で決められるのですか。　64

2　弁論準備手続の実施　66

　4 ▶弁論準備手続に当事者本人として参画したいのですが，代理人弁護士からできるだけ控えるように言われました。その後の進捗状況もよく理解できませんし，今後の見通しもわかりません。　66
　5 ▶弁論準備手続で，裁判官から時系列表と争点整理表を作成するように求められました。このような作業は，本来裁判所がすべきことではないでしょうか。　67
　6 ▶弁論準備手続において，裁判所から，当事者間で争点整理表を作成するようにとの要請がありました。相手方とは，強く対立している関係にありますので，戸惑っています。　67
　7 ▶弁論準備手続とはいえ，そこで行われていることは，通常の口頭弁論期日で行われていることとそれほど違わないように思われます。わざわざ弁論準備手続でする必要があるのでしょうか。　68
　8 ▶弁論準備手続において，今後の審理のあり方が話し合われたり，和解手続のようなことが行われました。争点の整理の手続とは思えませんが。　68
　9 ▶弁論準備手続において，裁判官から主張の一部を撤回したらどうかと言われました。意味のある主張と思っていますので，維持したいのですが。　69
　10 ▶弁論準備手続で立証計画について話し合われましたが，いっこうに証拠が提示さ

目　次

れません。　70

11 ▶弁論準備手続で証拠として提出した文書について，裁判官からいろいろと聞かれました。このようなこともあるのでしょうか。　71

12 ▶証人申請において，尋問事項書が付いていません。裁判所は，後ほど追完してくださいと言いましたが，このような曖昧なことが許されるのでしょうか。　71

13 ▶弁論準備手続で，相手方から話を聴きたいので席を外すようにと裁判所から言われました。不在の所で何が話し合われるのか見えないところがあり，不安です。　72

3　弁論準備手続の終結　74

14 ▶弁論準備手続が始まって1年が過ぎましたが，いっこうに口頭弁論手続が始まろうとしません。どうしてこんなに長く掛かるのでしょうか。　74

15 ▶弁論準備手続の結果について，裁判所から書面として提出するように言われました。当事者が作成しなければならないものでしょうか。　74

16 ▶次回期日に主張や証拠を提出するつもりでしたが，弁論準備手続を終結すると突然告げられました。　75

4　進行協議　76

17 ▶次回は進行協議期日と告げられましたが，争点整理手続とは別に進行協議期日というものがあるのですか。　76

5　期日外釈明と期日外面接　77

18 ▶口頭弁論の期日でもなく，弁論準備の期日でもないのに，書記官から主張について突然電話を受けました。このようなことは許されるのでしょうか。　77

19 ▶裁判官に期日外に面接を求めることはできますか。　78

第7章　準備書面　81

コラム　❈❈❈　書面作成の精神　❈❈❈

❶　概　説……………………………………………………83
❷　準備書面の作成…………………………………………83
❸　準備書面の提出…………………………………………83

1　準備書面の作成　84

1 ▶準備書面を作成するに当たって，どのようなことに注意すればよいのでしょうか。　84

2 ▶それでは，裁判所にとって歓迎される準備書面とはどういうものでしょうか。　84

3 ▶依頼者と面接を重ね，そのつど依頼者の言い分を組み込もうとしますと，どうしても準備書面が長くなってしまいます。長い準備書面は歓迎されないと聞いたことがありますが，本当でしょうか。　85

4 ▶ 相手方からいろいろな事柄について主張されますと，反論しておかなければ，裁判所から不利益に扱われるのではないかと不安になりますので，自然と長くなります。　85

5 ▶ 大規模事務所の準備書面は長いということを聞いたことがあります。実際その中にいると気がつかないのですが，その原因はどこにあるのでしょうか。　86

6 ▶ 準備書面の記載の体裁・形式に決まりはあるのでしょうか。装飾文字が使用されている準備書面に出会うことがありますが，裁判所には歓迎されているのでしょうか。　86

7 ▶ 別件訴訟や先行訴訟の主張や資料を引用したいのですが，どうすればよいでしょうか。　87

8 ▶ 準備書面を提出するに当たって，会社の決裁を得る必要があるため，十分な時間的余裕がない場合があります。　88

9 ▶ 相手方から「追って主張する」という準備書面が提出されました。このようなことは許されるのでしょうか。裁判所から見ても印象がよくないのではないでしょうか。　88

10 ▶ 裁判所から書面の追加や補充を求められましたが，既に主張を尽くしたと思いますから，無駄なような気がします。応じれば繰返しになりますし，応じなければ心証を悪くすることが懸念されます。提出を控えることはできるのでしょうか。　89

2　会社訴訟の準備書面　90

11 ▶ 会社訴訟などの専門訴訟では，法律の適用や解釈に争いが生じることがありますが，この点について，当事者側から主張をすることは，裁判所の専権を侵すものとしてよく思われないのではないでしょうか。　90

12 ▶ 会社訴訟の準備書面には，意見書や当事者本人の陳述書と変わらないものが見受けられます。その作成に当たり，どのように工夫すればよいでしょうか。　91

3　陳述書その他の書面の作成　91

13 ▶ 陳述書その他の書面について，裁判所から提出を求められることがありますが，その意図が不明で戸惑う場合があり，また，記述の程度に悩みます。　91

14 ▶ そのほかに注意すべきことがありますか。　92

4　心証形成への影響　93

15 ▶ 主張の応酬の仕方が心証の形成に影響を与えることがあるでしょうか。　93

第8章　口頭弁論の続行 ―――――― 95

コラム　❈❈企業紛争における考慮事項❈❈

❶　概　　説 ··· 97
❷　続行の口頭弁論の実施 ······························ 97
❸　訴訟の変動 ··· 98

目　次

1　訴訟の進行　*99*

1 ▶口頭弁論期日における当事者の態度について，裁判所に好感をもたれる態度と裁判所に悪い印象をもたれる態度を教えてください。　*99*
2 ▶訴訟においては当事者間における協働が重要であるとの指摘がありました。しかし，裁判は，本来，闘争ではありませんか。闘争の相手方と協調することなど無理だと思います。　*101*

2　口頭弁論期日の指定　*101*

3 ▶口頭弁論期日の指定に当たり，当事者から反対の意見を述べることは，いけないのでしょうか。　*101*
4 ▶指定された口頭弁論期日の同じ時刻に多数の事件が指定されていて，弁論に十分な時間がとってもらえません。　*102*
5 ▶続行期日が随分先に指定されました。早く結着を図りたいのですが，その理由がわかりません。後ほど気がついたのですが，担当裁判官の異動の事情があったようです。　*103*
6 ▶裁判所が指定する期日の曜日には，当社に定例の会議がありますので困っています。このような事情は配慮してもらえないのでしょうか。　*103*

3　口頭弁論の実施　*104*

7 ▶弁論準備手続後の口頭弁論期日に「結果を上程しますか」と言われましたが，その意味が理解できませんし，その方法もわかりません。　*104*
8 ▶口頭弁論期日における弁論は，大体，準備書面に記載のとおり陳述するという具合ですが，書面を離れて口頭で述べることは不都合なのでしょうか。　*105*
9 ▶弁論準備手続を経たにもかかわらず，相変わらず口頭弁論で延々とやり取りが行われています。裁判所も制止しようとしません。　*106*
10 ▶弁論準備手続において争点が明確にされたはずですが，口頭弁論がいつ果てるとも予想がつきません。納期のない交渉や取引は経済界では考えられません。納期を示してもらうわけにはいかないのでしょうか。　*106*
11 ▶当方としては複数の弁護士に依頼して訴訟準備に遺漏がないようにしたのに，相手方は本人自身が格別の準備をしないままに訴訟追行をしています。裁判所は何かと相手方に肩入れしているのが不満です。　*107*
12 ▶求釈明は，どのような場合にすればよいでしょうか。求釈明を差し控えて淡々と反論をすればよいともうかがいます。求釈明と反論との使い分けについて，基準はありますか。　*108*
13 ▶言い分について，書面ではなく口頭で述べる場合には，どのようなことを心掛けておくべきでしょうか。　*109*
14 ▶相手方から，当方の提出した準備書面について求釈明を繰り返され，そのために審理が一向に進展しないので，困っています。　*109*
15 ▶会社訴訟において，ディベート型審理を行うと言われましたが，実際のところ，およそディベートとはほど遠いようでした。　*110*

目　次

4　合議体の審理　111

16▶合議制による審理の過程で，期日外に若い裁判官から質問を受けましたが，やや筋違いの質問で驚いています。合議制における裁判官の役割はどのように分担されているのでしょうか。　111

5　弁論の併合・分離　113

17▶弁論準備も終結して，いよいよ実質的審理が始まると思っていましたら，別の事件の併合をすると告げられました。このようなことはあるのでしょうか。　113

18▶訴訟中に相手方から別の訴訟を提起されました。関連するので一緒に判断してほしいのですが，その申立てはできるのでしょうか。その逆に，当初の訴訟が相当に進行している場合に，後発の訴訟をしばらく寝かせておいてほしいのですが，そのようなことを上申してよいものでしょうか。　114

19▶同種訴訟が同じ代理人によって多数提起されていくつかの裁判体に係属しています。その代理人から，原告側に有利と思われる訴訟進行が行われている裁判官の係を指定して審理を集中してほしいとの上申がされました。このようなことは許されるのでしょうか。その判断は，いずれの裁判官がすることになるのでしょうか。　114

6　事件の集中と管轄　115

20▶多数の当事者から多くの地方裁判所に同種の事件を提起されています。これらの事件を1つの裁判所に集めることはできないのでしょうか。　115

21▶重要な裁判は，東京や大阪などの大都市で扱ってもらうことはできないのでしょうか。　116

22▶当事者間で約款を通じて海外における裁判所を管轄とする合意がされていたのに，わが国の裁判所に訴えを提起されました。　117

7　専門訴訟　118

23▶株主総会決議取消訴訟が専門部で審理されると聞きましたが，前にも同一裁判所で審理され，芳しくない結果に終わりました。他の部で審理してもらうことはできないのでしょうか。専門部にはどのようなものがあるのですか。　118

8　裁判官の交替　119

24▶裁判体が中途で単独裁判官から合議体に変更されましたが，当初担当していた裁判官が加わっていません。このようなことがあるのですか。　119

25▶単独裁判官から合議体による審理に変更されることはあるのでしょうか。またその逆はいかがでしょうか。　120

26▶審理が大詰めに入ったところで，裁判官の交替がありました。裁判官が途中で交替することは避けられないのでしょうか。　120

27▶裁判官の交替に関しては，審理の実情を考慮してもらえないのでしょうか。また，当事者からその裁判官の継続的関与を求めることはできないのでしょうか。　121

28▶裁判官が異動等によって交替するときは，事務の引継ぎが行われないのですか。　122

29▶裁判官が交替するや途端に審理の方針が変わりました。特に当事者双方が争点と

目　次

　　　して注力していたにもかかわらず，弁論更新がされるや納得のいかない事項が主争点とされてしまいました。その後の和解の手続においても，まったく異なる和解案を提示されました。このようなことはあるのでしょうか。　123
　30 ▶ 係属中の事件について，前回の口頭弁論期日だけ異なる裁判官が審理に関与していました。このようなことは許されるのでしょうか。　123

9　当事者の意向による裁判官の交替　125

　31 ▶ 裁判官の訴訟遂行が不当に思われます。このような場合に裁判官を交替してもらうわけにはいきませんか。　125
　32 ▶ 前にも同じ裁判官による審理を受けて，当方にとって極めて不利な訴訟運営が行われました。新たな事件の受理の段階で裁判官を代えるなどの配慮をしてもらえないでしょうか。　125

10　裁判官の仕事の流儀　126

　33 ▶ 専門部の審理ということで期待していたのですが，裁判官が必ずしも専門的知識を持ち合わせていないことがわかり失望しています。　126
　34 ▶ 裁判官は，どのようにして裁判官としての能力・知見を修得するのでしょうか。　127
　35 ▶ 裁判官は，法廷のない日は何をしているのでしょうか。　128

11　国民の司法参加　128

　36 ▶ 証拠調べの日に裁判官席に背広姿の人が着席していました。裁判官以外の人が訴訟に関与することがあるのですか。　128

第9章　証拠調べ————————————131

　コラム　※※議事録と裁判官の心証※※
　❶　概　説 …………………………………………………… 133
　❷　証拠の申出 ……………………………………………… 133
　❸　証拠決定 ………………………………………………… 134
　❹　証拠調べの実施 ………………………………………… 134
　❺　書証の証拠調べ ………………………………………… 135
　❻　人証調べ ………………………………………………… 135
　❼　検証，鑑定，鑑定の嘱託 ……………………………… 136
　❽　証拠調べの終了 ………………………………………… 136

1　証拠の申出　137

　（① 証拠の申出　一般　137）

　1 ▶ 証拠の申出に当たって，一般にどのようなことに気を付けておくべきでしょうか。　137

目　　次

2 ▶証拠説明書は，どの程度重視されるのでしょうか。　138

（　②　書証の申出　139　）

3 ▶書証の申出がされましたが，その立証趣旨が曖昧であり，証明すべき事実も特定されていないので，とまどっています。　139

4 ▶書証の申出は，原本を提出する必要がありますか。コピーでもよいのでしょうか。　140

5 ▶相手方から，膨大な量の文書について証拠の申出がされました。争点との結び付きが明らかにされませんので，認否をするべきか疑問です。　140

6 ▶相手方から写真を証拠として申出されましたが，その被写体や撮影時期などが不明で，認否の手掛りすらありません。　141

7 ▶インターネット契約に関する債務不履行による損害賠償請求訴訟において，取引の経緯等の情報がすべてコンピュータに保存されていて，関係書類は一切ありません。どのような方法で証拠の申出をすればよいでしょうか。　141

（　③　証人の申出　142　）

8 ▶証人の申出がされましたが，争点との関係が不明であり，尋問事項書も添付されていません。尋問予定時間もあまりに長すぎます。　142

9 ▶相手方による証人調べの申出において，その立証趣旨として，「陳述書に同じ」と記載され，尋問事項についても「争点に関わる事項その他関連する事項」と記載されています。尋問が際限なく広がるおそれがあり，何が尋ねられるか予想できませんので不安です。　143

（　④　証拠調べの申出　その他　144　）

10 ▶国際商事取引に関わる訴訟で，取引の関係法規について裁判所から説明を求められました。関係法規などを申し出る必要があるのでしょうか。　144

11 ▶弁論準備の過程で相手方から関連の裁判例として多数の証拠の申出がありました。当方もその対抗として裁判例につき証拠の申出をすべきでしょうか。また，雑誌等の論考や学者の意見書も多数提出されました。このようなものは証拠として意味があるのでしょうか。　144

12 ▶相手方からの示唆に応じて，裁判所から当社の対外秘の資料と内部マニュアルの提出を打診されました。特にマニュアルは訴訟になっている事件後に改訂がされていますので，改訂後のものを提出するとあたかも当時の対応が間違っていたかのような印象を与えることになりかねず，苦慮しています。　145

13 ▶将来に訴訟が提起されることを見越して，書証に限定した証拠制限契約を結んでいましたが，相手方からその合意に反して多くの証人調べの申出がされました。　146

2　当事者照会　147

14 ▶建築請負工事に係る損害賠償請求事件において，相手方から，施工の方法を立証するために必要であるとして，当該工事に係る設計図面すべてと製造工程表のほか従来の工法等を明らかにするように求められました。照会事項が当該事案と無関係とも思われますし，あまりに漠然としていて答えようがありません。弁論準備手続で証拠の整理も行われているのですから，そのときに尋ねてもらえればよいのにとも思います。　147

目 次

3 証拠の申出の撤回　149

15 ▶ 相手方の申出に係る証人の主尋問が終了した段階で，その申出が撤回されました。裁判所も，撤回を認めて，結審となりました。当方としては，反対尋問の機会を奪われたようで，しっくりしません。　149

4 証拠調べの申出と心証　150

16 ▶ 証拠の申出の態度が，裁判所の判断に不利な影響を与えるということはありますか。　150

5 証拠の採否　150

17 ▶ 証拠の申出をしたのに，採用されませんでした。当方としては重要なものと位置づけていましたので，その理由も示されないままに却下されたことは，おおいに不満です。　150

18 ▶ 証人調べの申出を前々回期日にしたのですが，いまだに採否の決定がされません。別の証人の用意をしたほうがよいのでしょうか。　151

19 ▶ 相手方から膨大な書証の申出がされました。裁判所は，申出の検討もしないで，すべてを採用して証拠調べに入ることとなりました。　151

20 ▶ 法務部の担当としてこれまでいくつかの裁判に関与してきましたが，証拠の申出が採用されない場合の理由がはっきりしません。証拠の申出の採否について，何か基準があるのでしょうか。　152

21 ▶ 証人調べに代わって陳述書の申出がされました。証人の申出もないままに採用されましたが，裁判所の関与しないところで作成された陳述書から心証が得られるものでしょうか。　154

22 ▶ 当方の主張を立証するうえにおいて，重要な証人の申出をしましたが，まず当事者本人を取り調べると伝えられました。証人の取調べを先行してもらったほうが当方の主張について心証を抱きやすいと思うのですが。　155

23 ▶ 相手方から，口頭弁論の終結の直前になって，新たな証拠の申出がありました。弁論準備手続においてはもちろん申出はなく，突然の申出がされたものですから，時機に後れたものとして当然却下されると思っていましたが，唯一の証拠であるとの理由で採用されました。相手方が本人で訴訟を追行していることが考慮されたのでしょうか。　155

24 ▶ 他の裁判体で調べられた証人調書の申出がされました。当方のまったく与り知らないところで証人調べがされたものですから，採用されると困ります。　156

6 証人調べ　157

（① 取調べの方法と準備　157）

25 ▶ 複数の証人を取り調べるに当たって，あるいは証人と当事者を取り調べるに当たって，取調べの順序はどのように定められるのですか。　157

26 ▶ 次回期日に証人として出頭することになりました。証人調べは，どのような方法で行われるのでしょうか。　158

27 ▶ 証人尋問において，当事者が十分に事前準備をしているかどうか裁判所にはわかるものですか。　159

目　次

28 ▶ 証人尋問の時間が守られません。　159
29 ▶ 証人尋問が1回の期日に終わらないで，続行とされました。次の期日までに，証人に何らかの働き掛けがありはしないかと不安です。現に別件訴訟では，続行期日の冒頭に，代理人から，前回の証言の誤りを指摘して訂正の証言を求めることがありました。このようなことでは真実から遠ざかるのではないでしょうか。　160

（　②　対質・テレビ会議・書面尋問　161　）

30 ▶ 次回期日に証人として呼ばれていますが，その際「対質」で取り調べると告げられました。　161
31 ▶ 証人尋問の方法として，テレビ会議による方式や書面尋問の方式があるとうかがいました。どのようなものでしょうか。　162

（　③　尋問の方法　163　）

32 ▶ 証人を尋問するに当たって，どのようなことに注意する必要がありますか。　163
33 ▶ 主尋問の仕方について，特別に配慮することはありますか。時系列で尋問する場合と要件事実ごとに尋ねていく場合があるとうかがいますが，いずれの方法がよいのでしょうか。　164
34 ▶ 反対尋問について，心掛けておくべきことは何でしょうか。　165
35 ▶ 証人尋問に立ち会いましたが，その尋問の仕方が極めて誤導的であったり，脅しのようなものがあったりして，不愉快な感じがしました。　166
36 ▶ 補充尋問は，どのような趣旨で行われるのですか。　166
37 ▶ 陪席裁判官から補充質問を受けましたが，質問が今までの証拠と相容れないようです。記録をよく読んでいるようには思えなかったので，不快でした。　167
38 ▶ 証人尋問の途中で，相手方代理人から文書を示されました。突然のことであり，しかも法廷の場ですので緊張していて，その内容を十分に把握することができませんでした。　167

（　④　証人の立場　168　）

39 ▶ 証人尋問の途中で，裁判官から何度も質問をされました。そのつど，緊張して，余計に頭が混乱して，証言するのに難儀しました。　168
40 ▶ 証人の立場からしますと，相手方や裁判所から，答えに窮する類の質問がされた場合に，どのように答えればよいのか戸惑います。質問者に問い返すということはあってもよいのでしょうか。また，答えを拒絶することは許されるのでしょうか。　169

（　⑤　証人調べと心証　170　）

41 ▶ 証人尋問の各段階において，裁判所は証言のどの部分に着目していますか。　170
42 ▶ 証人尋問において，前に裁判所の着眼点はうかがいましたが，なかなか尋問が円滑に進められません。裁判所に対して最も効果的な尋問とはどのようなものでしょうか。　170
43 ▶ 人証と心証の関係についてうかがいます。証人の証言は，どのように裁判官の心証に作用するのでしょうか。　171

7　書　証　173

（　①　書証―取調べ　173　）

44 ▶ 書証の取調べは，どのような方法で行われているのか，いつ行われたのか，よく

目　次

　　見えません。　173
45▶文書の一部のみが提出されました。その余の部分に当方に有利な部分があるのに，その部分が伏せられています。　174
46▶書証の申出に当たって，その立証趣旨を貸付の事実としましたが，相手方の援用がないのに弁済の事実の証拠として認定されました。このようなことがあるのでしょうか。　174

（　②　書証―陳述書　175　）

47▶陳述書の作成に当たり，自分側の言い分に限定して記載するのか，相手方の反論を想定して事情を網羅して記載するのか，迷うことがあります。　175
48▶陳述書の記載内容がでたらめです。その内容を争う方法はないのでしょうか。　176

（　③　書証―意見書　176　）

49▶相手方から意見書が提出されました。その内容について，不満があります。裁判所がどのように位置づけているのかも見えませんので不安です。どのように争えばよいのでしょうか。　176
50▶相手方から意見書が多く提出されました。裁判所は，意見書をどの程度斟酌するものでしょうか。　177

（　④　書証―心証　178　）

51▶書証について，留意すべきことは何でしょうか。特に心証形成に与える影響について教えてください。　178

8　調査嘱託・文書送付嘱託・文書提出命令の申立て　179

52▶官公庁に対して，調査を嘱託したり，特定の文書の送付を嘱託したりすることがあると聞きますが，その証拠調べは，どのように行われるのでしょうか。文書提出命令についても，その申立てまではわかるのですが，その後の取調べについて，特別の方法があるのでしょうか。　179
53▶相手方から，突然，文書提出命令の申立てがされましたが，裁判所はそのまま採用しました。当方としては，争いたいところです。また，命令を受けた者は必ず提出しなければいけないものでしょうか。　180
54▶会社内のプロジェクトチーム内で作られた報告文書について，文書提出命令が申し立てられました。会社の部署で検討した文書が外部に漏れることは困ります。命令を受けることがあるでしょうか。　181

9　鑑　定　182

55▶鑑定の申出をしたものの，その後の証拠調べがどのように行われるのかわかりません。　182
56▶鑑定に当たって，鑑定すべき事項はどのように定められるのですか。　183
57▶鑑定の内容があまりにずさんで，その意見に至る過程も誤っています。どうすればよいでしょうか。　184
58▶鑑定について，裁判所はどの程度重視しますか。双方から鑑定書が提出された場合，どのような基準で採用しますか。当事者の意思能力に争いがある場合に，その鑑定において，真っ向から反対の意見が出されました。　184

目　次

59 ▶会社訴訟において，審理に特別の工夫はないのでしょうか。争いの根本に考え方の相違がある場合に，鑑定などが行われることはありませんか。　*185*

10　検　　証　*187*

60 ▶検証の終了後に作成された調書を閲覧しますと，当方にとって納得しがたいことが記載されています。この部分の検証について不服を申し立てたいと思います。　*187*

11　証拠調べの結果と心証形成　*187*

61 ▶証拠調べは，心証形成の核であるといわれますが，証拠調べの結果は，どのようにして裁判官の心証に取り入れられていくのでしょうか。証拠調べの実施において注意すべきことは何でしょうか。　*187*

第10章　和解の試み ― *189*

コラム ❀❀和　解❀❀
- ❶ 概　　説 …………………………………………………… *191*
- ❷ 和解の方法 ………………………………………………… *191*
- ❸ 和解の実施 ………………………………………………… *191*
- ❹ 和解の成立 ………………………………………………… *191*

1　和解の勧告　*192*

1 ▶ある日突然裁判所から和解を勧告されました。まだ十分に審理もされていないので，驚いています。　*192*

2 ▶裁判官がどのような意図で和解を勧告したのか，これは何かのシグナルなのか見当がつきません。　*193*

3 ▶裁判官は，判断に迷って判決を書きたくないから和解を勧めているだけということはありませんか。　*194*

2　和解勧告の申出　*194*

4 ▶当方から和解の申出をすることは，相手方には弱気とみられ，ひいては裁判所にも良くない印象を与えるのではないでしょうか。　*194*

5 ▶前に和解勧告を蹴っているのですが，再度和解勧告の申出をすることや同じ和解案を申し出ることができるのでしょうか。　*195*

3　和解勧告の拒絶　*195*

6 ▶既に長い間相手方と交渉を重ねてきたものの，らちが明かないので訴訟を提起したのですから，判決を出してもらって結着をつけたいのです。それでも勧告を受け入れるべきなのでしょうか。　*195*

目 次

4 和解手続の進行　196

7 ▶ 代理人から和解の場に出席しないように言われました。出席しないことによって裁判所から不信感をもたれることはないでしょうか。　196

8 ▶ 和解の場面で，相手方と別々に裁判官から話を聞かれました。相手方には時間をたっぷりかけていましたので，どのようなことが話し合われたのか不安です。　197

9 ▶ 裁判所から和解を勧告されたものの，和解案の提示はもとより，方向性も示されないので困っています。　197

10 ▶ 裁判官は相手方の要求を伝えて，当方の主張の問題点を指摘するだけでした。裁判官は，和解の結論についてどう考えているのでしょうか。　198

11 ▶ 裁判官は，双方に矛盾したことを言ったり，相手方にも不利なことを言って，とにかく和解させようとしていませんか。　199

5 和解の応諾　199

12 ▶ 当方の主張に明らかに分があると思われるのに，裁判所の和解勧告を受け入れるべきなのでしょうか。何を根拠に受入れを決断するのでしょうか。当方の主張が認められるなら譲歩しないでもいいのではないでしょうか。　199

6 和解による心証　201

13 ▶ 当方のいない場で相手方が裁判官に述べたことが，裁判官の心証に影響を与えるということはありませんか。　201

14 ▶ 裁判所からの和解の勧告を拒絶することは，その後の心証を悪くしないでしょうか。　202

15 ▶ 和解手続において裁判所から示された心証と判決の理由とするところが異なっていました。そのようなことはあるのでしょうか。　202

16 ▶ 和解の席では裁判官から有利な心証を示されたのに，判決では敗訴しました。　203

7 上級審における和解　204

17 ▶ 控訴審で和解を勧告されました。第1審で勝訴しましたので，意外な感じがします。応じなければならないのでしょうか。　204

8 会社関係訴訟の和解　204

18 ▶ 会社の取引について争われています。関係者が多数に上りますし，和解することによって株主代表訴訟を提起されることも懸念されますが，どのような配慮が必要でしょうか。　204

19 ▶ 株主代表訴訟において和解をすることができるのでしょうか。その場合に考慮することにどのようなことがありますか。　205

20 ▶ 企業間紛争について，裁判所が和解を勧告する基準はどこにあるのでしょうか。当事者においては，和解を選択する基準をどのように考えておけばよいのでしょうか。　205

目　次

第11章　裁判の終局 ──── 207

コラム　❈❈会社訴訟で勝つために❈❈
- ❶ 概　　説 …………………………………………………… 209
- ❷ 口頭弁論の終結 …………………………………………… 209
- ❸ 事実の認定・心証の形成 ………………………………… 209
- ❹ 判決書の作成 ……………………………………………… 210
- ❺ 判決の言渡し ……………………………………………… 210

1　最終準備書面の作成　211

1 ▶最終準備書面の作成に当たって，どのようなことを注意すればよいでしょうか。　211

2 ▶最終口頭弁論期日を終えた後に不利な判決が予想されるときに，当事者として何かできることはありませんか。　211

3 ▶会社訴訟で，それまで裁判所から争点整理としていくつかの指摘を受けてきましたが，判決をみて驚きました。判決では，指摘を受けた事項については，まったく触れられていません。今までの訴訟指揮は何だったのでしょうか。　212

4 ▶審理の終結後に結論が変わるということはあるのですか。　213

2　訴訟の勝敗　214

5 ▶訴訟の勝敗は，どのようにして決められるのですか。基準がありますか。　214

6 ▶事件の落着きとかスワリということを聞くことがありますが，訴訟の勝敗も，このようなことで左右されるのでしょうか。　214

7 ▶裁判において，結論が初めにあって，理由は後づけという人がいますが，そのようなことがあるのでしょうか。　215

3　事実の認定　216

8 ▶事実の認定は，どのようにして行われるのですか。　216

9 ▶証拠の評価はどのように行われるのでしょうか。書証は証人よりも，証人は当事者本人よりも信用されやすく，裁判所の判断に与える影響が強いと聞きますが，正しいのでしょうか。　216

10 ▶弁論の全趣旨というのは，どのようなものですか。　217

11 ▶証明度というものがあるのですか。民事裁判においては，刑事裁判に比べて低く，70％などといわれていますが，そのとおりでしょうか。　218

12 ▶当方の主張する取引には，契約書面がありますので，裁判所には疑いのないところとして受け入れられると思っていたのですが，それにもかかわらず，関係者の証拠調べを重ねています。何とかならないのでしょうか。　219

13 ▶株主総会の決議取消訴訟において，主要な事実には争いがありません。この場合に，その事実の評価がどのようにされるか不安です。　220

目 次

4　心証形成　*221*

14 ▶ 心証の形成という言葉をよく聞きますが，事実の認定とは異なるのですか。　*221*

15 ▶ 心証はどのようにして形成されるのですか。ストーリーの合理性が決め手であるとも聞きますが，ストーリーの合理性とは何をいうのでしょう。　*222*

16 ▶ 心証の形成は，要件事実ごとに行われるのですか，要件事実を離れて紛争をみつめることによって行われるのですか。　*223*

17 ▶ 心証形成の基準になるものは何でしょうか。　*223*

18 ▶ 心証はいつ形成されるのでしょうか。　*224*

19 ▶ 心証は，どのようにして作られていくものですか。それがわかれば，訴訟の戦術も立てやすいのですが。　*225*

20 ▶ 担当の裁判官が，自分の思い込みで事実をみているような気がしてなりません。何とかならないでしょうか。　*226*

21 ▶ 裁判官から心証の開示はされるものでしょうか。どの時期を選んで開示されるのですか。　*226*

22 ▶ 裁判官の抱いている心証がつかめません。裁判官の抱いている心証をどのようにして把握すればよいのでしょうか。　*227*

23 ▶ 良い心証を得るために，また，悪い心証を消すために，どのようなことを心掛ければよいでしょうか。　*228*

5　合　　議　*229*

24 ▶ 裁判の合議は，どのように行われますか。　*229*

25 ▶ 合議体で意見が異なることはあるのですか。結論や賠償額に不一致がある場合は，どうするのですか。裁判長の意見に従うことになるのですか。　*229*

26 ▶ 裁判官の個人的考えとか思想が判決に影響することはありませんか。　*230*

6　判決書の作成　*231*

27 ▶ 判決書はどのような手順で作られるのですか。最終口頭弁論期日後に作成されるのですか。　*231*

28 ▶ 判決の言渡しの期日が最終口頭弁論期日の3か月後に指定されました。判決の言渡しまでに，一体どのような作業が行われているのですか。　*232*

29 ▶ 判決書の体裁にもいろいろあるようですが，作成基準がありますか。　*233*

30 ▶ 判決書を見て驚いたのですが，抗弁をいくつか順序立てて提出したのに，勝手に選択されて判断されました。　*233*

31 ▶ 株主総会決議無効確認の訴訟において，実体につき主張を交わしてきましたが，確認の利益がないとして訴えを却下されました。まったく納得ができません。　*234*

7　判決の間違い　*235*

32 ▶ 判決において，損害額に明白な間違いがあります。どうすればよいでしょうか。　*235*

目　次

第12章　控　訴 ─────────── 237

コラム　❋❋ 裁判のあやまち ❋❋

❶ 概　説 ………………………………………… 239
❷ 第1審判決後の準備 …………………………… 239
❸ 控訴の提起 …………………………………… 239
❹ 控訴審の審理 ………………………………… 240
❺ 控訴審の判決 ………………………………… 240

1　控訴の見極め　241

1 ▶ 第1審で敗訴しました。控訴したいと思うのですが，代理人の見通しでは，有利な判決は望めないと言われました。控訴審における勝訴の見込みについて，どのように見極めればよいのでしょうか。　241

2 ▶ 株主総会決議無効確認の訴えを提起されましたが，第1審では確認の利益がないとして訴えを却下するとの判決を得ました。しかし，その判決内容をよく読みますと，被告側にとって看過しがたい理由が付記されています。控訴して正したいと思います。　242

2　控訴審における事件の取扱い　243

3 ▶ 控訴を提起する予定でいますが，係属裁判所は，どのようにして決まるのですか。また，その後の事件の取扱いは，どのように行われますか。　243

4 ▶ 進行照会という書面が送られてきました。記載内容によっては，控訴の意図を誤解されるのではないかと心配です。回答しないと不利に取り扱われますか。　243

5 ▶ 控訴裁判所は，第1回口頭弁論期日までにどのような作業をしているのでしょうか。　244

3　控訴理由書　245

6 ▶ 控訴裁判所から，控訴理由書を提出するように促されました。控訴の理由を控訴状に記載しましたが，控訴理由書は，必ず提出しなければいけないものでしょうか。　245

7 ▶ 控訴理由書には，控訴理由としてどの程度記載すればよいのでしょうか。良い控訴理由書と悪い控訴理由書の違いを教えてください。　246

8 ▶ 控訴審において，新たな主張をしたいのですが，採用してもらえるでしょうか。その場合に控訴理由書においてどのように記載すればよいでしょうか。　247

9 ▶ 事実認定についての不服の申立ては，なかなか難しいとうかがいましたが，控訴理由書において，どのように記載すればよいでしょうか。　248

4　進行協議期日など　249

10 ▶ 第1回の口頭弁論期日の前に進行協議期日が指定されました。どのようなことが行われるのですか。出席しなければならないものでしょうか。　249

11 ▶ 控訴審の裁判官から事件を弁論準備手続に付されると連絡を受けました。争点な

目　次

　　どは第1審で確定しているはずですし，第1回の口頭弁論期日も開かれないのに，その意義がよく理解できません。　*249*

12 ▶控訴審の裁判官から，事件についてうかがいたいと連絡がありました。どのような趣旨なのか，何が行われるのかわかりません。　*250*

5　審　理　*251*

13 ▶控訴審の審理は，どのように進められるのですか。　*251*

14 ▶控訴審では，何を中心にして審理がされるのですか。　*251*

6　控訴審の審理の続行　*252*

15 ▶控訴人代理人として強く口頭弁論の続行を求めましたが，簡単に却下されました。1回結審という原則があるのでしょうか。　*252*

16 ▶控訴審では，どのような場合に期日が続行されますか。控訴理由を受け入れてもらえるためには，どのようなことをすればよいのでしょうか。　*253*

17 ▶控訴審の続行期日では，どのようなことが行われるのですか。　*254*

18 ▶控訴審で第1回口頭弁論期日の後に弁論準備期日が指定されました。第1審の繰返しになるのではないかと思うと不安です。　*254*

7　控訴審における証拠調べ　*255*

19 ▶控訴審において，新たな人証の申出をしたのですが，採用されませんでした。控訴審における証拠調べの実情はいかがでしょうか。　*255*

20 ▶控訴審では，当事者本人の言い分を直接聞いてほしいと思います。当事者本人の顔も見ないで判決を下すのは邪道ではないでしょうか。　*256*

8　控訴審における心証形成　*257*

21 ▶控訴審裁判官は，どのようにして心証を得られるのでしょうか。心証形成において，第1審裁判官と異なるのでしょうか。　*257*

22 ▶第1審で勝訴して安心していたのですが，控訴審で敗訴しました。第1審の判決の当否は，どのようにして決められるのですか。　*258*

23 ▶控訴に当たって，控訴理由書もしっかり書きましたが，棄却されました。控訴が認められることはほとんどないのでしょうか。　*258*

24 ▶企業間訴訟では，上訴に伴い，結論が異なることが多いと聞きました。その理由は何でしょうか。　*258*

9　控訴審の判決　*259*

25 ▶第1審の判断とはまったく異なる理由で判決を言い渡されました。争点整理手続で整理された争点とも異なるもので，実に意外で裏切られた思いです。　*259*

26 ▶控訴審の判決書は，どの時点で起案されるのですか。　*260*

27 ▶控訴審の判決が言い渡されました。原審の判決が引用されていて，何とも読みにくい限りです。　*260*

10　控訴審における和解　*261*

28 ▶控訴審で和解を強く勧告されました。勝訴しているので応じるつもりはありません。どのような場合に和解手続が行われるのでしょうか。　*261*

目　次

29 ▶ 控訴審で，いまだ審理が開始されていない段階で和解の勧告がされました。　261
30 ▶ 控訴審における和解と第1審における和解とは，どの点が最も異なりますか。　262
31 ▶ 企業間訴訟において和解を勧告されたときに，応じるかどうかはどのように判断すればよいでしょうか。　262

第13章　上　告　――――――――――――――265

コラム　❀❀ ムラとムリ ❀❀

❶ 概　　　説 …………………………………………… 267
❷ 上告の申立て ………………………………………… 267
❸ 上告受理の申立て …………………………………… 267
❹ 上告審の審理 ………………………………………… 268
❺ 上告審の判決 ………………………………………… 268

1　上告の提起・上告受理の申立て　268

1 ▶ 第1審で勝訴したのですが，控訴審で逆転敗訴となりました。最高裁判所の判断を仰ごうと思っています。どのような方法があるのでしょうか。　268
2 ▶ 上告の提起と上告受理の申立ては，どのような方法ですればよいのでしょうか。　269

2　事件の取扱い　271

3 ▶ 最高裁判所に事件が送られますと，事件はどのように取り扱われるのですか。　271

3　上告等の受理　271

4 ▶ 上告受理の申立てであれ，上告の提起であれ，なかなか最高裁判所の扉を開いてもらえないと聞きます。　271
5 ▶ 上告受理の申立てをしましたが，不受理とされました。その後同種事案で受理されたことを知りました。どうしてでしょうか。　272
6 ▶ 1審，2審とも，過失に関する事実の認定の過程が極めて不合理で，過失があるとされた認定判断も不自然であって，とうてい納得できません。　273
7 ▶ 1審，2審を通じて当方の申し出た証人も取り調べられずに終わりました。原判決の事実認定も極めて杜撰です。審理不尽として上告をしたいと思います。絶対的上告理由にはどのようなものがあるのですか。　273

4　審　理　275

8 ▶ 最高裁判所で口頭弁論が開かれるのは，原判決を破棄する場合だけとうかがいましたが，間違いありませんか。　275
9 ▶ 会社訴訟では，破棄されることが多いと聞きました。どうしてでしょうか。答弁書の記載において心掛けるべきことがあるでしょうか。　276

5 最高裁判所調査官　277

10 ▶ 調査官裁判という言葉を聞きます。最高裁判所調査官は，上告審の判断にどのように関わっているのですか。　277
11 ▶ 最高裁判所調査官が事件の選別をするとうかがいましたが，どのような基準で事件を選別するのでしょうか。　278

6 判　決　279

12 ▶ 上告理由をしっかりと記載しましたが，簡単な定型の理由で上告を棄却されました。　279
13 ▶ 補足意見が付されました。どのような場合に補足意見が付くのでしょうか。　280

7 和　解　281

14 ▶ 上告審は法律審ですから，和解はできないとうかがいましたが，和解はできるのでしょうか。　281
15 ▶ 最高裁判所における和解の試みに特別の手続がありますか。最高裁判所調査官が担当するのですか。　281

8 判　例　282

16 ▶ 最高裁判所の判決や決定は，すべて判例となるのですか。公式の判例はどのようにして決められるのですか。　282
17 ▶ 上告を提起しようと思うのですが，既に判例があると聞きました。判例は動かし得ないものでしょうか。　282

第14章　民事執行　285

コラム　安全安心社会
❶ 概　説 …………………………………………………………… 287
❷ 強制執行の申立て ……………………………………………… 287
❸ 強制執行の実施 ………………………………………………… 287

索　引　289

第 *1* 章

紛争解決の始まり

❈❈ 本人訴訟 ❈❈

「夫の仇をとりたいから、私一人で訴訟を続けます」。夫の死亡が医療ミスによると主張して損害賠償を求めた裁判の控訴人席である。

紛争当事者本人が弁護士らを選任しないで自力で訴訟活動をすることを本人訴訟という。地方裁判所の民事通常訴訟の実に72％で、原、被告のいずれかが本人自ら訴訟を進めている。その理由はさまざまである。経済的な事情などから弁護士を敬遠する場合には、法律扶助などで手を差しのべたり、弁護士側で日ごろから垣根を低くする努力をしなければならない。弁護士から依頼を断る場合にも、道しるべを示すなど何らかの手当てが必要であろう。アメリカでも、債権の回収などの訴訟で被告本人の権利保護が心配されていると聞く。

もちろん、自分自身で裁判にかかわってみたいという場合もある。その心理は、単なる好奇心から恨みを晴らしたいというものまでいろいろ。

使い勝手の良い司法を目指して、裁判所では、ネットや窓口案内などを利用して情報を手に入れられるように工夫している。が、現在の訴訟は高度に技術化専門化しているから、その活動は容易ではないはず。裁判所も、本人の自己責任と裁判所の後見的役割の間で揺らぐ。一方が弁護士を頼んで見事な訴訟活動をし、他方が自己流でいる場合に、公平中立を捨てるわけにはいかず、さりとて不均衡に目をつぶることもできない。

先の女性は、裁判に満足しただろうか。あだ討ち？の訴訟に裁判所はどんな助太刀を演じればよいのか悩ましい。

（「紙つぶて」『中日新聞』平成22年9月24日付夕刊）

第1章　紛争解決の始まり

❶　概　　説

　紛争には，家族や隣人の間の争いから大規模の会社の紛争まで，多岐にわたる。紛争は，すべて法律に関わりがあるといっても過言ではない。紛争が発生した場合に，それぞれの特性を見極めたうえ，解決に至るまでの経済的・精神的負担を考慮して，その特性に応じた解決を図ることを目指して，対処することが必要である。

❷　紛争解決の目的と手段

　紛争は，その解決のために時間の経過を待たざるを得ないものもあるが，時間の経過に応じて解決が困難になることが多い。そのため紛争が時の経過によってますます大きくなる前に解決されるのが望ましい。
　紛争の解決の方法としては，法律上の争訟（裁3条1項）については，訴えの提起や裁判所における調停のほかにも，裁判所外の紛争処理機関による調停や仲裁（ＡＤＲ）がある。簡易裁判所の裁判所書記官に金銭その他の代替物などを求める支払督促（法382条）もある。また，行政機関や弁護士会においても，解決のための相談窓口が開かれている。

❸　紛争解決のための準備

　紛争が発生した場合，できるだけ速やかにその対処法について検討しなければならない。当事者の交渉だけで解決できるか，第三者の手を借りるかがまず検討される必要がある。当事者や友人などの近しい者だけで交渉に当たる場合は，得てして自分側の立場や言い分にこだわり，相手方を非難することになりがちで，解決を難しくすることがある点に留意しておくべきである。第三者に委ねる場合には，紛争の内容や経過に照らして，その分野に知見や経験を有する者を選ぶべきであるが，何よりも紛争に誠実に向き合ってもらえる人材を選びたい。訴えの提起は，時効の中断のためには，必須である

第1章　紛争解決の始まり

（民147条1号）。

　自ら解決に当たる場合でも弁護士やその他の第三者を依頼するに当たっても，解決すべき事項や相談すべき内容を整理し，その案件がどれほど緊急を要するものか，解決にどれほどの時間と経費を要するか考えておく必要もある。そのためにも，あらかじめ紛争に関係のある書類や写真などを整理し，紛争の背景事実を時系列に添って文書にまとめておくことが望まれる。身近な者で事情を知る者がいる場合には，その者に事実を確認するとともに，事実関係を記載してもらうことも有効である。

　依頼を受けた弁護士は，依頼者との信頼を大事にして，誠実にかつ丁寧に事情を聴き取り，依頼者の真意をつかみ，紛争解決のための最良の方策を見つけなければならない。そのためには，依頼者の言い分をそのまま受け入れるのではなく，かえって反対当事者の立場で厳しく検証することが求められる。

📖　📖　📖

紛争解決の準備

> **1**　ただ今紛争を抱えています。弁護士に依頼したいのですが，どのようにすればよいのでしょうか。依頼しようとする弁護士が自分にとって本当に良い弁護士かどうかわかりません。

　現在の裁判手続では，専門的な知識や技能を必要とする場面が多いといえます。そのために，裁判に関わろうとすれば，法律専門家としての弁護士の専門知識と技能に頼らざるを得ないといえるでしょう。

　たしかに，弁護士を見つけ出すのは，個人的な縁故でもない限り，なかなか容易ではありません。現在ではインターネットから各種情報が得られますし，各地の弁護士会や法テラスを利用することによってある程度の情報も手に入ります。ただ外面的な情報だけで委任弁護士を決めるのも問題です。どうしても選任した弁護士の能力や人柄に負う部分がありますので，

第 1 章　紛争解決の始まり

依頼に当たっては，慎重に，自分の眼でしっかりと見極めることが必要です。専門分野における能力や経験も大事ですが，何よりも大事なのは，信頼に足りる人柄といえるでしょう。

2　弁護士に依頼したいと考えますが，相談に応じていただいた弁護士は，当方の不利な点を指摘するばかりで，具体的な解決策や展望を示すこともありません。依頼しても大丈夫でしょうか。

　弁護士としては，法律専門家としての立場から，紛争を捉える必要がありますから，相手方の言い分なども予想して，相談者に厳しい指摘をすることがあります。相談者の立場に立てば，言いづらいこと，隠しておきたいことなどがあるのは当然でしょうから，相談者の言い分だけでは，紛争の実相が十分にわかりませんのでやむを得ないところでしょう。弁護士の職務に関する規範（弁護士職務基本規程29条）に，弁護士は，依頼者に有利な結果となることを請け合ったり，依頼者の期待する結果が得られる見込みがないのに，その見込みがあるように装ってもならないと定められているのも理解されます。依頼者においては，気持ちを解きほぐしてできる限りのことを明らかにして，弁護士においても，利益不利益の双方の事情を勘案して，見通しを立て，その趣旨を忌憚なく話すことが必要でしょう。要は，依頼者と弁護士の間に信頼関係を築いていくことが大事です。

　弁護士において，受任するに当たっては，事件の見通し，受任の趣旨，内容及び範囲を明確にするとともに，手続に要する費用と報酬について説明しなければなりません。この場合には，当然ながら，見通しが最終的なものではないことを留保しておく必要があります。

　　裁判所法第 3 条（裁判所の権限）
　　　1　裁判所は，日本国憲法に特別の定のある場合を除いて一切の法律上の争訟を裁判し，その他法律において特に定める権限を有する。
　　　2　前項の規定は，行政機関が前審として審判することを妨げない。
　　　3　この法律の規定は，刑事について，別に法律で陪審の制度を設けることを妨げない。
　　民訴法第382条（支払督促の要件）
　　　　金銭その他の代替物又は有価証券の一定の数量の給付を目的とする請求につい

第1章　紛争解決の始まり

ては，裁判所書記官は，債権者の申立てにより，支払督促を発することができる。ただし，日本において公示送達によらないでこれを送達することができる場合に限る。

弁護士職務基本規定第29条（受任の際の説明等）
1　弁護士は，事件を受任するに当たり，依頼者から得た情報に基づき，事件の見通し，処理の方法並びに弁護士報酬及び費用について，適切な説明をしなければならない。
2　弁護士は，事件について，依頼者に有利な結果となることを請け合い，又は保証してはならない。
3　弁護士は，依頼者の期待する結果が得られる見込みがないにもかかわらず，その見込みがあるように装って事件を受任してはならない。

第 2 章

訴え提起前の対策

スロー裁判

　スロフード，さらにはスローライフがはやる。急げ急げから，ゆっくり立ち止まってみようというわけである。でも，原稿と裁判は，なお急げ急げである。休むに似たり，公事三年などと揶揄される。

　裁判にどれくらいの時間がかかりますか。この質問に，民事裁判では平均8.5ヵ月，刑事裁判では3.3ヵ月，と答えるのは簡単。ただ，長い裁判があるのもまちがいない。遺産に絡む紛争などでは，次々と言い分が出てなかなか終わらない。争いの種がたくさんあったり，証人の数が多い場合はもちろん長くかかる。特に，わが国では，書面がない紛争が多いから，証人を丁寧に調べなければならない。一方，嫁しゅうとめの間で赤ん坊の引き渡しを争った事件では，超特急で判決。判決のときに赤子が小学生になっていたのでは困る。紛争もいろいろ，犯罪もいろいろ，したがって裁判もいろいろである。ちなみに裁判の最長記録は193年。ただし，今から400年前のイギリスのこと。

　実は，紛争当事者からは裁判が遅いとは言われない。もっと調べてほしいと求められる。それに，経過する時間に何が行われているのかわからないという不安もあるようだ。そこで，裁判の進行状況や今後の予定を説明するように努めている。天災ならぬ判決が忘れたころにやってくるのはいただけない。遅延はだめだが，効率だけでもいけない。時間のかけ方に納得されることが肝要。これこそスロー裁判である。フランスのある裁判所では，当事者を一斉に午後2時に呼び出す。夜になっても辛抱強く自分の番を待つのに感心した。おっと，これはスロー裁判とは違う。

　きょうは啓蟄。時満ちて，春のぬくもりに虫たちは安心して顔を出す。

　裁判所タイムも，ぬくもりと安心の時間でありたい。

（「窓辺」『静岡新聞』平成15年3月6日付夕刊）

第2章 訴え提起前の対策

❶ 概　説

　訴えを提起するに当たって，訴えの提起を意義あるものとするために，提起前に準備しておくことがある。たとえば，訴えを提起しようとしても，相手方の住居所が不明であったり，その行方が知れなければ，訴えの提起の意味がないことにもなりかねないから，相手方の住居所を確認しておく必要があり，提起しても，相手方に財産がなければ，あるいは訴えの目的物が相手方の手元になければ意味がないから，そのために財産などの保全対策を講じておくことも必要である。訴えを認めてもらうためには，その裏づけとなる証拠もなければならない。保全対策としては，裁判そのものの実効性があるようにするために，民事保全制度があり，訴えのための証拠の収集対策として，訴え提起前の証拠保全がある。

❷ 訴えの相手方

　裁判の当事者になり得る者は，人又は法人など当事者としての能力がなければならない（法28条）。人が相手方の場合でその人が死亡しているときには，相続人を相手にするために相続人を調べる必要がある。相手方が社団や財団である場合には，法人として相手方とすることができるかどうか見極めるためにその特性を調べておく必要がある（法29条）。法律で訴訟を担当できると定めている場合には法定訴訟担当者を相手にする。たとえば破産財団に関する訴えにおける破産管財人（破80条）や成年被後見人の人事に関する訴えにおける成年後見人（人訴14条）などである。

❸ 民事保全

　裁判には相応の時間がかかるので，その間に争いの対象の権利や状態に変化が生じたり，相手方の財産状況に変化が生じることがある。勝訴判決を得たにもかかわらずその判決では紛争解決の目的を達成することができないと

いうことがないように，あらかじめ措置を講じておく必要がある。

　民事保全には，その目的に応じて，仮差押え（民保20条）と仮処分があり，仮処分にも係争物に関する仮処分（民保23条1項）と仮の地位を定める仮処分（同条2項）がある。仮差押えは，相手方が財産を隠したり，使い果たしたりすることを考えて，訴訟で求めようとしている金銭債権を確保しておこうとするものである。係争物に関する仮処分は，訴訟で特定の物の返還などを求めようとする場合に，相手方がその目的物を処分したり譲渡したりすることによって権利の実行をできなくなるおそれがあるときなどに，その目的物の現状を維持しておこうとするもので，たとえば建物の収去を求める場合における建物の処分禁止の仮処分がこれに当たる。仮の地位を定める仮処分は，訴訟の決着を待っていれば著しい損害や窮迫の危険がある場合に，そのような危険などを取り除くために暫定的な地位を求めるもので，たとえば，解雇が無効であるとして争っているときに，使用者にとりあえず賃金の仮払いをさせる場合がこれに当たる。

　保全手続の審理は，上記の目的に照らして，最終決着を図る前の仮のものとして，速やかに進められる必要があり，そのために，求める側が，求めようとする権利（被保全権利）と強制執行が不可能又は著しく困難になるおそれがあることなど保全措置を講じておく必要性（保全の必要性）を主張しなければならないが，その裏づけの程度は訴訟における厳格な証明までは必要ではなく疎明で足りる（民保13条）。審理の方式は，事案に応じて，求める側（債権者）の言い分だけを聞く場合や双方の言い分を聞く場合（審尋）及び口頭弁論を開く場合がある（民保3条）。

その他の措置

　訴えの提起や保全の申立てによって，かえって感情的対立をあおり，対立を深めることにもなりかねず，このような事態が懸念されるときは，また，そもそも民事保全の利用が困難であるときは，内容証明郵便を送ることによって当面の推移をうかがい，あるいは交渉の端緒を探ることが考えられる。

　また，提訴予告通知（法132条の2）をすることも検討されなければならな

い。訴えの提起を示唆することによって相手方に心理的な圧迫を加え，あるいは話合いの糸口を探ることができる。あわせて，訴えにおける主張立証事項に関して書面で照会したり，文書送付嘱託などの証拠収集処分の申立てもすることができる（法132条の4）。提訴前照会によって訴えが困難であるかどうか見極める意味がある。

❺ 訴え提起前の証拠収集

　裁判を有利に導くためには，自分側の言い分を証拠によって裏づけ，相手側の言い分や証拠を打ち負かすことが必要となる。そのためには訴え提起前にできる限り証拠を集めておく必要がある。官公庁等から資料を収集すること，たとえば，法務局から不動産の登記事項証明書を，市町村役場から戸籍謄本などを取り寄せたりすることもその一つである。現場の写真を撮っておくことも有益な場合がある。弁護士は，所属弁護士会を通して，官公庁や公私の団体に必要事項の報告を求めることもできる（弁護23条の2）。

　そのほか証拠の収集について，いくつかの方策が法律に用意されている。たとえば，提訴予告通知とともに文書送付嘱託や調査嘱託などを求めることが挙げられる（法132条の4第1項）。また，証拠を使用することが困難とみられるときは，訴えの提起前であっても，あらかじめ証拠調べをすることを申し立てることができる（法234条・235条2項）。この場合は，あらかじめ証拠保全の事由を疎明しなければならない（規則153条3項）。

1　訴え前の調査

> [1] 訴えを提起したいのですが，相手方が行方をくらまして現在の所在をつかめません。相手方の財産の状態もわかりません。

　相手方の所在の探索のためには，その住民票などを調べることはもとよ

第2章 訴え提起前の対策

り，元の住所に赴いて近隣住民や民生委員に転居先を尋ねたり，勤務先から住居所を聞き込むなどの調査をする必要があります。法人の場合も，法人登記簿謄本などからその事務所や営業所を調査するほか，代表者の住居所も調べます。調査を尽くしても訴状を送達すべき場所が不明であれば，公示送達の方法によって送達することになります（法110条）。訴えを提起して勝訴判決を得ながら相手方に財産がなければ，勝訴の意味がないということもあります。あらかじめ，たとえば住居の状況によって生活ぶりを見たり，法務局で登記事項証明書によって不動産の調査をしておくことが必要ですし，場合によっては弁護士に預貯金の照会を依頼したり，その仮差押えなどの保全措置を講じておくことも考えられます。

民訴法第110条（公示送達の要件）
1 次に掲げる場合には，裁判所書記官は，申立てにより，公示送達をすることができる。
  一 当事者の住所，居所その他送達をすべき場所が知れない場合
  二 第107条第1項の規定により送達をすることができない場合
  三 外国においてすべき送達について，第108条の規定によることができず，又はこれによっても送達をすることができないと認めるべき場合
  四 第108条の規定により外国の管轄官庁に嘱託を発した後6月を経過してもその送達を証する書面の送付がない場合
2 前項の場合において，裁判所は，訴訟の遅滞を避けるため必要があると認めるときは，申立てがないときであっても，裁判所書記官に公示送達をすべきことを命ずることができる。
3 同一の当事者に対する2回目以降の公示送達は，職権でする。ただし，第1項第4号に掲げる場合は，この限りでない。

2 民事保全

2 訴えの提起を弁護士に依頼したところ，その前に民事保全をする必要があるとして，報酬と費用を求められました。保全によって訴えの手続が遅くなることはないのでしょうか。

事件によっては，判決などの終局に至るまでに長い時間がかかることもありますので，訴えの提起が無意味にならないようにその間の手当てをすることが必要になります。そこで，必要に応じて暫定的な措置を講じておくために，目的に応じた民事保全の申立てをすることになります。民事保全についての判断は速やかにされることになっていますので，訴えの手続

第2章　訴え提起前の対策

に響くことはないといってよいでしょう。とはいえ仮処分の中には時間がかかり，本案と同様に審理されることもあります。弁護士に事件を依頼するに当たって，事件の見通しやとるべき措置などについて，十分に理解できるようにあらかじめ聞いておくことが必要です。

　訴訟について弁護士に委任したときは，通常は，訴訟の解決のために必要とされる訴訟行為を任せることになります（法55条）。この訴訟行為の中には，仮差押えや仮処分も含まれます。これらの措置を講じなければ，真に事件の解決にならないからです。弁護士報酬については，通常は，事件の軽重や作業内容に応じて，事件単位で決められるでしょうが，特別な事情がある場合には，特別な決め方もあり得ます。委任契約書の作成に当たり，この点もはっきりさせておくことが大切です。弁護士報酬と費用については，弁護士から説明を求めることもできますので，十分に意思疎通を図る必要があります。

> 民訴法第55条（訴訟代理権の範囲）
> 1　訴訟代理人は，委任を受けた事件について，反訴，参加，強制執行，仮差押え及び仮処分に関する訴訟行為をし，かつ，弁済を受領することができる。
> 2　訴訟代理人は，次に掲げる事項については，特別の委任を受けなければならない。
> 　一　反訴の提起
> 　二　訴えの取下げ，和解，請求の放棄若しくは認諾又は第48条（第50条第3項及び第51条において準用する場合を含む。）の規定による脱退
> 　三　控訴，上告若しくは第318条第1項の申立て又はこれらの取下げ
> 　四　第360条（第367条第2項及び第378条第2項において準用する場合を含む。）の規定による異議の取下げ又はその取下げについての同意
> 　五　代理人の選任
> 3　訴訟代理権は，制限することができない。ただし，弁護士でない訴訟代理人については，この限りでない。
> 4　前3項の規定は，法令により裁判上の行為をすることができる代理人の権限を妨げない。

第2章 訴え提起前の対策

3 証拠の準備

> ③ 裁判の始まる前に証拠を用意しておくようにと言われました。そもそもどのようなものが証拠となるのかもわかりませんし，どのような方法で証拠を見つけ出すのかも不明です。

　裁判が始まる前に留意しておくべきことは，まずは事件の見通しを立てること，それに応じた立証すべき事項を探ること，そのうえでおおまかな立証計画を想定することです。とりあえず訴えを提起して様子を見ようというのは感心しませんし，訴えを受けてからやおら証拠を探し始めるというのも遅いといえましょう。訴えの提起前に紛争関係者の間で何らかの兆しや折衝があるはずですから，既に裁判が開始されているつもりで考えておくべきです。なぜならば，その折衝の過程の事実そのものが証拠となり得るのですから。裁判が開始してからのことですが，民事訴訟規則は，期日における審理を充実させるために，「当事者は，主張及び立証を尽くすため，あらかじめ，証人その他の証拠について事実関係を詳細に調査しなければならない」（規則85条）と定めて，当事者に早期の準備を促しています。この趣旨は，裁判が始まる前にも当てはまるといってよいでしょう。
　具体的には，紛争の端緒から現時点に至るまでの経過及び折衝の経緯をふり返って，それぞれ記述し，その過程のそれぞれの事実ごとにどのような裏づけの資料があるかを探り出し，文書やメール，証人，一般の情報等々の資料と結び付けてみることが有益です。さらには，時系列表を作成して，各事実と照合することも，一層役に立つことでしょう。その場合に，手元にない資料で補足することが必要と思われるときは，それを獲得する手段も検討しておくことです。法律は，その手段として，たとえば訴えの提起前における照会（法132条の2以下）や証拠保全手続（法234条以下）などを用意していますし，弁護士による報告の請求（弁護士会照会。弁23条の2）の活用もありますので，その中から適切なものを選択することが肝要です。もちろん，法律に頼ることなく，個人的努力として，隠密裏に，第三者に文書の提出を求めたり，陳述書の作成を依頼したり，さらには，

信頼関係の許す限り，紛争当事者と直接交渉することも考えられます。

４ 訴えを提起したいのですが，裏づけとなる証拠が手元にありません。催告書等の文書のほとんどが相手方にあるような気がします。どうすればよいのでしょうか。

　訴えの提起に当たって，裏づけとなる資料がまったくないということは考えられません。第三者の目で探してみれば，必ず見つかるはずです。

　たとえば，時系列で，あるいは事項又は分野ごとに，縦と横から，網羅的に探す努力をすることが考えられます。本人の日記，メールの履歴，備忘用のメモなども証拠方法となります。何よりも本人自身が最も重要な証拠方法となるのです。本人自身を証拠とするためには，事件の経過や折衝の過程を記録しておくことも必要です。相手側に証拠があると予測されれば，訴えの提起前における照会（法132条の2）がとり得ますし，第三者の元にあるとすれば，訴えの提起前における証拠収集の処分（法132条の4）や弁護士会照会（弁護23条の2）が考えられます。その手段を実際にとるかどうかはおいても，これらの手段があることを頭に入れておいてよいでしょう。

　証拠の収集から申出まで，当事者の役割であることを認識して，積極的にそれに関わっていくべきです。

５ 相手方の手元にある文書が相手方の思うままに作り替えられたり，廃棄されるおそれがあり，不安です。

　立証のために必要な文書が廃棄されるおそれがあるとか，必要な証人となるべき者が病気などで出頭の確保が難しいというような場合には，立証を負担する当事者にとっては立証の材料を失うことになります。ひいては裁判所にとっても事案の解明に困難を来すことになり，適正な裁判の確保上も好ましくありません。そのようなおそれがある場合には，訴えが提起される前であっても，あらかじめ証拠調べができる途が設けられています。

「証拠保全」と呼ばれるものです。

　証拠保全は，当事者の申立てによって開始されますが（法234条），どのような場合でも認められるというわけではありません。申立てが認められるためには，証拠保全の事由を明らかにしたうえ，その事由が疎明されなければなりません（規則153条3項）。疎明されないときは却下されます。たとえば，文書について改竄や廃棄のおそれがあることを理由とする場合は，改竄が容易になし得ることや紛争の経過などに係る具体的な事情を明らかにする必要があります。たしかに事前に相手方側の証拠を把握したい気持ちも理解できますが，漠然とした不安や憶測だけからの申立てを許せば，相手方に無用の負担を強いることになるからです。

　証拠の提出が第一次的には当事者の負担とされている民事訴訟の制度のもとでは，まずは当事者による真摯で誠実な訴訟追行に委ねることが相当といえますので，証拠保全の制度に相手方の証拠方法をあらかじめ把握するという証拠開示としての機能を全面的に営ませることには限界があることも理解したいところです。なお，同様の目的を叶えるために，訴えの提起前における証拠収集の処分（法132条の4）も検討しておいてよいでしょう。

6　手持ちの証拠で足りないところを弁護士会照会によって補うことになりました。弁護士会による審査では申出を認められたのですが，照会先の団体からは回答が得られなかったようです。そのようなことがあるのですか。

　証拠収集の手段として，弁護士会照会制度（弁護23条の2）があります。弁護士が，その受任している事件について，所属弁護士会を介して，特定の公務所又は公私の団体に必要な事項の報告を求めるものです。

　弁護士会から照会を受けた者に報告義務があるかどうかについては争いがあるところです。照会自体が法律に基づくものであることを強調すれば，照会に応じる法律上の義務があるということになりますが，事項によっては契約や他の法律によって保護されている利益を損ねることになりかね

い場合もあり得ますので，応じるかどうかについて難しい判断を迫られることになります。たとえば，預金の状況について照会を受けた銀行等にあっては，顧客との関係において個人情報の保護や契約上の守秘義務などから困難に直面することになります。当事者にあっては証拠収集上必須であるとしても，照会を受ける側の立場も尊重する必要があります。特に，照会を受けた側に法律により保護されるべき義務がある場合は，法律（弁護士法）と法律（当該保護法律）が対等にせめぎ合う場面ですから，解釈に任せることは本来無理があるといえますので，立法による手当てが必要でしょう。

したがって，照会する側にも，あらかじめ公務所等に赴いて，紛争当事者間の関係，証拠として代替しがたい事情などを説明して，協力を要請するなどの努力をしておくことが求められます。

なお，この制度については，現在弁護士会や実務界において，実務指針の策定などを含めて検討されているようです。

7 株主総会の決議について争うことを考えていますが，訴えの提起をする前に，どのような資料を用意しておくべきでしょうか。

訴えを提起するに当たって，訴状に立証を要する事由ごとにその証拠を示すとともに（規則53条1項），証拠となるべき重要な文書の写しを添付しなければなりません（規則55条）。株主総会の決議に関する訴訟においては，訴状に添付すべき書証として，実務上，株主総会議事録は当然要求されますし，決議内容が登記事項であるときは，それが記載された登記事項証明書が必要となります。この種の訴訟において特殊であるのは，原告適格に関する証拠が要求されることです。たとえば，株主であることを証するために，株券，個別株主通知，株主名簿などが求められます。また，あらゆる訴訟において，当事者間で立証責任の分担があり，それに応じて証拠を提出することになりますが，このことは，株主総会の決議に関する訴訟についても同様です。決議無効確認の訴えや決議取消しの訴えでは，無効や取消事由等が存在すること，決議不存在の確認訴訟では，その事由のうち

第2章　訴え提起前の対策

招集手続等の違法が著しいことをいう場合にはその事実について，いずれも原告に立証責任があります。したがって，これらを証するものとして，株主総会招集に関する取締役会議事録，株主総会の招集通知書も用意しておく必要があります。総会の運営等に関しては，それを見聞した者による陳述書の作成も準備しておくべきでしょう。場合によっては，業界における慣行を証するために証券取引所等の関係団体の自治規範や他の会社の取扱い事例，ときには専門家の意見もあらかじめ聴いておく必要もあります。

これらの資料の準備のために，事前に，定款，株主名簿，株主総会議事録，取締役会議事録の閲覧謄写を求め（会社31条2項・3項，125条2項・4項，318条4項・5項，371条2項〜5項），必要に応じて会計帳簿や計算書類等の閲覧等の請求（会社433条1項・3項，442条3項・4項）などをすることも検討しておかなければなりません。

民訴法第132条の2（訴えの提起前における照会）
　1　訴えを提起しようとする者が訴えの被告となるべき者に対し訴えの提起を予告する通知を書面でした場合（以下この章において当該通知を「予告通知」という。）には，その予告通知をした者（以下この章において「予告通知者」という。）は，その予告通知を受けた者に対し，その予告通知をした日から4月以内に限り，訴えの提起前に，訴えを提起した場合の主張又は立証を準備するために必要であることが明らかな事項について，相当の期間を定めて，書面で回答するよう，書面で照会をすることができる。ただし，その照会が次の各号のいずれかに該当するときは，この限りでない。
　　一　第163条各号のいずれかに該当する照会
　　二　相手方又は第三者の私生活についての秘密に関する事項についての照会であって，これに回答することにより，その相手方又は第三者が社会生活を営むのに支障を生ずるおそれがあるもの
　　三　相手方又は第三者の営業秘密に関する事項についての照会
　2　前項第2号に規定する第三者の私生活についての秘密又は同項第3号に規定する第三者の営業秘密に関する事項についての照会については，相手方がこれに回答することをその第三者が承諾した場合には，これらの規定は，適用しない。
　3　予告通知の書面には，提起しようとする訴えに係る請求の要旨及び紛争の要点を記載しなければならない。
　4　第1項の照会は，既にした予告通知と重複する予告通知に基づいては，することができない。
民訴法第132条の4（訴えの提起前における証拠収集の処分）
　1　裁判所は，予告通知者又は前条第1項の返答をした被予告通知者の申立てにより，当該予告通知に係る訴えが提起された場合の立証に必要であることが明らかな証拠となるべきものについて，申立人がこれを自ら収集することが困難であると認められるときは，その予告通知又は返答の相手方（以下この章において単に「相手方」という。）の意見を聴いて，訴えの提起前に，その収集に係る次に掲げる処分をすることができる。ただし，その収集に要すべき時間又は

第2章 訴え提起前の対策

嘱託を受けるべき者の負担が不相当なものとなることその他の事情により，相当でないと認めるときは，この限りでない。
　一　文書（第231条に規定する物件を含む。以下この章において同じ。）の所持者にその文書の送付を嘱託すること。
　二　必要な調査を官庁若しくは公署，外国の官庁若しくは公署又は学校，商工会議所，取引所その他の団体（次条第1項第2号において「官公署等」という。）に嘱託すること。
　三　専門的な知識経験を有する者にその専門的な知識経験に基づく意見の陳述を嘱託すること。
　四　執行官に対し，物の形状，占有関係その他の現況について調査を命ずること。
2　前項の処分の申立ては，予告通知がされた日から4月の不変期間内にしなければならない。ただし，その期間の経過後にその申立てをすることについて相手方の同意があるときは，この限りでない。
3　第1項の処分の申立ては，既にした予告通知と重複する予告通知又はこれに対する返答に基づいては，することができない。
4　裁判所は，第1項の処分をした後において，同項ただし書に規定する事情により相当でないと認められるに至ったときは，その処分を取り消すことができる。

民訴法第234条（証拠保全）
　裁判所は，あらかじめ証拠調べをしておかなければその証拠を使用することが困難となる事情があると認めるときは，申立てにより，この章の規定に従い，証拠調べをすることができる。

弁護士法第23条の2（報告の請求）
1　弁護士は，受任している事件について，所属弁護士会に対し，公務所又は公私の団体に照会して必要な事項の報告を求めることを申し出ることができる。申出があつた場合において，当該弁護士会は，その申出が適当でないと認めるときは，これを拒絶することができる。
2　弁護士会は，前項の規定による申出に基き，公務所又は公私の団体に照会して必要な事項の報告を求めることができる。

第 3 章

訴えの提起と訴訟の開始

❈❈　企業紛争への心構え　❈❈

　裁判は，紛争の最終ステージである。裁判に臨む心構えとして紛争の背景にある社会の変化を認識しておくことが求められる。フェアネスや透明性に対する社会の要請に応えられるように，常日頃から，説明責任や開示責任を果たしうる環境を整え，慣行に安住することも，安易に行政に寄りかかることもない姿勢が要求され，また，手続的正義への移行に応えられるように，取引や経営において，法律的観点からの目配りを怠らず，経営判断のプロセスの充実に配意し，決裁過程の透明化や手続の記録化に努めることも必要である。

【訴訟において求められること】

　裁判は，訴えの提起→応訴→主張の応酬→証拠の申請と証拠調べ→判決に至る過程である。時には，いずれかの段階で和解手続がある。訴えの提起の前には事前準備があり，判決言渡しの後には事後の整理がある。裁判所にあっては，各段階において，正義に則した落着きの良い紛争の解決を目指し，そのために事件処理をマネジメントして時間と費用に配意しながら，適正かつ公平な手続の履践に努める。

　これに対応して，当事者には，各段階において，下記の３つが求められる。
(1)　みずから公正な手続の履践に努めるために，あらゆる訴訟行為が裁判所に向けられていることを認識しておくこと
(2)　時間と費用を考慮すること
(3)　相手に勝とうとするのではなく，負けまいと意欲すること

　裁判は生き物であると言われる。当事者の主張，証人の証言，裁判官の求釈明などによって裁判は動き，裁判官の心証が目まぐるしく変わることもある。唯一変わらないのは正義であり，真相であるはずである。当事者にあっては，動きの中に潜むものの息遣いに耳を傾け，目を見張りながら，勝訴への王道はないと心得て愚直に誠実に手続を踏むしかあるまい。

（「企業が裁判に勝つ法則　裁く側から見える勝訴への道のり」『ビジネス法務』（2013年３月号）12～13頁，17頁より抜粋）

第3章　訴えの提起と訴訟の開始

❶　概　説

　訴訟は，訴えの提起によって始まる。訴えの提起は，定められた管轄裁判所に訴状を提出して行う。訴えの提起には，管轄などの要件を満たさなければならない。訴状には，法律で定められた事項を記載しなければならない。これらの要件や記載が正しくされているかどうかは裁判所において点検される。

❷　訴えの提起

　訴えは，誰が誰に対して，いずれの裁判所に対して，どのような内容の裁判を求めるか，何を根拠として主張するのかを示すことが必要である。何を求め（請求の趣旨），何を主張するか（請求の原因）を決めるのは当事者であり，その裏づけとしての資料（証拠）の提出も当事者の責任に属する。裁判所は，当事者が示した請求の趣旨や請求の原因に拘束される（処分権主義と弁論主義）。提起すべき裁判所（管轄）の選択を誤らないようにしなければならない。管轄と出訴期間については，特に留意を要する。出訴期間は，会社法上の訴えについて，法律に規定されている（会社828条・831条・832条・865条など）。時効の中断のためには訴えの提起が必要である。

❸　訴えの提起の方式

　訴訟は，訴えの提起によって始まる。訴えの提起は，訴状の提出による（法133条1項）。もっとも，簡易裁判所に対しては，口頭ですることができる（法271条）。

　訴状には，記載すべき事項が定められている（法133条2項）。当事者（訴える者と訴えられる者）や法定代理人（たとえば，未成年者の場合の親権者，成年被後見人の場合の成年後見人〔法31条，民824条・859条〕），請求の趣旨及び原因は必要的記載事項である。請求が，どのような相手方及びいずれの裁判所に対して，

どのような裁判を求めるのか，裁判すべき事項について特定されなければならないからである。請求の趣旨は，原告が被告に対して求める判決の内容をいい，その目的に応じて，たとえば一定の金銭の支払を求める給付訴訟，たとえば債務がないことなど権利や法律関係の存在又は不存在を求める確認訴訟，たとえば離婚など一定の法律関係の形成を求める形成訴訟がある。請求は，どのような法的根拠に基づいているものかは請求原因によって特定される。さらに，請求を理由づける事実（攻撃防御方法としての請求原因事実）や重要な間接事実も記載されなければならない（規則53条1項）。そのほかに，証拠方法や附属書類について表示する（規則53条1項・2条1項3号）。さらに，証拠となるべき文書（書証）の写しで重要なものを添付しなければならない（規則55条2項）。これは証拠の申出を兼ねるものである。実務上は，証拠説明書を後日提出する取扱いである。

❹ 訴状の受理と担当裁判官の指定

訴状は，裁判所の受付係に提出される。訴状が提出されると，裁判所の受付係で受付の事務が行われるが，その場で訴状の必要事項の記載や添付書類などの点検が行われる。

受付事務が終わると，事件を担当する裁判所が決められる。事件を受け付けた裁判所に複数の裁判官がいる場合には，その裁判所であらかじめ決められた事務分配規程によって事件が割り振られる。地方裁判所では，特別の事件を除き（裁26条2項3号・4号），原則として単独の裁判官に割り振られるが（同条1項），その所属する裁判体の決定（同条2項1号）によって合議事件に回されることがある。また，大規模訴訟や特許権等の権利に関する訴訟では，5人の合議体で審理することができる（法269条・269条の2）。

❺ 訴状の審査

訴状の受付手続が終わると，事件の割り当てを受けた担当裁判部において訴状が定められた記載事項が記載されているかの点検が行われる。第一次的

に，事件を扱う裁判体の裁判所書記官が行うが，これは裁判長の訴状審査権に基づくものである（法137条1項）。ここでは，訴状の記載事項（法133条2項，規則53条1項・54条），手数料の納付，書類の送達等のための郵便切手の予納（民訴費3条・8条・11～13条），附属書類の有無等について不備がないかどうかが確認される。不備や誤りがあれば，原告に連絡して補正や追完が促される（法137条，規則56条）。もっとも，請求を理由づける事実やそれに関連する重要事実などの実質的記載事項（規則53条1項）は，事件の内容や性質に応じて判断されるものであるから，主として担当の裁判官が行う。これらの実質的記載事項や証拠の記載についても，第1回期日から充実した審理とするように，あらかじめ補正が促される。

さらに，裁判長によって訴訟進行に関する意見その他参考とすべき事項の聴取も行われる（規則61条1項）。実務上は，裁判所書記官から訴訟進行に関する照会書が送られる（同条2項）。

訴えには，いくつかの要件がある。裁判所に関するものとして管轄，当事者に関するものとして当事者能力や当事者適格，訴えに関するものとして訴えの利益，二重起訴や再訴の禁止がこれに当たる。これらの要件は，口頭弁論の終結時において備えておくことが必要であるが，訴えが提起された当初から審査され，違反する場合には補正するように命じられる。補正命令に定められた期間内に補正がされないときは，裁判長が命令で訴状を却下する（法137条1項・2項）。訴訟要件の審査は，裁判が公益のために設けられたものであることから裁判所が職権で調査するものであるが，たとえば不起訴合意などについては，当事者の利益のためにされたものであって公益の要請に基づくものではないから，被告からの申立てを待って審査すれば足りる。

❻ 訴状の送達と第1回口頭弁論期日の指定

裁判長は，訴状審査等の終了後，速やかに第1回口頭弁論期日の指定をし，その後，訴状とともに，「第1回口頭弁論期日呼出状及び答弁書催告状」が送達されて，当事者が呼び出される（法93条・98条・138条1項・139条，規則58条1項・60条1項）。

もっとも，口頭弁論の期日を指定しないで，弁論準備等の手続とすることもできる（法168条・175条，規則60条1項ただし書）。この場合には，当事者の意見を聴くことが必要で，当事者に異議がない場合に弁論準備手続とすることができ，また，当事者が遠隔地に居住している場合などには書面による準備手続がされることもある。

訴えの提起の効果

訴えの提起が正式に受け付けられて訴状が送達されると，訴訟の係属が生じる。訴訟の係属によって，裁判所は審理を開始することができ，その結果二重起訴の禁止などの効果が生じる（法142条）。

訴状に不備があった場合でも，送達されると，口頭弁論を経ないで訴え却下の判決がされる（法140条）。

1 訴えの提起

1 訴えの提起に当たって，心がけておくべきことにはどのようなことがあるでしょうか。

訴えを受理すると，裁判官は，進んで，ときには無意識のうちに，事件の選別を試みます。このことは，事件に対する予断とは異なります。裁判官は，常時，多数の事件を抱えていますから，当該事件はもとより係属する事件の全体のマネジメントを図るために必要なことといえるでしょう。また，この段階で，裁判官は，当事者から示されたストーリーに初めて向き合うことになるわけですが，それをもとに，経験と知見に基づき，事件の類型化を行うことになります。

当事者にあっては，訴えの提起段階において，既に裁判官の刷込みが始まることを覚悟して，裁判官の類型的思考による選別を避けたいと思えば，

第3章 訴えの提起と訴訟の開始

提起した事件の差別化に努めなければなりません。そのためには，訴状の関連事実を記載するに当たって，背景事実や事件の特殊性を訴えることが必要となります。また，提示するストーリーの合理性についても，相手方の反論も想定して，提出予定の証拠との関係も含めて，あらかじめ十分に検証しておくことが求められます。

2　訴状の作成

> 2　裁判所に書面を提出するに当たり，何をどの程度記載すればよいのかについて，いつも悩みます。各種書面には作成基準があるのでしょうか。

　裁判所に提出する書面には，たくさんの種類があります。訴状や各種申立書にはじまって，答弁書，準備書面，証拠申出書などがあり，また陳述書などの証拠関係書類もあります。そのほかにも口頭弁論期日請書など手続ごとに書面の提出が求められています。この中には，多数の定型の書面が含まれますが，これらについては，その書式が一般に紹介されていますし，書記官室に問い合わせれば，教えてもらえますので，その書き方に問題はないといってよいでしょう。いずれも，裁判所の手続には，公正と透明性が求められ，確実さを期する要請もあるものですから，できるだけ書面にしておこうという趣旨によるものです。

　あらゆる書面について共通にいえることを述べますと，第1に，当然のことですが，法律の要求する事柄は書かなければならないということです。たとえば，あらゆる書面には，事件を特定するために事件名などを記載し，必ず作成年月日も記載しなければなりません（規則2条）。第2に，法律に定められた事項のほかの事項については，書面の目的に応じた適切さが求められるということに尽きます。この場合にも，審理段階や訴訟運営が基礎になっていることを考えておくべきでしょう。その上で，第3に，訴訟がそれ自体争いですから，戦術として記載内容を考える場合があるということです。

第3章 訴えの提起と訴訟の開始

③ 初めて裁判所に提出する代表的な書面として,訴状がありますが,どの程度書けばよいのでしょうか。

　訴状には,当事者の記載はもとより,請求の趣旨及びこれを特定するために必要な事実としての請求の原因を記載しなければならないと定められています（法133条2項）。誰が誰に対してどのような申立てをするのか,どのような権利又は法律関係について,どのような形式の判決を求めるのかを記載するわけですが,訴えの性質上,これは最小限のことです。そのうえで,その申立てが何を根拠としているのかも記載しなければならないというわけです。訴えられる側の立場とそれを裁く裁判所の立場を考えれば,これまた当然のことです。さらに,請求を理由づける事実を具体的に記載すること,そして,関連事実のうち重要な事実及び証拠を記載することが求められています（規則53条1項）。訴状の段階から,できる限り争点を見極め,その裏づけを示すことが求められます。その際重要なことは,請求を理由づける事実と関連する事実を区別して記載することです（同条2項）。これは言い換えれば,結論とその理由,その理由に至る事情を区別して書くということで,あらゆる書面の作成の精神に通じるものといえます。民事訴訟規則にも規定されているとおり,これはひとえに主張を正確にするためなのです。何が言いたいのか,その根拠は何か,それに関連する事柄で根拠を裏づける事情にはどのようなものがあるかなどを区別して記載すれば,自ずから作成の意図が明確に示されるわけです。

　請求原因の記載がいわゆる欠席判決をするのに不十分な場合は,訴状の送達前に補正を促されることもありますので,注意してください。

④ 訴状に紛争の背景事情を記載してよいのでしょうか。記載するとすれば,どの程度にするのがよいでしょうか。

　訴状には求める裁判の内容とその請求の趣旨が特定されるような事実を主張しておけば足りると一応いえます。法律の要求する最小限のことを記載しておけば足りるとの考えからでしょうか,紛争の背景事情についてま

第3章 訴えの提起と訴訟の開始

ったく触れていないものもあります。たしかに，請求を理由づける事実を十分に吟味しないままに背景事情などを記載されると，請求を裏づける事実についての主張が曖昧になって困りますが，背景事情の記載がない場合もまた困ります。世の中の紛争は千差万別で典型的な請求原因に当てはまらないことが普通ですし，背景事情の中に紛争の本質が隠れていることがあるからです。したがって，背景事情についても，早い段階で示すのがよいでしょう。そうすれば，相手側にとっても，争点を早い段階で見出すことができ，答弁をしやすくなります。裁判所にとっても，早期に争点の絞込みと証拠の整理を行えることとなり，集中証拠調べを実施するうえでも役に立ちます。一方，訴状から争点が浮き彫りにならないときは，相手方の答弁も不十分なものとならざるを得ず，第1回口頭弁論期日が空転することにもなりかねません。それは裁判所の最も嫌うところです。

　背景事情を記載する程度ですが，今述べた趣旨から推して，事案に応じて，請求を理由づける事実に関連する重要な間接事実ということになります。そのほか争点を浮き彫りにするためには交渉の経緯を掲げたり，証拠調べも見越して証拠との対応関係なども記載すればよいでしょう。

> 民訴法第133条（訴え提起の方式）
> 1　訴えの提起は，訴状を裁判所に提出してしなければならない。
> 2　訴状には，次に掲げる事項を記載しなければならない。
> 　一　当事者及び法定代理人
> 　二　請求の趣旨及び原因
> を妨げない。
>
> 民訴規則第53条（訴状の記載事項・法第133条）
> 1　訴状には，請求の趣旨及び請求の原因（請求を特定するのに必要な事実をいう。）を記載するほか，請求を理由づける事実を具体的に記載し，かつ，立証を要する事由ごとに，当該事実に関連する事実で重要なもの及び証拠を記載しなければならない。
> 2　訴状に事実についての主張を記載するには，できる限り，請求を理由づける事実についての主張と当該事実に関連する事実についての主張とを区別して記載しなければならない。
> 3　攻撃又は防御の方法を記載した訴状は，準備書面を兼ねるものとする。
> 4　訴状には，第1項に規定する事項のほか，原告又はその代理人の郵便番号及び電話番号（ファクシミリの番号を含む。）を記載しなければならない。
>
> 民訴規則第55条（訴状の添付書類）
> 1　次の各号に掲げる事件の訴状には，それぞれ当該各号に定める書類を添付しなければならない。
> 　一　不動産に関する事件登記事項証明書

第3章　訴えの提起と訴訟の開始

　二　手形又は小切手に関する事件手形又は小切手の写し
2　前項に規定するほか，訴状には，立証を要する事由につき，証拠となるべき文書の写し（以下「書証の写し」という。）で重要なものを添付しなければならない。

3　事件の担当部

5　事件の担当裁判官は，どのようにして決まるのですか。

　各地方裁判所では，新たな司法年度が始まる前に，裁判官の全員で構成される裁判官会議で事件の分配の順序を決めておきます（下級裁判所事務処理規則6条）。この場合において，裁判所に複数の部があるときは部を単位として分配され，各部の裁判官に対する分配は各部で定められます。訴えの提起がありますと，この定めに従って，事件が受理された順序で機械的に担当部あるいは担当裁判官が決まります。したがって，事件の難しさなどを考慮して特定の裁判官に割り当てられることはあり得ない仕組みになっています。たとえば，ある裁判官が特定分野の研究をしていて専門知識があるからといって，その種の事件がその裁判官に分配されるとは限りませんし，逆に，ある裁判官と個人的に関係のある事件がその裁判官に割り当てられることもあり得るわけです。もちろん，後者の場合には，事情によっては，その裁判官は事件が割り当てられた後に裁判所の許可を得て回避することになるでしょうが（規則13条），あらかじめそのような事情を考慮して分配を変えることはできません。

　このことは，司法が何よりも公正を重視していることを端的に表しています。公正さの担保のためには効率性や便宜性などが多少は犠牲にされることもあるというわけです。

　下級裁判所事務処理規則第6条
　　①　高等裁判所，地方裁判所及び家庭裁判所における裁判事務の分配，裁判官の配置及び裁判官に差支のあるときの代理順序については，毎年あらかじめ，当該裁判所の裁判官会議の議により，これを定める。
　　②　各部又は各支部の裁判官に対する裁判事務の分配は，当該部又は当該支部において，これを定める。
　　③　前2項の規定にかかわらず，知的財産高等裁判所における裁判事務の分配，裁判官の配置及び裁判官に差し支えのあるときの代理順序については，毎年あ

第3章 訴えの提起と訴訟の開始

らかじめ，知的財産高等裁判所に勤務する裁判官の会議の議により，これを定め，知的財産高等裁判所の各部の裁判官に対する裁判事務の分配は，当該部において，これを定める。

4 合議制と一人制

6 合議体と単独裁判官による審理は，どのような基準で決められるのですか。

　地方裁判所では，事件は1人の裁判官によって処理されるのが原則です（裁26条1項）。したがって，まずは単独裁判官に割り当てられることになりますが，その裁判官の所属する裁判部の判断によって合議体で審理することが相当とされることがあります（同条2項1号）。たとえば，複雑困難な事件，新たな又は重要な判断を求められる事件，社会に大きな影響を及ぼす事件，訴額が大きい事件などが，これに当たります。特殊な場合としては，陪席裁判官の研鑽目的などの事情を考慮して合議体に移されることもあります。フランスでは，「単独裁判官は不正な裁判官」ということわざがあり，かつては一人制が受け入れられなかったことがありました。わが国では「3人寄れば文殊の知恵」のことわざもありますが，合議制は，まさに複数の眼と知恵で真実を見極めようという趣旨です。

　なお，簡易裁判所の判決に対する控訴事件などは，法定合議事件として，必ず合議体で取り扱うことになります（裁26条2項3号・4号）。また，大規模訴訟では5人の裁判官の合議体で審理されることがあります（法269条）。

　裁判所法第26条（一人制・合議制）
　　1　地方裁判所は，第2項に規定する場合を除いて，1人の裁判官でその事件を取り扱う。
　　2　左の事件は，裁判官の合議体でこれを取り扱う。但し，法廷ですべき審理及び裁判を除いて，その他の事項につき他の法律に特別の定があるときは，その定に従う。
　　　一　合議体で審理及び裁判をする旨の決定を合議体でした事件
　　　二　死刑又は無期若しくは短期1年以上の懲役若しくは禁錮にあたる罪（刑法第236条，第238条又は第239条の罪及びその未遂罪，暴力行為等処罰に関する法律（大正15年法律第60号）第1条ノ2第1項若しくは第2項又は第1条ノ3の罪並びに盗犯等の防止及び処分に関する法律（昭和5年法律第9号）

第3章　訴えの提起と訴訟の開始

　　第2条又は第3条の罪を除く。）に係る事件
　三　簡易裁判所の判決に対する控訴事件並びに簡易裁判所の決定及び命令に対する抗告事件
　四　その他他の法律において合議体で審理及び裁判をすべきものと定められた事件
3　前項の合議体の裁判官の員数は，3人とし，そのうち1人を裁判長とする。

5　訴状の提出と受領

7　訴状について，第1回の口頭弁論期日前に，裁判所書記官から電話で不備があるとの指摘を受けました。突然のことで驚いています。

　訴状が提出されますと，まず裁判所の受付係で訴状に記載すべき事項その他法律に規定された必要事項などを点検されますが，不備があれば「補正のお願い」がされることがあります。そのうえで，訴状が担当部に回されますと，さらに担当部の裁判所書記官から，補充や訂正を促されることもあります。この場合，通常は，電話で行われます。これは，訴状審査という手続で，裁判所書記官が裁判官の補助者として必要な補正を促すというわけです（規則56条）。したがって，これには応答するのが相当といえます。その場合に指摘された事項に疑問があるときは，そのことを率直に伝えれば，法律の根拠などを教えてもらえます。多くの場合はこれで訴状の審査が完了しますが，実質的事項について，なお不明な場合には，さらに裁判官から質問があることもあります。この場合にも，裁判所書記官を通じて電話で行われるのが普通ですが，複雑な事柄については書面で行われることがあります。

8　「訴訟進行に関する照会書」と題する書面を受け取りましたが，必ず記載しなければならないものですか。特に，自由記入欄に何を記載すればよいのかわかりません。

　第1回口頭弁論期日前に担当部から「訴訟進行に関する照会書」が配布されます。これは，期日前の参考事項の聴取の一環で，訴訟の進行に関する事項のほか参考となる事項について聴取りがされます（規則61条1項）。

第3章 訴えの提起と訴訟の開始

そこにはいろいろな質問事項がありますが，今後の訴訟の進行を見通すためにいずれも重要な事柄になります。したがって，できるだけ丁寧に答えるのがよいでしょう。なかには和解についての質問もあります。その時点で不分明な場合や相手方の出方に不安が感じられるような場合にはあえて答える必要はありませんが，できるだけ明らかにするのがよいと思われます。裁判の進行に関する希望等の自由記載欄もありますが，事前交渉の中身や別の紛争との関係その他裁判の決着のあり方など率直に思うところを述べればよいでしょう。もっとも，この照会書は，記録に綴じられますので，相手方との関係などに配慮しておく必要はあります。

9 訴状について，前に裁判所書記官からの質問に答えたばかりですが，裁判官からの質問として，同じ裁判所書記官から重ねていろいろと尋ねられました。このようなことがあるのですか。

　訴状が担当部の裁判所書記官による点検を経て担当裁判官の元にきますと，担当裁判官は，訴状に必要な記載事項が欠けていないか，印紙の貼付が正しくされているかなどの形式的事項だけではなく，訴えの根拠を示す請求原因やその訴えに関連する事実の記載，さらには証拠の添付について検討します。この作業は，早いうちに事件の性質や内容に応じた審理を行うために，特に第1回口頭弁論期日から無駄のない審理ができるように行われるものです。その場合に，裁判官の命を受けて裁判所書記官が電話で行うことがあります。これは，今後の訴訟進行にとって大事なことですから，誠実に対応すべきです。
　ときには趣旨がよく理解できない質問もあるかもしれませんが，当事者が当然と考えていることであっても，あるいは十分に意を尽くして記載したつもりであっても，裁判官にとっては，疑問であったり，意味が理解できないこともあり得ますので，たとえば，請求の趣旨について，どうしてこのような選択がされたのかさえわからないこともあるわけですから，質問の趣旨を質したうえで丁寧に答えるべきでしょう。

第3章　訴えの提起と訴訟の開始

民訴法第137条（裁判長の訴状審査権）
1　訴状が第133条第2項の規定に違反する場合には，裁判長は，相当の期間を定め，その期間内に不備を補正すべきことを命じなければならない。民事訴訟費用等に関する法律（昭和46年法律第40号）の規定に従い訴えの提起の手数料を納付しない場合も，同様とする。
2　前項の場合において，原告が不備を補正しないときは，裁判長は，命令で，訴状を却下しなければならない。
3　前項の命令に対しては，即時抗告をすることができる。

民訴規則第56条（訴状の補正の促し・法第137条）
　裁判長は，訴状の記載について必要な補正を促す場合には，裁判所書記官に命じて行わせることができる。

民訴規則第61条（最初の口頭弁論期日前における参考事項の聴取）
1　裁判長は，最初にすべき口頭弁論の期日前に，当事者から，訴訟の進行に関する意見その他訴訟の進行について参考とすべき事項の聴取をすることができる。
2　裁判長は，前項の聴取をする場合には，裁判所書記官に命じて行わせることができる。

6　第1回口頭弁論期日の指定

> **10**　第1回口頭弁論の期日がなかなか指定されません。どのような事情があるのかわかりませんが，提起した訴訟がどのように扱われているのかと思うと不安です。

　訴状審査の終了後できるだけ速やかに期日を指定することになっています（法139条，規則60条）。訴訟要件に不備がないときは，通常は30日以内に指定されますが，被告の住居が外国にあるときや公示送達が予定される事件，また，特殊な例としては被告が多数の場合には，30日を超えて指定されることがあります。もっとも，事件の内容が複雑で被告側に準備を要すると考えられるというだけでは，例外扱いとはされません。多くの事件は30日以内に指定されますので，どうしても解せないときは，担当部の書記官室に事情を聞くことがあってよいでしょう。

第3章　訴えの提起と訴訟の開始

> [11]　第1回口頭弁論の期日について，担当部の書記官室に問い合わせますと，当事者が多数のために準備に時間がかかっていると言われました。早期に指定するために工夫の余地はないのでしょうか。

　裁判所書記官は，訴状の提出後できるだけ数日以内に原告側と周到な準備を重ねて期日の指定をするように努めていますが，当事者が多数いるときは，訴状の送達などに時間がかかることが予想されます。また，たとえば，多数の当事者や訴訟代理人の都合によって期日が容易に決まらない場合もありますし，一部の当事者に訴訟救助の付与の申立てがあれば，その判断に手間どる場合もあります。このような事件では，初期の準備に時間をかけて細やかな配慮をすることによって，結局のところ，その後の進行が捗ることがよくありますので，ある程度の遅れはやむを得ないと構えておくことをお勧めします。

　民訴法第139条（口頭弁論期日の指定）
　　　訴えの提起があったときは，裁判長は，口頭弁論の期日を指定し，当事者を呼び出さなければならない。
　民訴規則第60条（最初の口頭弁論期日の指定・法第139条）
　　1　訴えが提起されたときは，裁判長は，速やかに，口頭弁論の期日を指定しなければならない。ただし，事件を弁論準備手続に付する場合（付することについて当事者に異議がないときに限る。）又は書面による準備手続に付する場合は，この限りでない。
　　2　前項の期日は，特別の事由がある場合を除き，訴えが提起された日から30日以内の日に指定しなければならない。

第 4 章

訴えへの対応

ムダ

　事業仕分けが熱い。分かりやすく，何よりもムダをなくすというかけ声が受け入れやすいのであろう。効率性第一の時代にムダは敵である。
　ムダではないかという疑問が裁判所にも寄せられる。同種の訴訟が各地の裁判所に次々と提起されることがあるが，一つの裁判所にまとめれば手間が省けるのではないか。同種訴訟が先行しているときに，後の裁判所が同じ証拠調べを繰り返す必要があるのか，すでに担当した裁判官に任せればよいのではないか。医療訴訟などの専門訴訟は，医学部出身者やその分野に造詣の深い裁判官に担当させるのが効率的ではないか，などなど。
　たしかに，同種事件をまとめたり，先行裁判の証拠や判断などをそのまま利用したり，すでに専門知識や経験を持つ裁判官に委ねればムダがない。しかし，誰かの音頭で事件を一つの裁判所に集めたり，先行した裁判の資料をそのまま使ったり，勝手に担当の裁判官を決めたりすることはできない。
　事件は，年度初めに決められた順序に従い，機械的に割り振られ，その変更や他の裁判所の資料の利用には，当事者の申し立てや担当裁判官の判断がかならず必要となる。それもこれも裁判の公正と裁判官の独立が何よりも大事だから。ムダの陰にも時に別の価値が隠れているというわけだ。「三年寝太郎」の眠りだって灌漑の思案にはムダではなかったはず。
　深夜に帰宅して，公正な仕事のために息抜きはムダではないと言い張っても，受け入れられない。隠れた価値も信用されることが必要である。

（「紙つぶて」『中日新聞』平成22年9月10日夕刊）

❶ 概　説

　訴状が送られてくると，被告側は，訴状の記載や添付書類によって，相手方の言い分を確認して，対処法を検討する。必要に応じて，弁護士を依頼する。最初に着手すべきは，答弁書の作成である。

❷ 応訴の準備

　被告は，第1回期日までの期間を考慮して訴訟準備を進める。訴状の記載に従い記憶を整理し，関係書類や関係人の把握と必要書類の収集に努めるとともに，証人となり得る者の目星をつけておく。最初にすべき作業は，訴状に請求原因として記載された事実の存否を確認することである。

　訴訟の遂行においては，専門的知識や技能を要することからみて，弁護士を依頼することを原則として考えておくべきである。弁護士の依頼に当たっては，訴訟の内容に応じて，その能力と経験を見極めたい。

❸ 答弁書の作成

　答弁書には，請求の趣旨に対する答弁とともに，訴状に記載された事実に対する認否とそれを覆し得る事実（抗弁事実），さらにはそれを裏づける重要な間接事実を記載する（法161条2項，規則79条・80条1項）。あわせて答弁書には，立証を要する事実につき，重要な書証の写しを添付しなければならない（規則80条2項）。

(1) 請求の趣旨に対する答弁

　請求の趣旨に対する答弁としては，①訴えの却下，②請求の棄却，③請求の認諾がある。訴えの却下は，訴訟要件が不備であると主張するものであり，請求の棄却は，請求の理由がないことを主張するものであり，請求の認諾は，請求が正当であることを認めるものである。請求の認諾は，その旨調書に記載されれば，訴訟は終了する（法266条・267条）。請求を認諾する旨を記載し

た答弁書を提出していたときは，口頭弁論期日に出頭しない場合も陳述したものとみなされる（法266条2項）。

(2) **訴状に記載された事実についての認否**

訴状に記載された事実についての認否は，その存在について主張のとおり間違いないと考えるときには「認める」，そうでないときには「否認する」と答え，当事者に関わらない事柄について答えられないときには「知らない」と答弁する。この場合に，主張を裏づけるものとして必要な事実（要件事実）に当たる主要事実のみならず，主要事実を裏づける間接事実についても認否をする。

主要事実について，認めた場合には，争いがない事実として裁判上の自白が成立し，その結果，証明することを要しないこととなり，裁判所も拘束される。被告が争うことを明らかにしないときも，主要事実については自白したものとみなされることがある（法159条1項）。一方，間接事実や補助事実については，事実の認定に属することで裁判所の領域にある事柄であるから自白が成立することはないが，多くの場合は弁論の全趣旨からその事実に争いがないと認められる。

(3) **答弁書への証拠の記載**

答弁書には，被告側の言い分を裏づける証拠を記載しなければならない（規則80条1項）。できるだけ早期に争点を浮き彫りにするためである。重要な書証の写しは，答弁書の末尾に「証拠方法」と題して「証拠番号」と「標目」を記載して添付する。そのほかに附属書類があるときは，書類の標目と数を記載する。

❹ 答弁書の提出

答弁書は，期日呼出状に記載された提出期限までに提出しなければならない。裁判所に提出するほか，各原告にも届くように直送する（規則79条1項・83条）。

原告が被告側から答弁書を受け取った場合，受領した旨の書面を直送するとともに，裁判所にも提出する（規則83条）。

第4章　訴えへの対応

1　応訴の準備

1　応訴の準備のためにはどのようなことをすればよいでしょうか。

　紛争が生じた場合には，紛争の初めから，訴訟になり得ることも考慮して，相手方と慎重に交渉しておく必要があります。交渉の経過や内容自体が，訴訟において証拠にもなるのです。

　訴えの提起が予想される場合には，あらかじめ相手方のねらいと言い分をしっかりと見極めておくべきです。そのうえで，自分側の言い分を整理して組み立て，それをテストしておくべきでしょう。その場合には，その言い分の裏づけとして利用し得る資料の有無を確認しておくことが望まれます。もちろん相手方が持っていると予想される資料も調べておくべきでしょう。

　訴えを受けたときは，まずは訴状で何を求められているかを確認したうえ，そこに記載されている事実の真偽を確かめることです。訴状に記載された背景事実についても同様です。記載された事実に真実と異なることがあれば，その理由を探ることも大事です。依頼を受けた弁護士にあっては，依頼者の言い分を聴き取り，その裏づけとなる事実や資料の確認をしながら，言い分に対するテストを試みることをします。そのうえで，訴訟の見通しを立てて対応策を練り，それにあわせて，訴訟資料の収集や関係人の調査などの裏づけの準備に着手することになるでしょう。その準備には，時系列表を作って節目の事実ごとに双方の言い分と裏づけ資料を掲げる作業が役に立ちます。

2 訴状への対処

> ２ 届いた訴状を見てうんざりしています。というのも同じような訴訟が過去にも提起されたことがあったからです。不当な訴訟ではないでしょうか。

　訴えの提起を受けた者からみれば，とんでもない言い掛かりと思うこともあるでしょうし，しかも度重なるものであれば一層不快感が募ることでしょう。しかし，裁判を受ける権利は，憲法上もすべての人に認められていますので（憲32条），提訴があれば，応じないわけにはいきません。もちろん，訴権の濫用は許されませんが。お尋ねのような場合には，答弁書で，紛争の経緯を記したり，過去の同種訴訟の関連資料を書証として添付するなどし，また，現在同種訴訟が係属している場合は，その旨記載したうえ，審理の併合を希望するなどの意見を付記するのがよいでしょう。まったく同じ訴訟を提起された場合であれば，前の確定判決の効力によって請求の理由がないとか，あるいは重複した提訴であることを主張することができます。その他の場合にも，訴権の濫用を主張したり，不当訴訟を理由とする損害賠償請求の反訴を提起することが考えられますが，よほどの場合でない限り，慎重に対応するのがよいと思われます。

　なお，株主代表訴訟について，その目的から逸脱して，個人的利益の追求を目的とするときは，提起できないことが明記されています（会社847条1項ただし書，なお同条5項ただし書）。

> ３ 訴状の中の関連事実の記載を読んで驚きました。あまりに事実と違うことが掲げられていますので，憤懣やるかたないといったところです。

　多数の裁判に携わっていますと，まるで当事者のいずれかが嘘を言っているとしか思われないような事件に当たることがあります。たしかに，偽りを主張している場合もあるのでしょうが，事実の見方が立場によって異

第4章 訴えへの対応

なるというような場合もあり得ます。一方の言い分も他方から見れば荒唐無稽に思われるということでしょうか。また，事件にもいろいろあって，なかには個人間の感情的対立だけが持ち込まれる訴訟や濫訴ともみられる訴訟もあれば，不当抗争といえるものもあります。いずれの場合であっても，提訴を受けた側としては，事実について丁寧に認否をし，裏づけとなる証拠を申請するなど地道な作業を続けることが肝要で，そうすれば，真相は自ずから明らかになるに違いないと心得ておくことです。裁判官は，訴訟の背後の事情まで見通して，事件に応じた審理を心掛けているはずです。

要は，訴状に向き合うに当たっては，紛争の本質上，双方の言い分が異なることは当然のことと理解を示して，誠実に応答するのが正しい対応です。この誠実さは，裁判所に必ず伝わるものです。

---

4 訴状の提出に当たり，原告側は，ビラを配ったり，記者会見の場を設けるなどして，一方的に真実と異なる事情を喧伝しています。何とかならないものでしょうか。

裁判所は，具体の事件について裁判手続内のことにしか関知しないことを原則とします。訴訟外の言論や表現に係る事柄については，担当裁判部の支配するところではありません。ただ，手続外のことであっても，公正な裁判の妨げとなったり，裁判に不当な影響を与えたり，あるいは訴訟当事者の訴訟追行に無用の不安や畏怖を与えるようなことがあれば，裁判手続内のこととして，裁判所も，厳正に対処することがあり得ます。このようなことがあれば，担当裁判部に事情を伝えることがあってもよいでしょう。感情的に対立する事件や世論に不正を訴えたいと思われる事件もあるでしょうが，いったん訴訟になると，感情的対立を乗り越えて，あるいは法の力だけを頼みとして，冷静に向き合いたいものです。そういった状況が作られてきて初めて法の支配ということができるのですから。

裁判は，法の支配の最後の砦ですから，裁判所も当事者も，粛々と裁判に臨みたいものです。

第4章 訴えへの対応

> 5 訴えを提起したところ，相手方から別の訴訟を提起されましたが，当方の訴訟に対抗するために無理に提起されたようにうかがえます。相手方の訴訟に対してどのように応じればよいでしょうか。

　先に提起された訴訟に対抗して，あるいは先の訴訟を有利に進行させるために，後に別訴を提起したのではないかとうかがえる場合があります。しかし，紛争の渦中にあるときに，先に訴えを提起するか否かという判断を迫られることがありますが，先手を打って訴えを提起すればよいというものでもないようです。相手方が何を掲げて訴えてくるかを見極めることが必要な場合もあります。したがって，後の訴訟を，常に好戦的なものと位置づけるわけにはいきません。後の訴訟が，前の訴訟を不当に妨害するために提起されたと明らかにうかがえるときは，後の訴訟の答弁書において，その旨記載し，さらには当該訴訟の進行を当分の間控えてもらうように意見を上申することも考えられなくはありませんが，裁判所の眼から見て不当訴訟であると決めつけることは当事者ほどには容易ではありません。手続を重ねるうちにいろいろな事情が見えてきますので，その段階で最適の判断がされるものと考えて粛々と対応するのがよいと思います。

> 6 株主総会の決議不存在確認の訴訟と株主代表訴訟が提起されました。証拠もまったく示さないで，まったくの言い掛かりとしか思えません。

　訴えの提起は，すべての人の権利として認められたものですから，訴えられた側にとって，許されないとの思いがあっても，裁判手続内で争うほかありません。裁判官においても，訴えの提起段階では訴えそのものについてとやかくいえないところがあります。訴えの提起も，信義に基づいて行うべきではありますが，訴えの中には，たしかに，単なる思い込みによるものや見込みに頼っただけのものも見受けられます。また，裁判が開始されてから証拠集めに着手するような訴訟もみられます。もっとも，医療過誤訴訟や建築関係訴訟などの専門的知見を要する訴訟，行政訴訟などで

第4章　訴えへの対応

は，訴える側であらかじめ証拠資料を整えておくことが困難なものもあります。現在の民事裁判は，訴えの提起前から証拠を集める手段も用意しています。たとえば，訴えの提起前に，必要な事項を尋ねることも（提訴予告通知者による提訴前照会。法132条の2），裁判所を介して証拠を収集することもできます（提訴前の証拠収集処分。法132条の4）。当事者の努力によって円滑で迅速な訴えの提起前の手続をする仕組みが用意されているのですから，訴えの提起前に裁判は始まっていると心得て，これらの仕組みをできるだけ活用したいものです。必要最小限のことさえ準備されていないことがうかがえれば，裁判所からその姿勢を問われることになるでしょう。

　株主総会の決議を争ったり，株主代表訴訟を提起する場合には，たとえば，会社法上の株主総会議事録等の閲覧の請求（会社318条4項・371条2項・3項ほか）や会計帳簿等の閲覧の請求（会社433条1項・442条3項）をしたり，民事訴訟法上の文書送付嘱託（法226条）などを済ませておくことが求められるでしょうし，刑事事件が別途係属していれば，その訴訟記録を閲覧することも必要でしょう。これらのことさえ実行されていないことがうかがえるときは，株主代表訴訟では担保提供命令の申立て（会社847条の4第2項）で対抗することができます。

3　答弁書の作成

7　重要な書面に準備書面がありますが，まず答弁書についてその記載のあり方について教えてください。

　答弁書は，被告が最初に提出する準備書面ですが，原告の主張した事実について，真実であるかどうか明確にしなければなりません。それによって争いのない部分と争いのある部分が示されることとなり，その訴訟の最も根本的な対立点（争点）が明らかになり，争いのない事項については自白が成立し，争いのある事項については証拠調べが必要になり，以後の訴訟の予定を立てることができるからです。民事訴訟規則にも，訴状に記載された事実に対する認否や抗弁事実を具体的に記載し，かつ，立証を要する事由ごとに，その関連する事実で重要なもの及び証拠を記載すると規定

第4章 訴えへの対応

されていますが（規則80条1項），その趣旨です。請求原因事実を裏づける間接事実や背景事情についても，細部まで認否がされれば，それだけ争点が浮き彫りになり，証拠調べの労力と時間も減ることになります。もちろん管轄違いの抗弁などの訴訟要件に係るものは早い段階で示すことが求められます。

> 8 答弁書を提出するにも，十分な打合せをする時間がありません。そのようなときは，答弁書を提出しないことも許されるのでしょうか。

　答弁書の目的は，訴状との対比で主張の相違点を明確にするもので，被告にとっては最初の防御方法として応訴活動の中核となるものといえます。答弁書によって紛争の核が判明するものですから，できるだけ速やかに，かつ，丁寧に応答する必要があります。

　しかし，何の前触れもなく訴えが提起されたり，代理人の選任が遅れたり，そのほかやむを得ない事情がある場合に，十分に具体的な主張ができないのは理解できます。その場合でも，答弁書を提出しないことはよくありません。提出を怠って期日にも出頭しないときは，争わないとみなされることにもなりかねません。答弁書を提出できないときは，そのことをあらかじめ裁判所書記官に連絡し，十分な答弁をすることができないときは，その事情を記載した答弁書を提出して第1回口頭弁論期日に裁判所に口頭で事情を述べることがよいでしょう。その場合にも，できるだけ早くそれを補充する準備書面を提出すべきです（規則80条1項）。

> 9 訴状や答弁書において，どの程度書き込めばよいのか迷います。特に，答弁書において，積極的に当方の言い分を記載したいと思いますが。

　訴状や答弁書は，裁判所にとっては，それによって，初めて紛争の中身に触れることになり，その後の訴訟の行き先を見定めることになります。
　したがって，訴状においては，訴訟物の特定などはもちろんですが，紛

第4章 訴えへの対応

争の実態が明らかになるようなものでなければなりません。背景事情などを示すことによって早いうちに争点が浮き彫りになるというわけです。一方，答弁書においては，早期に争点が明らかになるように，原告の主張する事実について，丁寧に認否をする必要があります。さらに裁判所に早い段階で被告側から見た事件の真相を認識してもらうために，具体的な反論を示すのがよい場合もあります。もっとも，訴状，答弁書のいずれについても，緒に就いたばかりで相手方の紛争に対する対応が見えないことも当然でしょうから，その場合には，事柄によっては，ある程度抽象的な記載にとどまる部分があってもやむを得ないと裁判所も受け止めていると思います。

民訴法第161条（準備書面）
1　口頭弁論は，書面で準備しなければならない。
2　準備書面には，次に掲げる事項を記載する。
　一　攻撃又は防御の方法
　二　相手方の請求及び攻撃又は防御の方法に対する陳述
3　相手方が在廷していない口頭弁論においては，準備書面（相手方に送達されたもの又は相手方からその準備書面を受領した旨を記載した書面が提出されたものに限る。）に記載した事実でなければ，主張することができない。

民訴規則第79条（準備書面・法第161条）
1　答弁書その他の準備書面は，これに記載した事項について相手方が準備をするのに必要な期間をおいて，裁判所に提出しなければならない。
2　準備書面に事実についての主張を記載する場合には，できる限り，請求を理由づける事実，抗弁事実又は再抗弁事実についての主張とこれらに関連する事実についての主張とを区別して記載しなければならない。
3　準備書面において相手方の主張する事実を否認する場合には，その理由を記載しなければならない。
4　第2項に規定する場合には，立証を要する事由ごとに，証拠を記載しなければならない。

民訴規則第80条（答弁書）
1　答弁書には，請求の趣旨に対する答弁を記載するほか，訴状に記載された事実に対する認否及び抗弁事実を具体的に記載し，かつ，立証を要する事由ごとに，当該事実に関連する事実で重要なもの及び証拠を記載しなければならない。やむを得ない事由によりこれらを記載することができない場合には，答弁書の提出後速やかに，これらを記載した準備書面を提出しなければならない。
2　答弁書には，立証を要する事由につき，重要な書証の写しを添付しなければならない。やむを得ない事由により添付することができない場合には，答弁書の提出後速やかに，これを提出しなければならない。
3　第53条（訴状の記載事項）第4項の規定は，答弁書について準用する。

第 5 章

第1回口頭弁論

※※ 知的財産・医療・建築 ※※

　紛争の適切な解決のためには，紛争の質と量に見合う態勢がまず要求され，次いで，紛争処理の担い手に紛争を適切に処理しうる能力が求められ，さらに，紛争の解決の手段方法に合理性が求められる。これを裁判についていえば，適正な裁判は，裁判所の態勢，訴訟関係人の能力および訴訟運営の方法・技術に負う，ということになる。

　専門訴訟についても，何ら特別なことはなく，その適正な処理のためには，〈裁判所の態勢〉として適度な容量と専門訴訟に相応する専門性の確保（専門部の設置や管轄の専属化など），〈訴訟関係人の能力〉として訴訟代理人と裁判官の専門化（法律事務所の専門組織化，専門的人材の外部からの起用や養成による専門性の取得など），〈訴訟運営の方法〉として事前準備や計画審理など訴訟に通有する方法のほか専門的知見の効率的確保（鑑定人の確保に対する司法行政分野からの支援，行政や私人との協働，専門家による訴訟運営に対する支援など）が要求される。

　東京地方裁判所では，専門訴訟に対していくつかの試みがされている。

　まず，〈裁判所の態勢〉。知的財産権訴訟については，専門部として，平成10年，11年と相次いで裁判部が増設され，現在では3か部に裁判官15人を擁し，各分野に専門調査官の充実が図られているほか，専門家による専門調停制度も設けられている。医療訴訟については，昨年5月から4か部に実験的に事件を集中して処理にあたってきたが，今年4月には裁判官を増員するなどその態勢を整備したうえ，医療訴訟の全件を集中して取り扱うこととし，あわせて医師による専門調停制度を採り入れた。建築訴訟についても，建築専門の調停委員の増員を図ったうえ，調停専門部において，昨年から専門的な取組みを進めてきた結果を踏まえて集中的に取り扱うことになった。〈裁判官の専門化〉としては，専門部における継続的関与により専門的知見を習得するほか，各種研究会による研さん，学会との交流や海外派遣などがあげられる。〈訴訟運営の方法〉については，一昨年来の審理の実情についての調査結果を参考にして，鑑定人確保のために，関係諸団体との意見交換等を通じていくつかの試みがされたほか，訴訟当事者と認識を共有するために，訴訟の運営の指針が提言された。これらの提言では，当事者の事前準備の徹底，争点整理段階からの専門調停委員の関与，鑑定方法の工夫などが指摘されている（知的財産権訴訟については判夕1042号4頁以下，医療訴訟については判夕1018号4頁以下，建築訴訟については判時1710号4頁以下参照）。

　（「金融商事の目　知的財産・医療・建築」『金融・商事判例』1120号2頁より抜粋）

第5章 第1回口頭弁論

❶ 概　説

　訴訟の審理は，弁論と証拠調べから成り立つ。口頭弁論は，必ず開かれなければならない（口頭弁論主義。法87条1項）。審理は，公開の法廷で（公開の原則），当事者双方に対して，主張を述べる機会を平等に与えて行われる（対審，双方審尋主義。憲82条）。弁論は，口頭で行わなければならないが（口頭主義），正確に理解するために書面で補充されることもある（法161条等）。

　原告，被告とも，裁判所から指定された日時に法廷に出て，必要な訴訟行為をする。出廷しないときは，一定の取扱いを受けることがある。

❷ 口頭弁論の実施

　口頭弁論は，裁判長の指定した期日において行われる。口頭弁論は，事件の呼上げをもって開始する（規則62条）。口頭弁論は，裁判長が指揮する（法148条1項）。当事者は，口頭弁論期日において，主張と証拠を提示する。第1回口頭弁論期日においては，訴状が陳述され，答弁書が陳述される。訴状や答弁書の陳述は，通常は，「訴状（答弁書）のとおり陳述します。」と述べて行われる。口頭弁論の結果は，調書に記録される（法160条1項）。

❸ 証拠の申出と書証の取調べ

　訴状と答弁書の記載によって当事者の間で争いがある事実については，証明を要する（法179条）。そこで，訴状や答弁書に書証の表示がされている場合には，書証の証拠調べの申出として採用されて，第1回口頭弁論期日においても証拠調べが行われることがある。

❹ 当事者の欠席

　最初の口頭弁論期日に原告又は被告が欠席した場合には，原告が提出した

第5章　第1回口頭弁論

訴状や被告が提出していた答弁書その他の準備書面に記載されていた事項を陳述したものとみなされ，これに対して相手方は弁論をする（法158条）。被告が答弁書等を提出していなかったときは，原告の主張事実を自白したものとみなされ，いわゆる欠席判決がされる（法159条1項本文）。当事者の双方又は一方が出頭しない場合（出頭しても弁論をしないで退廷した場合も同じ）において，裁判所は，期日を延期することもできるが，口頭弁論を終結して終局判決をすることができる（法244条本文）。当事者双方が期日に出頭しない場合（出頭しても弁論をしないで退廷した場合も同じ）において，当事者から期日の指定の申立てがされないで1か月を経過したときは，訴えの取下げがあったものとみなされる（法263条）。当事者双方が連続して2回，口頭弁論期日に出頭しなかった場合も，同様である。もはや訴訟を追行する意思がないものとみられるからである。

訴訟の進行

　手続の進行は，裁判所の役割である（職権進行主義）。審理を適切に迅速に進め，充実した審理を図るために，裁判所に訴訟運営が委ねられる。訴訟指揮権は，合議体にあっては，裁判長にある。たとえば，期日の指定（法93条），口頭弁論の指揮（法148条），釈明（法149条）などが，これに当たる。釈明処分（法151条），弁論の制限・分離・併合（法152条）や再開（法153条）は，裁判の形式（裁判所が行う場合は決定，その他の場合は命令）で行われる。いずれの場合にも，不必要又は不適当と認められる場合には，いつでも自ら取り消すことができる（法120条・152条1項など）。訴訟指揮は，確定的な判断を示すものではなく，訴訟のいろいろな場面に応じて，適宜柔軟に，行使される必要があるからである。

　もっとも，当事者にも，手続の進行に関して申立てが認められる場合がある。たとえば，求問（法149条3項），時機に後れた攻撃防御方法の却下の申立て（法157条）などの場合である。また，当事者の意思に拘束される場合もある。たとえば，弁論準備に付する裁判の取消し（法172条ただし書），弁論更新における証人の再尋問（法249条3項）などがこれに当たる。いずれも，そ

第 5 章　第 1 回口頭弁論

れぞれの訴訟行為の趣旨に基づくものである。

❻　第 1 回口頭弁論の終了

　裁判所においては，この段階でおおまかながら審理の見通しを立て，事後の手続として，口頭弁論の続行，争点等整理手続への移行，証拠調べ，和解の実施などが決められる。

📖　📖　📖

第 1 回口頭弁論期日の実施

> 1　第 1 回口頭弁論期日として，午後 1 時 10 分と指定されたのですが，30 分も待たされました。このようなことは普通なのでしょうか。

　裁判所は，あらゆる事件について手続が迅速に進められるように努力しています。また，それぞれの事件について，平等に扱うことを第一義と心掛けながら，事件の特質や規模に応じて相応の時間を充てるようにしています。第 1 回口頭弁論の期日についても，事件ごとに必要な時間を予測して開始時刻を指定しますが，前の事件の弁論に予想を超えて時間を要した場合などに開始が遅れることがあります。また，一方の当事者の遅参のために開始が遅れることもあり得ます。この場合には一方の当事者だけで弁論を開くことができる場合もありますが，双方の当事者が出頭したうえで審理する建前ですし，双方の出頭を待つほうが今後の審理を円滑に運ぶのに役に立つとも見込まれますので，一時的に待たされるのも今後の審理を見越しますと我慢のしどころかもしれません。また，当日に当事者に緊急の事態など諸事情が発生し得ることも考慮して，期日の空転を避けるために，複数の事件を同時刻に指定することもありますが，その場合には双方当事者が集まり次第開始することになります。いずれにせよ，期日の指定に当たっては，裁判長と裁判所書記官が綿密な打合せをして，各事件の特

質などを考慮してできるだけ細やかに指定するように心掛けていることは理解したいところです。

② 口頭弁論期日に訴訟代理人や法務セクションにある者が多数出席することは，裁判所にどのような印象を与えますか。

　訴訟代理人の数などによって裁判所が特別の印象をもつということはありません。事件によっては，争点が多岐にわたる場合に訴訟代理人の分担を決めていたり，若手弁護士に経験を積ませるために陪席させることもあるでしょうし，会社関係訴訟などでは法務部や関連部署の出席が必要という場合もあり得るでしょう。また，事件によっては，裁判所に事件のもつ意味を知らしめるためとして，大勢の弁護団を組んで示威することもあるようです。裁判官も，そのあたりの事情や背景は推察しているでしょう。裁判官は，日頃から事件自体を虚心に見つめる訓練を受けていますので，法廷の様相によって事件の見方を変えるということはありません。

③ 多くの事件の口頭弁論の様子を見ていますと，「訴状や答弁書について記載のとおり陳述します」というだけのようですが，その内容について具体的に述べることはできないのでしょうか。

　まず，民事訴訟法の建前について説明しますと，審理は，口頭で行われるのが原則です（法87条1項）。口頭では十分に意を尽くせない場合や正確に表意するために書面で補充することが必要な場合もあります。法律が，訴えの提起に訴状の提出を要求し，口頭弁論は書面で準備しなければならないと定めるのはその趣旨です（法161条）。たしかに，実際の裁判では，「訴状記載のとおり陳述します」と述べ，相手方も「答弁書記載のとおり陳述します」と述べることが普通ですが，訴状や答弁書は，あらかじめ相手側に送られ，裁判所も検討を済ませていますので，通常はこれで足りるといえます。また，各裁判所とも多数の事件を抱えているのが現状ですから，通常の事件を相応に簡便に取り扱うことによってメリハリのついた訴

第5章　第1回口頭弁論

訟運営をするものとして理解できます。一方，傍聴人が多数みられる事件や耳目を集める事件などでは，当事者側から口頭で概要を述べたいと申出がある場合もあります。また，裁判官によっては，民事訴訟法の理念である口頭主義を重んじて，口頭で趣旨を述べるように促す場合がありますし，大規模訴訟などでは，裁判所と当事者の理解を深め，争点を再確認する意味でも，訴状について具体的に述べられることがあります。このような措置は，裁判が公開の法廷で裁判所に直接に口頭で行われるという要請を満たすためのものですから，むしろ積極的に評価してよいでしょう。

> [4]　第1回口頭弁論期日に，訴状の内容について，裁判所から質問を受けました。既に期日前に裁判所書記官を通じて補充等をしていましたので戸惑いました。その場で回答しましたが，的確な内容になっていたかどうか疑問です。その場で答えなくてもよかったのでしょうか。

　最近の民事裁判では，裁判所から当事者に積極的に質問をし，口頭で説明を求めることも多くあります。法律が，口頭で述べることを原則としていることはもとより，できるだけ早期に争点を明確にして，それを互いに共有することができるように，争点に関する実質的な協議が行われることを求めているからです。したがって，裁判所の質問に対して「次回に準備書面で明らかにします」という応答は，できれば避けたいものです。むしろ，せっかく口頭で説明する機会が与えられたと思って，積極的に応じるべきです。そのほうが，争点を明確にするのに役立ち，今後の訴訟の円滑な進行にも有益となるからです。もちろん，口頭で応じた場合でも，次回期日までに書面を提出して説明を明確にすることは歓迎されます。弁論するのにためらってはいけません。自信のなさそうな弁論は，傍聴している依頼者からは歓迎されないのはもとより，裁判所からも好感をもたれないでしょう。

第5章　第1回口頭弁論

> **5** 第1回口頭弁論期日に答弁書の作成が間に合いませんでした。当日に口頭で述べるつもりですが，大丈夫でしょうか。

　答弁書の提出は，期日に間に合うようにできる限り努めるべきでしょう。会社の決裁を得たり，本人に特別の事情があって承諾を得るゆとりがないために作成が間に合わない場合があり得ることは理解されますので，そのような場合には，その事情を説明したうえ，「追って主張する」と記載した書面を提出することで差し支えないでしょう。この場合にも，事情が許せば期日に口頭で陳述することが望ましいと思います。

　何事にも誠実を旨として対応することを心掛けておくことです。

> **6** 傍聴席が相手方側の傍聴人で埋め尽くされ，そのために緊張を感じ，自然な答弁ができません。静かな状況で裁判ができないものでしょうか。

　社会の耳目を集める事件では，多数の傍聴人や記者で傍聴席が埋まることがあります。当事者本人の中には息苦しさを味わうこともあると聞きます。裁判を傍聴することは権利として認められていますので，法廷の許す限り，傍聴の制限をすることはできません。しかし，傍聴人が静粛にしないときなどは注意をし，それでも応じないときには退廷を命じることもあります。当事者から裁判所に対して指揮権の発動を促すこともできます。また，代理人があたかも傍聴席に向けて演説調子で語り掛けることもみられますが，必ずしも好ましい印象を与えません。

　裁判は，静謐の場で粛々と進めたいものです。裁判所は，中立の立場で毅然と主宰していますので，安心して弁論されてよいでしょう。

　　民訴法第87条（口頭弁論の必要性）
　　　1　当事者は，訴訟について，裁判所において口頭弁論をしなければならない。ただし，決定で完結すべき事件については，裁判所が，口頭弁論をすべきか否かを定める。
　　　2　前項ただし書の規定により口頭弁論をしない場合には，裁判所は，当事者を審尋することができる。
　　　3　前2項の規定は，特別の定めがある場合には，適用しない。

第5章　第1回口頭弁論

民訴法第93条（期日の指定及び変更）
1　期日は，申立てにより又は職権で，裁判長が指定する。
2　期日は，やむを得ない場合に限り，日曜日その他の一般の休日に指定することができる。
3　口頭弁論及び弁論準備手続の期日の変更は，顕著な事由がある場合に限り許す。ただし，最初の期日の変更は，当事者の合意がある場合にも許す。
4　前項の規定にかかわらず，弁論準備手続を経た口頭弁論の期日の変更は，やむを得ない事由がある場合でなければ許すことができない。

民訴法第148条（裁判長の訴訟指揮権）
1　口頭弁論は，裁判長が指揮する。
2　裁判長は，発言を許し，又はその命令に従わない者の発言を禁ずることができる。

民訴法第149条（釈明権等）
1　裁判長は，口頭弁論の期日又は期日外において，訴訟関係を明瞭にするため，事実上及び法律上の事項に関し，当事者に対して問いを発し，又は立証を促すことができる。
2　陪席裁判官は，裁判長に告げて，前項に規定する処置をすることができる。
3　当事者は，口頭弁論の期日又は期日外において，裁判長に対して必要な発問を求めることができる。
4　裁判長又は陪席裁判官が，口頭弁論の期日外において，攻撃又は防御の方法に重要な変更を生じ得る事項について第1項又は第2項の規定による処置をしたときは，その内容を相手方に通知しなければならない。

民訴法第158条（訴状等の陳述の擬制）
　原告又は被告が最初にすべき口頭弁論の期日に出頭せず，又は出頭したが本案の弁論をしないときは，裁判所は，その者が提出した訴状又は答弁書その他の準備書面に記載した事項を陳述したものとみなし，出頭した相手方に弁論をさせることができる。

第 6 章

争点等整理手続

❀❀　下ごしらえ　❀❀

　夕食前のテレビで若い女性タレントが料理をしている。感心していると，台所から「甘いわね」の声。素材の見立てから調味料の計量，素材の刻みまでの見えない部分にこそ大変な苦労があると言う。
　裁判でも，料理の手さばきならぬ法廷の手綱さばきがうまくなければならないが，これに劣らず大事なのが下ごしらえ。裁判の産みの苦しみは，実は法廷の裏にこそある。
　紛争を抱える者は，自分に有利な事情を強調し，苦し紛れの嘘も持ち込む。代理人は，自分の頭で法律的に意味があると考える事実を選んで文章にし，依頼人に有利な証人や資料を探し出し，時に不利な資料などをしまい込む。次いで当事者双方が言い分と資料を付き合わせると，相手の手の内を見て言い分を練り直す。この段階までに，思い込みや誤解が混入し，時には作為が施されたりする。争点を絞り込み，法廷で調べる証拠を選び出す下ごしらえの作業で，裁判官は思い込みや作為などを見抜き，誤りを防ぐために「チームを率いて客の意向を満たすシェフは，非常に優れた料理人」（ジョエル・ロブション）を肝に銘じて当事者をよく指揮する必要がある。もちろん，素材の鮮度が落ちないように言い分も資料も期限内に出されるようにしなければならない。「料理人に最も欠くことのできない特質は時間の正確である」（サヴァラン「美味礼賛」）。
　料理の出来栄えは，下ごしらえ次第。台所から運ばれてきたわが料理を前にして，不服を申し立てるには時機を失う。もちろん指揮能力はない。

　　　　　　（「紙つぶて」『中日新聞』平成22年10月1日付夕刊）

第6章　争点等整理手続

❶　概　　説

　当事者間で主張に争いがある場合に，事件によっては，口頭弁論を続行しないで争点等整理手続が行われることがある。この場合には，裁判所において，当事者と協働して，争点を絞り込み，証拠調べの対象を限定する作業を行う。

❷　争点等整理手続の目的と実施

　争点等整理手続においては，訴え（訴訟物）についてそれを根拠づけるうえで必要な主要事実の主張が尽くされているかどうか，主要事実のうち争いのある事実は何か，争いのある主要事実を裏づけ又は妨げる間接事実は何か，場合によっては紛争の解決のために必要に応じて背景事実にも踏み込んで，争いのある部分の確認が行われ，争点が確定される。そのうえで，争いのある事実を証明する証拠方法として何があるか，特に書証があるかどうかが検討され，そのほか法律上の争いについて判例や学説が求められることもある。
　これらの作業は，裁判所と当事者が協働して行う。

❸　争点整理手続の種類

　争点等整理手続には，準備的口頭弁論（法164条），弁論準備手続（法168条）及び書面による準備手続（法175条）がある。実務上は，多くは弁論準備手続が行われる。弁論準備手続や書面による準備手続の実施などについては，当事者の意見を聴くこととされている（法168条・170条3項・175条）。当事者の意向を無視しては円滑な実施が望まれないからである。
　準備的口頭弁論は，口頭弁論であるから，公開法廷で行われ，証拠調べを含むあらゆる訴訟行為が行われる。社会の耳目を引く事件や当事者・関係者が多数に上る事件などで実施されることが多い。一方，弁論準備手続は，非公開で行われるので，証拠調べは書証についてのみ行われる。書面による準

備手続は，当事者が遠隔地に居住しているときなどに，ファクシミリや電話会議の方法によって行われる。この方法は，裁判長によって行われる（法176条）。

そのほかに進行協議期日がある。審理を充実させるために訴訟進行に関して必要な事項の打合せを行う期日である（規則95条）。証拠調べの時間等の審理計画を策定したり，専門訴訟で専門家を交えた討論をする場として用いられている。

❹ 弁論準備の実施

弁論準備手続では，準備書面の提出や証拠の申出が行われる。裁判官室付属の執務室（準備手続室）で自由な雰囲気の中で実施される。争点の確定のために，当事者が主張すべき要件事実とその認否の確認，争いのある事実について間接事実とその認否の確認，争いのある事実についての書証の有無，書証では賄えない場合の人証の確認等が行われる。そのうえで，証拠調べをする決定，たとえば，文書提出命令，送付嘱託や調査嘱託の決定がされる。そのほかにも，文書については，その取調べもできる（法170条1項・2項）。裁判所は，充実した争点整理を実施するために，当事者に釈明を求めたり，訴えの変更や補助参加の許否の裁判など口頭弁論の指揮に関することも行われる（同条5項）。和解の意向の確認がされることもある。

❺ 弁論準備手続等の終了

弁論準備手続等を終結するに当たり，当事者との間で，その後の証拠調べにより証明すべき事実を確認し，相当と認めるときには当事者に争点及び証拠の整理の結果を要約した書面を提出させることができる（法165条・170条5項・176条4項・177条）。弁論準備手続の結果について，当事者は口頭弁論で陳述し（法173条），書面による準備手続における結果について，当事者は口頭弁論期日において裁判所と確認する（法177条）。弁論準備手続等を終えた後の攻撃防御方法の提出には制約がある（法167条・174条・178条）。

第6章 争点等整理手続

1 争点整理等の選択

1 争点等の整理が，準備手続でされる場合と口頭弁論でされる場合があるようですが，その使い分けの基準はありますか。

　争点等の整理の手続としては，事案に応じて，ときには代理人の対応も見て，その方法の選択がされます。実務上は，多くは弁論準備手続が選択されているといえます。たしかに，争点等の整理が，争点等整理手続に付されないで，口頭弁論手続において行われることもありますが，口頭弁論手続において行われる場合は，事案が比較的に簡単で，争点や証拠方法もそれほど複雑でない場合が，まず考えられます。次に，当事者から，主張や証拠の整理を公開の法廷で行うように求められる場合がありますが，事案によっては，たとえば，社会の耳目を引く事件などでは，傍聴人に主張の展開を明らかにしたいということもあるのでしょう。口頭弁論期日において争点等の整理を行う場合には，裁判所にあっては，当事者が身構えたり，固い対応をしたりすることが見受けられますので，当事者に柔軟な対応を促し，双方の意思疎通を図る工夫が必要でしょう。また，当事者にあっても，公開の法廷で，口頭で十分に意を尽くすことがそれほど容易ではないことを覚悟のうえ，裁判所に考えを届けることを第一義と考えて努めるべきです。

　いずれの方法を選択するかは，裁判所の訴訟指揮に委ねられていますので，当事者としては，進行のありようについて意見を述べればよいでしょう。

第6章 争点等整理手続

2 第1回の口頭弁論期日が終わるときに，次回は弁論準備と告げられました。それほど準備することがないように思われますので，直ちに証拠調べをして判決がいただきたいのですが。

　裁判所は，訴訟の円滑迅速な進行を図る役割を担い，適正な裁判の実現について責任をもちますので，そのために常に審理の見通しを立てて，手続を采配することに努めます。現行の手続は，計画審理を旨として，できるだけ早い段階で争点整理をして集中的に審理をすることを目指しています（法147条の2・147条の3・182条）。そのために争点整理手続があるといえます。第1回口頭弁論期日の後に弁論準備手続に入ることは通常といえます。この場合には，必ず意見を聴かれますので，次回の進行について，積極的に意見を述べることは許されます（法168条）。裁判所としては，当事者の意見には拘束されませんが，審理の見通しを立てるうえでも，当事者の意見に耳を傾けてその真意を探る必要があることを認識していますし，当事者の理解を得られるように努力をしていることと思います。

3 次回以降の口頭弁論期日が始まる前に争点整理手続について意見を聴かれましたが，どのように答えればよいのかわかりません。争点整理手続の選択はどのような基準で決められるのですか。

　争点整理手続は，裁判所と当事者双方で争点について共通の認識をもち，早期に争点を整理し，証明すべき事実を明確にするとともに，そのための証拠を整理することです。その目的は，集中的かつ効率的な証拠調べを実施して，適正かつ迅速な審理を実現することにあります（法182条，規則101条）。

　争点整理手続には3種類があります。準備的口頭弁論，弁論準備手続，書面による準備手続ですが，多くは，弁論準備手続で行われます。弁論準備手続は，法廷以外の場所で，裁判所と当事者がひざを交えて率直に意見を交換し争点整理をするというもので，場合によっては相当と認める者の傍聴を許すこともできます。準備的口頭弁論は，その名のとおり，口頭弁

第6章　争点等整理手続

論ですから，公開の法廷で行われますので，公開が求められるような事件，たとえば，関係人が多数の事件や社会の耳目を引く事件などについて行われます。書面による準備手続は，当事者が遠隔地に居住している場合や病気で裁判所に出向くのが困難な場合など，裁判所に出頭する負担を軽減するもので，ファクシミリによる書面の交換や電話会議の方法によって協議を行います。

　民事訴訟の手続は，裁判所と当事者が協働で行うという考えで貫かれています。したがって，今後の裁判のありようを決めることになりますので，手続の選択についてはっきりと意見を述べることが相当といえます。裁判所の考えと違った場合でも，重ねて説得的な理由を付して説明することがあってもよいでしょう。

民訴法第147条の2（訴訟手続の計画的進行）
　　裁判所及び当事者は，適正かつ迅速な審理の実現のため，訴訟手続の計画的な進行を図らなければならない。
民訴法第147条の3（審理の計画）
　1　裁判所は，審理すべき事項が多数であり又は錯そうしているなど事件が複雑であることその他の事情によりその適正かつ迅速な審理を行うため必要があると認められるときは，当事者双方と協議をし，その結果を踏まえて審理の計画を定めなければならない。
　2　前項の審理の計画においては，次に掲げる事項を定めなければならない。
　　一　争点及び証拠の整理を行う期間
　　二　証人及び当事者本人の尋問を行う期間
　　三　口頭弁論の終結及び判決の言渡しの予定時期
　3　第1項の審理の計画においては，前項各号に掲げる事項のほか，特定の事項についての攻撃又は防御の方法を提出すべき期間その他の訴訟手続の計画的な進行上必要な事項を定めることができる。
　4　裁判所は，審理の現状及び当事者の訴訟追行の状況その他の事情を考慮して必要があると認めるときは，当事者双方と協議をし，その結果を踏まえて第1項の審理の計画を変更することができる。
民訴法第164条（準備的口頭弁論の開始）
　　裁判所は，争点及び証拠の整理を行うため必要があると認めるときは，この款に定めるところにより，準備的口頭弁論を行うことができる。
民訴法第168条（弁論準備手続の開始）
　　裁判所は，争点及び証拠の整理を行うため必要があると認めるときは，当事者の意見を聴いて，事件を弁論準備手続に付することができる。
民訴法第175条（書面による準備手続の開始）
　　裁判所は，当事者が遠隔の地に居住しているときその他相当と認めるときは，当事者の意見を聴いて，事件を書面による準備手続（当事者の出頭なしに準備書面の提出等により争点及び証拠の整理をする手続をいう。以下同じ。）に付することができる。

第6章 争点等整理手続

2 弁論準備手続の実施

> 4 弁論準備手続に当事者本人として参画したいのですが，代理人弁護士からできるだけ控えるように言われました。その後の進捗状況もよく理解できませんし，今後の見通しもわかりません。

　弁論準備手続のみならず訴訟の過程を通して，当事者本人は，まさに手続の主人公であり，訴訟の結果の帰属主体ですから，堂々と参画できます。代理人弁護士は法律専門家ですから，事前に当事者から言い分などを聴いておけば，十分に対応できると思っているのでしょう。また，裁判所から当事者本人に対して直接に質問がされることによって，あまりに手の内をさらけ出してほしくないとか，準備が足りない場合はもとより，たまたま準備に遺漏があった場合に矛盾した対応を避けたいなどと考えることもあるようです。しかし，当事者本人は，代理人の監督者でもあるわけですから，代理人の訴訟追行を見守る立場にある者として，その意見に従って立ち会うことができるはずです。裁判所側から見ても当事者の生の声を聴きたい場合も多数ありますし，当事者側においても心中を裁判所に直接届けたいとか，訴訟の進め方に納得をしたいと思うのが当然ともいえますから，立ち会う意義は少なくないともいえます。

　また，当事者本人から「訴訟の進行が見えない」という声を聞くことがありますが，当事者本人に対して善管義務を負う代理人は，裁判の納期を常に意識した訴訟追行をするとともに，できる限り訴訟の進行具合と見通しに関する情報を当事者本人に与え，その情報の共有を図るべきといえます。当事者との協働を指導理念としている裁判所においても，そのための工夫をしています。

　いかなる場面においても，本人と代理人との間には，強い信頼感に支えられた絆が求められているといえます。

第6章 争点等整理手続

5 弁論準備手続で，裁判官から時系列表と争点整理表を作成するように求められました。このような作業は，本来裁判所がすべきことではないでしょうか。

　たしかに，弁論準備手続は，争点の整理を行う場です。現在の民事訴訟手続は，先に述べたとおり，裁判所と当事者の協働という理念が基底にあります。このことは，迅速で適正な裁判を目指して裁判所と当事者双方が力を合わせて努めるということです。たとえば，時系列表は，これを共有することによって紛争に至るまでの事情を知ることができるのみならず，争いのない部分を確認することもできますから，今後の訴訟を進めるうえにも役に立ちますし，争点整理表は，もちろん今後の裁判のテーマとしての争点を正確に把握することができ，効率的に訴訟を進めるうえでも有益です。争点及び証拠の整理の結果の要約書面については，当事者に作成を命じ得ることが法律にも規定されています（法170条5項において準用する法165条2項，規則90条において準用する規則86条）。これらの作業は，協働ということからすると，裁判所又は当事者のいずれの仕事ともいえますが，当事者にとっても有益であることを自覚して，むしろ積極的に対応するのが望ましいといえます。

6 弁論準備手続において，裁判所から，当事者間で争点整理表を作成するようにとの要請がありました。相手方とは，強く対立している関係にありますので，戸惑っています。

　かつては，争点整理の結果を当事者間で作成するようにと求められることがよくありましたが，なかなかうまくいかなかったようです。当事者双方とも，自分側の主張を尽くしたいと考えて，双方で些細な点にまで応酬を繰り広げることになるからです。また，評価を要する事柄が含まれている場合には，主張の違いを客観的に示すことが難しいこともあります。争点の整理に当たっては，当事者双方の対立状況などを考慮することはもとより，当事者の努力だけでは争点を客観化できないと予想されるような場

第6章　争点等整理手続

合には，裁判官が間に入って，整理を進めることが望まれます。

7　弁論準備手続とはいえ，そこで行われていることは，通常の口頭弁論期日で行われていることとそれほど違わないように思われます。わざわざ弁論準備手続でする必要があるのでしょうか。

　弁論準備手続について，お尋ねのような状況が見受けられるとすると，形骸化していることが懸念されます。たしかに争点の整理や証拠の整理は，通常の口頭弁論期日においても十分にすることができる場合もあります。しかし，法廷とは違った雰囲気の中で，裁判所と当事者が親しく向き合って，紛争の背景や手持ちの証拠評価も含めて本音を出し合って協議することは，口頭弁論の場では得がたい試みであり，これによって，本来の争点を見出すことができる早道になることがあります。争点整理手続は，当事者の協働をより進めて，そのやり方の工夫を重ねていけば，一層活性化が図られ，濃密な成果を得られることに間違いはありません。裁判所においても，原点に返ってその努力を惜しむべきではないでしょう。

8　弁論準備手続において，今後の審理のあり方が話し合われたり，和解手続のようなことが行われました。争点の整理の手続とは思えませんが。

　弁論準備手続では，紛争の実体を明確にし，真の争点を発見するために，提出された準備書面や証拠を基にして，裁判所，当事者双方の間で十分な討議をして，争点及び証拠の整理が行われます。証拠の申出についての裁判も行われますし，事実を明らかにするための釈明処分としての鑑定も可能です（法170条2項，同条5項において準用する法151条）。書証に限っては証拠調べも行われます（法170条2項）。弁論準備の作業の過程において，紛争の着地点を探る配慮も必要ですので，それに向けた意見を聴くことが許されないというわけではありません。ただ，弁論準備手続で何となく和解に向けた話合いをするということは，本来好ましくありません。話合いの

第6章 争点等整理手続

兆しがあるようなときは，弁論準備手続の中で，当事者双方に和解手続に移行することを明示して和解手続に進むべきです。曖昧なときは，裁判所に質してみてもよいでしょう。

> 9 弁論準備手続において，裁判官から主張の一部を撤回したらどうかと言われました。意味のある主張と思っていますので，維持したいのですが。

　弁論準備手続において，争点の整理に向かって双方が率直に検討を重ねてきますと，その肉声を傍らで聞いている裁判官には，紛争の背景も十分に理解され，事件についてある程度の見通しや心証を抱くことにもなります。無駄な証拠調べは極力避けたいものですから，争点もできるだけ絞り切って証拠調べに臨みたいと考えます。当事者にとっても同感でしょう。したがって，裁判官においても，期日を重ねてきますと，その時点において抱いた見通しや心証を示唆して，主張の整理や証拠の吟味をすることになります。裁判官から見ると，たとえば，双方の主張を聴いて照らし合わせると，主張の中には維持するのがはなはだ困難と思われるものや誤解に基づくものもありますし，予備的な主張などは削がれる場合もあるでしょう。追加予定の主張や提出予定の証拠についても，その必要性が疑問と考えられることもあります。反対に，主張が明らかに欠落していることを発見することもあります。これらの場合には，裁判所からいろいろなシグナルが出されることがあるでしょう。法律は，訴訟関係を明瞭にするため，事実上及び法律上の事柄に関し，問いを発し又は立証を促すことができると規定しています（法170条5項において準用する法149条1項）。判例も，別の主張がされていれば紛争の抜本的解決が図られるような場合に明らかに誤解や不注意によりその主張がされていないときは，別の主張を釈明することができるとし，さらに進んで主張や証拠の提出を促す義務がある場合もあると指摘しています（最一小判昭45・6・11民集24巻6号516頁・判タ251号181頁・判時597号92頁ほか）。それもこれも，真の争点に絞って充実した審理をするための方策にほかなりません。

第6章　争点等整理手続

> 裁判官の心証を動かすのはなかなか難しい場合もあるでしょうが，当事者において，どうしても撤回することができないときは，その理由を示すとともに，裁判官にも撤回示唆の理由を質して，納得のゆくまで討議することが妥当でしょう。

10 弁論準備手続で立証計画について話し合われましたが，いっこうに証拠が提示されません。

　弁論準備手続などの争点整理手続は，充実した審理を実現するために，争点を絞り，証拠調べの対象や範囲を定めることに意味があります。したがって，争点整理手続においては，当然のことながら，事前に証拠の準備がされるのですから，整理された証拠は速やかに提示される必要があります。裁判所にあっても，争点整理手続の終了後の口頭弁論期日に直ちに証拠調べができるようにしなければならないとされています（規則101条）。弁論準備手続の終結後に，口頭弁論において弁論準備手続の結果を陳述するときには，その後の証拠調べによって証明すべき事実を明らかにしなければならないと定められているのも（規則89条），当事者間で立証テーマを確認し合うことによって，その後の証拠調べの円滑な実施を確保するためといえます。また，裁判長によって証拠の申出の期間が定められる場合があります（法162条・156条の2）。

　一方，争点整理手続が終了した後には原則として証拠の提出は許されません。争点整理手続の終了後に証拠の申出をした場合には，相手方は終了前にそれを提出できなかった理由を請求することができますし，そのときは，相手方に対して，終了前に申出ができなかった理由を説明しなければなりません（法167条・174条・178条）。適時に証拠の提出がされない場合には，制裁も用意されています（法157条・63条）。

　争点整理手続は，当事者双方が協議して証拠の整理等を行うものですから，誠実に向き合っていれば，証拠の提出は容易にできるはずですし，協議結果に従わないことは信義にもとることであり，許されるものではありません。

第6章 争点等整理手続

　裁判に関係する者において，公正で迅速な裁判の実現が，裁判所のみならずそれに関わる者すべての責任であること，裁判所に与えられた時間に限りがあること，その限られた時間をそれぞれの事件当事者に公平に配分するべきであることを認識すれば，自ずから約束事を誠実に履行するようになるはずであると考えます。そのような自覚と努力なしでは，他の事件に不当な影響を与えることになることはもとより，ひいては国民の裁判への期待を喪失させることにもなることを，特に裁判に専門的に関わる者においては，自戒しておくべきでしょう。

11　弁論準備手続で証拠として提出した文書について，裁判官からいろいろと聞かれました。このようなこともあるのでしょうか。

　争点整理手続は，単に書面が交換されることに終始しては意味がありません。むしろ実質的な議論が行われることにこそ意義があります。弁論準備手続では，既に主張された言い分のみならず，提出された証拠について，その弱点を指摘されたり，その意義につき釈明を求められることがあります（法171条5項において準用する法149条1項）。先に述べたとおり，訴訟経過に加えて訴訟に顕れた訴訟資料や証拠資料からみて，事案を適切妥当な解決に導くためには，主張や証拠を整理し，吟味する必要があるからです。さらに，証拠に関して付け加えれば，必要な文書を手配したり（文書送付嘱託。法226条），必要な調査を実施するように試みることによって（調査嘱託。法186条），できるだけ早い段階で証拠収集もできる仕組みも用意されていますから，当事者は，争点の整理のみならず証拠の関係でも速やかに裁判が進むように努力しなければなりません。

12　証人申請において，尋問事項書が付いていません。裁判所は，後ほど追完してくださいと言いましたが，このような曖昧なことが許されるのでしょうか。

　証拠の申出が，不適式であったり，争点に関係がない場合は，その申出

は，採用されません（法180条1項・181条1項）。詳しくは，証拠調べ（第9章）のところで説明しますが，証拠の申出には，証拠方法，立証事項及びその関係を具体的に表示しなければならないとされていますので（規則99条1項），これらの事項が特定されていないときは不適法ということになります。また，証人尋問の申出には，尋問事項書を提出しなければなりません（規則107条）。尋問事項が立証事項を超えるようなことがあっては問題です。したがって，人証の申出に当たり，尋問事項書が付いていない場合は，採否の判断ができないはずですし，不適法とされる余地があります。しかし，やむを得ない場合には追完することも許容されています（規則107条1項ただし書）。既に陳述書が出ているような場合や立証事項が詳しく書かれている場合などには，その尋問事項書は簡潔であっても相手側の防御権を害しないともいえますので，おそらく争点整理手続の経緯からみて追完を許したものと思われます。

　本来は好ましくありませんし，手続は理にかなったものでなければなりませんので，特に懸念される事情があるような場合は，その場で異議をとどめておくのもよいでしょう。

13　弁論準備手続で，相手方から話を聴きたいので席を外すようにと裁判所から言われました。不在の所で何が話し合われるのか見えないところがあり，不安です。

　弁論準備手続は，双方が協議を行うことに意義があるのですから，双方に立会いの機会が与えられなければなりません。法律にも当事者双方に立会いの機会が保障されていることが規定されていますので（法169条1項），一方当事者だけから話を聴くということは，本来許されないはずです。しかし，双方に立会いの機会を与えたうえで，例外的に一方当事者のみと面接せざるを得ない特段の事情が生じた場合，たとえば本人訴訟などにおいて同時面接では感情的に険悪な状況が生じるなど，真の協議ができなくなった場合で相手方にも異存がないときには，例外的に許される場合もあるかもしれません。もちろん，そのような場合には必ずその趣旨を説明し，

第6章　争点等整理手続

事後に相手方に面接の内容を伝達するべきです。納得できないときは，説明を求めることがあってもよいでしょう。もっとも，このような状況が続くことが予想される場合には，そもそも争点や証拠の整理につき当事者双方の協力を期待することができませんので，続行することは好ましくないといえます。

なお，口頭弁論の期日外で，攻撃防御の方法に重要な変更を生じ得る事項について，当事者に発問したり立証を促したときは，その内容を相手方に通知しなければならないと規定されていますが（法170条5項において準用する法149条4項），参考とされてよいでしょう。

民訴法第169条（弁論準備手続の期日）
1　弁論準備手続は，当事者双方が立ち会うことができる期日において行う。
2　裁判所は，相当と認める者の傍聴を許すことができる。ただし，当事者が申し出た者については，手続を行うのに支障を生ずるおそれがあると認める場合を除き，その傍聴を許さなければならない。

民訴法第170条（弁論準備手続における訴訟行為等）
1　裁判所は，当事者に準備書面を提出させることができる。
2　裁判所は，弁論準備手続の期日において，証拠の申出に関する裁判その他の口頭弁論の期日外においてすることができる裁判及び文書（第231条に規定する物件を含む。）の証拠調べをすることができる。
3　裁判所は，当事者が遠隔の地に居住しているときその他相当と認めるときは，当事者の意見を聴いて，最高裁判所規則で定めるところにより，裁判所及び当事者双方が音声の送受信により同時に通話をすることができる方法によって，弁論準備手続の期日における手続を行うことができる。ただし，当事者の一方がその期日に出頭した場合に限る。
4　前項の期日に出頭しないで同項の手続に関与した当事者は，その期日に出頭したものとみなす。
5　第148条から第151条まで，第152条第1項，第153条から第159条まで，第162条，第165条及び第166条の規定は，弁論準備手続について準用する。

民訴法第156条（攻撃防御方法の提出時期）
攻撃又は防御の方法は，訴訟の進行状況に応じ適切な時期に提出しなければならない。

民訴法第156条の2（審理の計画が定められている場合の攻撃防御方法の提出期間）
第147条の3第1項の審理の計画に従った訴訟手続の進行上必要があると認めるときは，裁判長は，当事者の意見を聴いて，特定の事項についての攻撃又は防御の方法を提出すべき期間を定めることができる。

民訴法第157条（時機に後れた攻撃防御方法の却下等）
1　当事者が故意又は重大な過失により時機に後れて提出した攻撃又は防御の方法について，これにより訴訟の完結を遅延させることとなると認めたときは，裁判所は，申立てにより又は職権で，却下の決定をすることができる。
2　攻撃又は防御の方法でその趣旨が明瞭でないものについて当事者が必要な釈明をせず，又は釈明をすべき期日に出頭しないときも，前項と同様とする。

第6章　争点等整理手続

3　弁論準備手続の終結

14　弁論準備手続が始まって1年が過ぎましたが，いっこうに口頭弁論手続が始まろうとしません。どうしてこんなに長く掛かるのでしょうか。

　弁論準備手続は，主張と証拠を整理して，争点を定めて今後の計画審理に役立てようとするものです。そのために一定の時間が掛かるのは仕方ありません。具体的には，主張された事実の認否を通じて争いのない事実と争いのある事実の確定，争いのある事実について提出された書証等との照合，次いで必要とされる証拠調べの確定が実施されます。既に提出されていた主張について書証などと照合すると，主張に根拠がなかったり，誤解に基づくものであったり，理不尽ということも出てきます。真の争点が別のところにあることもあり得ます。このような作業を続けていますと，自然に時間が掛かります。それに弁論準備手続が終了しますと，当事者は新たに主張や攻撃防御方法を追加補充するには制約がありますので（法174条において準用する法167条），つい次回期日に準備をしたいということになりかねません。しかし，期日の続行が引き延ばしの戦術として使われるのは困ります。そのようなことがあると，裁判官は気がつくものです。お互いに信義に従い誠実に進行に協力をしなければなりません。

15　弁論準備手続の結果について，裁判所から書面として提出するように言われました。当事者が作成しなければならないものでしょうか。

　弁論準備手続の終了に当たり，裁判所から，争点及び証拠の整理の結果を要約した書面を提出するように命じられることがあります（法170条5項において準用する法165条2項）。また，弁論準備手続が終了しますと，弁論準備手続の結果を口頭弁論に上程することになりますが（法173条，規則89条），その場合に，書面を求められることもあります。通常は，弁論準備手続の過程で，当事者双方から主張の応酬がされ，裁判所からも様々な釈

明がされ，それをふまえて当事者は書面の作成を準備して次回の期日までに提出することになりますので，弁論準備が終了した場合には，準備期日のつど書面が作成されていれば，これらを合わせて弁論準備手続の結果として示せば足ります。これらの書面がそれまでの期日に提出されていないとき，あるいは，書面が提出されていたものの不十分であったり，双方の言い分がかみ合っていなかったりする場合には，裁判所から総括的な書面の提出を促されることがあるかもしれません。

　裁判所から求められた場合には，いずれの当事者が作成するかについて，また，その趣旨と作成事項などについて，裁判所に尋ねればよいでしょう。

16 次回期日に主張や証拠を提出するつもりでしたが，弁論準備手続を終結すると突然告げられました。

　弁論準備手続において争点の絞込みと証拠の整理が進んできますと，双方当事者との協議もいよいよ終局に向かいます。終了に当たっては証拠調べが争点に絞って集中的に行われるように何を証明するかについて当事者との間で確認がされます（法170条5項において準用する法165条1項）。要証事実の確認は，口頭によりされたときには，そのことが調書に記載されますが，場合によっては要約書面の作成が求められることもあります（規則90条において準用する規則86条）。終了は，裁判所の裁量ということになりますが，その後の訴訟のありようにも影響のある重要な事柄ですから，裁判所においても慎重に判断されるでしょうし，当事者においても十分に意見を述べる必要があります。裁判所に受け入れられるとは限りませんが，明らかにされた意見（場合によっては，調書に記載されるように求めることもあり得ます）はその後の進行においても有益となるでしょう。たとえば，その後の主張や証拠の提出につき，時機に後れたものとして，あるいは主張の趣旨が不明であるとして却下されること（法157条）を免れる余地もあり得ましょう。

　なお，口頭弁論調書は，これによって訴訟追行が証明されるものですから（法160条3項），この場合に限りませんが，必ず閲覧して記載を確認し

第6章　争点等整理手続

> ておくべきでしょう。

民訴法第165条（証明すべき事実の確認等）
　1　裁判所は，準備的口頭弁論を終了するに当たり，その後の証拠調べにより証明すべき事実を当事者との間で確認するものとする。
　2　裁判長は，相当と認めるときは，準備的口頭弁論を終了するに当たり，当事者に準備的口頭弁論における争点及び証拠の整理の結果を要約した書面を提出させることができる。

民訴法第167条（準備的口頭弁論終了後の攻撃防御方法の提出）
　　準備的口頭弁論の終了後に攻撃又は防御の方法を提出した当事者は，相手方の求めがあるときは，相手方に対し，準備的口頭弁論の終了前にこれを提出することができなかった理由を説明しなければならない。

民訴規則第101条（証拠調べの準備）
　　争点及び証拠の整理手続を経た事件については，裁判所は，争点及び証拠の整理手続の終了又は終結後における最初の口頭弁論の期日において，直ちに証拠調べをすることができるようにしなければならない。

4　進行協議

17　次回は進行協議期日と告げられましたが，争点整理手続とは別に進行協議期日というものがあるのですか。

　進行協議期日とは，訴訟の進行に関して必要な事項について協議を行うものですが，その目的は口頭弁論期日における審理を充実させることにあります（規則95条以下）。複雑困難な事件や専門的知見を要する事件などではよく行われますが，通常の事件でも行われることがあります。争点整理手続を円滑に進めるために，争点と証拠調べの関係の確認等のほか，証拠調べの時期等についての審理計画を策定したり，専門家を交えて専門的問題について検討されることもあります。ここでは新たな主張や書証の提出はできませんし，争点整理や和解も予定されていませんので，その必要があれば，争点整理手続や和解手続に移行する手続をとることが必要となります。

民訴規則第95条（進行協議期日）
　1　裁判所は，口頭弁論の期日外において，その審理を充実させることを目的として，当事者双方が立ち会うことができる進行協議期日を指定することができる。この期日においては，裁判所及び当事者は，口頭弁論における証拠調べと争点との関係の確認その他訴訟の進行に関し必要な事項についての協議を行うものとする。
　2　訴えの取下げ並びに請求の放棄及び認諾は，進行協議期日においてもするこ

第6章　争点等整理手続

とができる。
3　法第261条（訴えの取下げ）第4項及び第5項の規定は，前項の訴えの取下げについて準用する。

民訴法第92条の2（専門委員の関与）
1　裁判所は，争点若しくは証拠の整理又は訴訟手続の進行に関し必要な事項の協議をするに当たり，訴訟関係を明瞭にし，又は訴訟手続の円滑な進行を図るため必要があると認めるときは，当事者の意見を聴いて，決定で，専門的な知見に基づく説明を聴くために専門委員を手続に関与させることができる。この場合において，専門委員の説明は，裁判長が書面により又は口頭弁論若しくは弁論準備手続の期日において口頭でさせなければならない。
2　裁判所は，証拠調べをするに当たり，訴訟関係又は証拠調べの結果の趣旨を明瞭にするため必要があると認めるときは，当事者の意見を聴いて，決定で，証拠調べの期日において専門的な知見に基づく説明を聴くために専門委員を手続に関与させることができる。この場合において，証人若しくは当事者本人の尋問又は鑑定人質問の期日において専門委員に説明をさせるときは，裁判長は，当事者の同意を得て，訴訟関係又は証拠調べの結果の趣旨を明瞭にするために必要な事項について専門委員が証人，当事者本人又は鑑定人に対し直接に問いを発することを許すことができる。
3　裁判所は，和解を試みるに当たり，必要があると認めるときは，当事者の同意を得て，決定で，当事者双方が立ち会うことができる和解を試みる期日において専門的な知見に基づく説明を聴くために専門委員を手続に関与させることができる。

5　期日外釈明と期日外面接

18　口頭弁論の期日でもなく，弁論準備の期日でもないのに，書記官から主張について突然電話を受けました。このようなことは許されるのでしょうか。

　口頭弁論の期日外に，裁判所から事実上又は法律上の事柄について，質問されることがあります（法149条）。このことが裁判所書記官を通じて行われることがよくあります（規則63条1項）。口頭弁論期日において充実した審理を行うために，裁判官が期日前に記録を精査して，その結果，主張の不明確な点などを見つけることがあるからです。裁判手続は，期日として定められた日だけに行われるものではありません。裁判所は，期日間においても迅速な裁判を目指して作業しているわけです。もっとも，どのような場合に裁判所が釈明すべきかの判断については，先に述べたとおり，期日内外を問わず，困難な場合があります。当事者が不注意や誤解によって主張・立証を行わない場合がそれに当たるとはいえますが，訴訟の経緯

第6章　争点等整理手続

などによるでしょう。この場合に攻撃防御の方法に重要な変更が生じ得るときは相手方にもその旨連絡し，記録にも残るようにしておかなければなりません（法149条4項，規則63条2項）。公正さを担保するためです。したがって，このような連絡を受けたときは，必ず記録を閲覧するようにしなければなりません。

19 裁判官に期日外に面接を求めることはできますか。

　当事者は，訴訟について，裁判所において口頭弁論をしなければならないと定められています（法87条1項）。したがって，裁判は，口頭弁論を経ないでしてはならないのであり，当事者が口頭弁論で陳述しないものを判断の材料としてはならないのです。加えて，弁論と証拠調べは，受訴裁判所の面前で行われなければなりません（法24条）。これらの趣旨は，何よりも公明正大な手続で公平を重視することにあります。したがって，一方当事者とのみ期日外で面接をするということは原則としてありません。もっとも，例外的に，たとえば前回の手続において述べておくべきであった事項や緊急に述べる必要のある事項が生じた場合などが考えられます。その場合にはあらかじめ相手方の了承を得ておく必要があり，事後にはその内容を伝達するなどの配慮が必要となります。いずれにせよ，このような場合には，まずは担当部の書記官室に問合せをするべきでしょう。

民訴法第149条（釈明権等）
1　裁判長は，口頭弁論の期日又は期日外において，訴訟関係を明瞭にするため，事実上及び法律上の事項に関し，当事者に対して問いを発し，又は立証を促すことができる。
2　陪席裁判官は，裁判長に告げて，前項に規定する処置をすることができる。
3　当事者は，口頭弁論の期日又は期日外において，裁判長に対して必要な発問を求めることができる。
4　裁判長又は陪席裁判官が，口頭弁論の期日外において，攻撃又は防御の方法に重要な変更を生じ得る事項について第1項又は第2項の規定による処置をしたときは，その内容を相手方に通知しなければならない。

民訴規則第63条（期日外釈明の方法・法第149条）
1　裁判長又は陪席裁判官は，口頭弁論の期日外において，法第149条（釈明権等）第1項又は第2項の規定による釈明のための処置をする場合には，裁判所書記官に命じて行わせることができる。
2　裁判長又は陪席裁判官が，口頭弁論の期日外において，攻撃又は防御の方法

第6章 争点等整理手続

に重要な変更を生じ得る事項について前項の処置をしたときは，裁判所書記官は，その内容を訴訟記録上明らかにしなければならない。

第 7 章

準備書面

書面作成の精神

　書面の作成に当たっては，共通して，心がけておくべきことがある。
　第1に，作成の目的を考え，その目的に応じた適切さが求められていることを認識しておくことが重要である。裁判文書の作成の目的は，上記のとおり，ひとえに裁判の過程を明瞭にすることにある。いずれの書面にも，審理段階や訴訟運営が基礎になっていることを考えておくべきである。
　第2に，法律の要求する事柄について，法律の要求する方式に従って作成しなければならない。この場合に，法律の要求する趣旨を考えておく必要がある。例えば，あらゆる書面には，事件を特定するために事件名などを記載し，必ず作成年月日も記載しなければならないが（民事訴訟規則2条），裁判が相当期間にわたって継続することにかんがみ，訴訟の過程を明瞭にするためである。訴状について，請求を理由づける事実を具体的に記載するとともに，関連事実のうち重要な事実を記載しなければならないが（同53条1項），裁判所にテーマを明らかにし，相手方の防御の態勢を整えることが求められているのである。
　第3に，名宛人を認識しなければならない。裁判文書の多くは，裁判所を名宛人とする。紛争の本質上，また，対立構造を採る裁判の性質上，当事者間で激しく対立することは避けられないが，裁判の場では，常に裁判所を見据えておかなければならない。裁判文書は，裁判の目的に奉仕するために，裁判所に向かって意思の表示を鮮明にし，あわせて相手方当事者にとって防御反論の対象を明確にするものでなければならないのである。
　第4に，訴訟がそれ自体争いであるから，書面によっては，戦術として記載内容を考えることが必要になる。例えば準備書面で主張を展開するにあたって，わが陣営を有利にするように表現することもまた目的と言える。
　以上に関連して，文章一般について，「できるだけシンプルに書く，あいまいなことは書かない，独りごとになってはいけない，密度の濃い文章を書く」（桑原武夫『文章作法』（潮出版，1999））とあるのは至極もっともであり，裁判文書においてもそのまま妥当する。立法内容について，表現の「正確性」と「平易さ」の要請があり，前者について，用語の明確性と構成の論理性，後者について，見出しの活用や文章の区切りなどが示されているのは参考に値しよう。
　（「類型別　裁判文書作成のポイント　裁判文書の心得」『ビジネス法務』
　（2015年10月号）11～12頁より抜粋）

第7章　準備書面

❶　概　　説

　裁判文書の中でも，準備書面は特に重要である。口頭弁論は，書面で準備しなければならないとされているが（法161条1項），準備書面は，口頭弁論の充実と訴訟行為の明確化を図るために大きな役割を果たす。

❷　準備書面の作成

　準備書面には，自らの攻撃防御の方法を記載するとともに，相手方の請求と攻撃防御方法に対する陳述を記載する（法161条2項）。事実についての主張に関しては，できる限り，請求を理由づける事実や抗弁事実とこれらに関連する事実に関する主張を区別して記載しなければならない（規則79条2項）。この場合において，相手方の主張を否認するときは，その理由を記載しなければならない（同条3項）。記載に当たっては，簡潔な文章で整然かつ明瞭に記載するように心がけなければならない（規則5条）。

❸　準備書面の提出

　準備書面は，記載された事項について相手方が準備するのに必要な期間をおいて，裁判所に提出するとともに（規則79条），相手方に直送しなければならない（規則83条）。

第7章　準備書面

1　準備書面の作成

1　準備書面を作成するに当たって，どのようなことに注意すればよいのでしょうか。

　準備書面にも目的に応じていろいろなものがあり，訴訟の進行程度や時期によっても記載すべき内容や程度が異なります。たとえば，最初の段階で提出する準備書面では，とにかく争点が浮き彫りになるように言い分を明確に記すことが求められますが，最終段階に提出するものは，既に明らかになった争点を前提として，主張を総括して証拠との結び付きやその評価を記載することを目的とするものですから，自ずから異なります。

　いずれの準備書面でも，その書面の目的，審理の経緯，裁判所の意向などをよく見極めることです。紛争の本質上，また，対立構造をとる裁判の性質上，当事者間で激しく対立することは避けられませんが，いったん裁判になると，常に裁判所を見据えておかなければなりません。

2　それでは，裁判所にとって歓迎される準備書面とはどういうものでしょうか。

　訴訟書類は，簡潔な文章で整然かつ明瞭に記載しなければならないと定められています（規則5条）。要は，わかりやすい文章を心掛けるということでしょう。

　民事訴訟規則でも，請求を理由づける事実と関連する事実を区別して記載することが求められていますが（規則79条2項），その趣旨です。これらが区別されないままのべつ記載されているものがありますが，読みづらいだけではなく，伝えたい趣旨が不明になります。

　裁判所が最も重視するのは，主張の明晰性，合理性そして一貫性であり，最も嫌うのは，曖昧な主張であり，正義に悖る主張であり，右往左往する主張です。文章一般について，「できるだけシンプルに書く，曖昧なことは書かない，独りごとになってはいけない，密度の濃い文章を書く」（桑

第7章　準備書面

原武夫『文章作法』〔潮出版社，1984年〕）とあるのは至極もっともです。

3　依頼者と面接を重ね，そのつど依頼者の言い分を組み込もうとしますと，どうしても準備書面が長くなってしまいます。長い準備書面は歓迎されないと聞いたことがありますが，本当でしょうか。

　短い準備書面では，裁判所に十分に理解してもらえないのではないかという不安があるということは理解されます。言いたいことはいっぱいあるのでしょう。相手方を弾劾したい事柄も尽きることがないのでしょう。しかし，いかに精緻で高尚な言い分と思うところがあっても，いかに多くを語る必要があるとしても，裁判官の心に響くものでなければ何の意味もありません。ここでは，言い分をすべて書き尽くしたいとの欲求にいかに打ち勝つかが試されているともいえます。裁判所から見ると，事件に応じた適正規模というのがあります。この程度，この内容の事件であれば，この程度のサイズの準備書面というものがあるというわけです。争点は，大概の紛争でも2，3個が普通で，4個以上あるのは珍しいともいわれます。したがって，いくつかの争点を提示したいと考える場合は，もう一度立ち返って，主張を検討することも考えてよいでしょう。

4　相手方からいろいろな事柄について主張されますと，反論しておかなければ，裁判所から不利益に扱われるのではないかと不安になりますので，自然と長くなります。

　当事者間で執拗にやり合ううちに，次第に争点から離れ，末梢な部分に陥り，さらには主張に一貫性を欠いたりすることが往々みられることにも注意をとどめておいたほうがよいでしょう。裁判の各段階において考慮しておかなければならないことは，主張の応酬においても，裁判所に向き合っていることを忘れてはならないということであり，訴訟行為が，常に裁判所に向けられ，あるいは裁判所を通してされるということです。裁判所においては，瑣末な点にまで逐一な主張の応酬を求めていませんし，かえ

第7章 準備書面

って繰返しや揚げ足とりのような応酬は，好まれません。準備書面の作成において，何を書くべきか，何を書かざるべきかについて検討するに当たっても，読み手が裁判所であることを認識したうえで，裁判所に言いたいことを明らかにし，裁判所を引き寄せ，裁判所を説得するという意識が求められます。この場合に，裁判所の考えるところが，手続における正義・公平であること，結論としての実体的正義の実現であることと認識しておく必要があります。

> 5　大規模事務所の準備書面は長いということを聞いたことがあります。実際その中にいると気がつかないのですが，その原因はどこにあるのでしょうか。

　どのような紛争にも，事実についていろいろな裏づけがあり，いろいろな見方が生まれてくることは必定です。その事実についても軽重があり，しかも裁判所の関心が違うところにあることもあります。まずは，このことを念頭に置いておくことが肝心でしょう。
　多くの優れたスタッフで検討を重ねていますと，いろいろなことが見えてきますし，各自にとってそのいずれもが大事であってないがしろにできないということになるのでしょう。しかし，一貫した見通しのもとに，それを支えるための幹と枝葉を区別し，幹を守るためには枝葉を削ぐことも必要です。とくにチームで仕事をしているときには，そのような役割を担う中核の人材が求められます。裁判所の意図をよく聞き分け，大所高所からその書面の目的を考えることが大事です。

> 6　準備書面の記載の体裁・形式に決まりはあるのでしょうか。装飾文字が使用されている準備書面に出会うことがありますが，裁判所には歓迎されているのでしょうか。

　読み手を意識して文章のわかりやすさを工夫することは良いことです。1つの文章の中の段落の設定，句読点の使い方などをとっても，決してた

第7章 準備書面

やすくはありません。事案に応じた分析をすれば，自ずから総論部分と各論部分の区分け，時限による段階設定，事象による分類等々が必要になってくるといえます。読みやすさも大事ですから，あまりに細分化することも考えものですが，大規模訴訟など争点が多くある場合などでは，目次を付けたり，見出しを付けたりすることもよいでしょう。図や表の活用も適宜に考えてよいでしょう。最近では，判決書においても太字体や飾り文字を使用したものも散見されますが，要は，書面の宛先はもとより，その性質や目的を考えるべきでしょう。判決書は，公文書ですから，たとえ単独の裁判官が作成するものであっても，公文書としての制約があるはずです。準備書面においては，このような制約はないとしても，裁判文書として自ずから品位は求められるでしょう。

　もっとも，内容が明瞭であれば，形式に神経を使うことはそれほど必要がないともいえます。むしろ，作成者においては，現実に表示するかどうかは別として，思考を紡ぐ過程で，頭の中では段落などを活用するべきです。それによって主張の分析がされたり，重複を避けたりすることができます。そのことのほうがずっと重要といえます。

7 別件訴訟や先行訴訟の主張や資料を引用したいのですが，どうすればよいでしょうか。

　準備書面で主張をする場合に，別紙を使用する場合があります。主張を明確にしたり，わかりやすさを目指したりするためには歓迎されますが，別紙に委ねることによって大量の主張を吟味なしに展開したり，ときに煩瑣になったりすることもあることは考えておいてよいでしょう。また，法律上の解釈などに争いがある場合には，意見書や証拠の引用がされることがあります。この場合にも，わかりやすさを第一義として主張部分と引用部分が明確になるように工夫すべきです。

　別件訴訟や先行訴訟の主張の引用についても同じことがいえますが，注意を要するのは，引用するだけで主張を具体的に明示しないときは，それらの主張が当然のように当該訴訟の主張になるわけではないということで

第7章　準備書面

す。当該訴訟においては，新たな主張あるいは追加の主張として具体的に記載する必要がありますので，配慮が必要です。

　いずれにせよ，引用や別紙の使用に当たっても，常に読み手を意識して煩瑣を避けるようにすべきです。読み手側，特に裁判官の中には，文章を追っているときに引用によって思考を遮られたり，別紙によって読破を中断されることで煩わしさを感じるとして，嫌う人もいます。独りよがりのわかりやすさになっていないか，ときに他者の眼を借りて検証することがあってもよいでしょう。

⑧　準備書面を提出するに当たって，会社の決裁を得る必要があるため，十分な時間的余裕がない場合があります。

　答弁書については，先述のとおりですが，準備書面一般についても，趣旨は同じです。裁判の迅速化を図り，計画審理を果たすために，裁判所では訴訟行為に期限を設けるのが普通です。期限を決めるに当たっては，当事者の意見を聴かれますから，その場合にはよく事情を見通して慎重に応答すべきです。そして，いったん決められた期限は，真にやむを得ない事情のない限りは，変更はされないと覚悟しておくべきです。多忙を理由とするだけでは足りないでしょう。どうしても期限を守ることができないときは，裁判所に事情を理解してもらえるように，丁寧に理由を説明すべきですし，その事情を記載した書面を提出することも考えてよいでしょう。

⑨　相手方から「追って主張する」という準備書面が提出されました。このようなことは許されるのでしょうか。裁判所から見ても印象がよくないのではないでしょうか。

　重要な争点について，依頼者の意図がつかめないときや依頼者が外国にいる場合，その他特別な調査が必要な場合には，追って主張するとすることも許されるでしょうが，この場合でも，あわせてその理由を明らかにしておくべきでしょうし，相手方に断る必要がある場合もあります。一方，

第7章　準備書面

事実の調査や法律の解釈等の検討に時間を要する場合などがあることは裁判所も理解しているでしょうが，あらかじめ準備期間について意見も聴いているのですから，このような理由だけではなかなか受け入れてもらえないでしょう。ましてや，闇雲に延期を求める意思がうかがえれば，準備不足の事項について，裁判所から口頭による即時の説明を促されたり，その口頭説明を弁論調書に記載することをもって主張を代替されることもあります。裁判所が最も嫌忌するのは，不誠実さであることを忘れてはなりません。

10　裁判所から書面の追加や補充を求められましたが，既に主張を尽くしたと思いますから，無駄なような気がします。応じれば繰返しになりますし，応じなければ心証を悪くすることが懸念されます。提出を控えることはできるのでしょうか。

　裁判所が，訴訟行為を求めるというときは，それなりの意図があるはずです。その意図や求められた趣旨がはっきりしないときは，弁論準備手続や口頭弁論期日において，その意図などを確かめるべきで，反対であれば，その理由をしっかりと主張することです。曖昧なままに安易な受入れはしないほうがよいでしょう。裁判官に確かめることで悪い印象をもたれるということはありません。いったん受け入れたものの，持ち帰ってよく考えると，既に主張していることに気づいた場合などは，思い切って期日外に意図を確認することもあってよいでしょうし，場合によってはその趣旨を記載した書面を提出することも許されるでしょう。何となく繰返しの書面でお茶を濁すということは避けなければなりません。

　民訴法第161条（準備書面）
　1　口頭弁論は，書面で準備しなければならない。
　2　準備書面には，次に掲げる事項を記載する。
　　一　攻撃又は防御の方法
　　二　相手方の請求及び攻撃又は防御の方法に対する陳述
　3　相手方が在廷していない口頭弁論においては，準備書面（相手方に送達されたもの又は相手方からその準備書面を受領した旨を記載した書面が提出されたものに限る。）に記載した事実でなければ，主張することができない。

第7章　準備書面

民訴法第162条（準備書面等の提出期間）
　　裁判長は、答弁書若しくは特定の事項に関する主張を記載した準備書面の提出又は特定の事項に関する証拠の申出をすべき期間を定めることができる。

民訴規則第79条（準備書面・法第161条）
　1　答弁書その他の準備書面は、これに記載した事項について相手方が準備をするのに必要な期間をおいて、裁判所に提出しなければならない。
　2　準備書面に事実についての主張を記載する場合には、できる限り、請求を理由づける事実、抗弁事実又は再抗弁事実についての主張とこれらに関連する事実についての主張とを区別して記載しなければならない。
　3　準備書面において相手方の主張する事実を否認する場合には、その理由を記載しなければならない。
　4　第2項に規定する場合には、立証を要する事由ごとに、証拠を記載しなければならない。

民訴規則第5条（訴訟書類の記載の仕方）
　　訴訟書類は、簡潔な文章で整然かつ明瞭に記載しなければならない。

2　会社訴訟の準備書面

11　会社訴訟などの専門訴訟では、法律の適用や解釈に争いが生じることがありますが、この点について、当事者側から主張をすることは、裁判所の専権を侵すものとしてよく思われないのではないでしょうか。

　訴訟の専門化や複雑化に伴い、専門的知見が重要な地位を占めることがありますが、近時の企業間紛争は、まさにこの位置にあるといえます。裁判官においては、弁護士のマンパワーに比べて、情報リソースが限られていることから、専門家の叡智に依存せざるを得ない場合があり、また、多数の事件を抱えていることからも、新奇の訴訟を前にして、十分に理解するに至らないこともしばしばあると感じています。裁判官も、各種専門訴訟では当事者こそ法律をよく知っているものと謙虚に構えているでしょう。裁判所が法の解釈を独占するという考えは、現在では通用しませんし、堂々と主張して差し支えありません。

　紛争の中には、事実が争いになるものと、事実については争いがないが、その法的当てはめに争いがある場合があります。後者の場合には、法的見解について述べるのは通常です。いずれの場合でも、事実についての主張と事実の評価あるいは法的見解をないまぜにして述べることがいけません。

第7章　準備書面

第三者の意見書や私的鑑定書を引用して主張を展開する場合に，ややもすればこの点の注意が足りないことが見受けられます。

12　会社訴訟の準備書面には，意見書や当事者本人の陳述書と変わらないものが見受けられます。その作成に当たり，どのように工夫すればよいでしょうか。

　会社訴訟では，事実については争いがなく，その評価や法律解釈をめぐって争いがあるということがよくあります。その評価や解釈に係る部分について，意見書が提出されることも最近よく見られます。また，当事者として，陳述書の形で，争点に関して評価的意見を述べることもあります。たしかに，これらの書面が，準備書面とそれほど違いがないように見受けられることがあります。そもそも，意見書のありように問題があるのでしょう。たとえば，意見書の作成者において当事者の主張に沿うことを第一義としたり，あるいは代理人においてその作成に当たりことさら誘導したりするようなところがあれば，内容において準備書面と変わらないことになります。このような場合には，裁判所にとっては，同種の書面を繰り返して読むような気持ちになりますので，陳述書あるいは意見書と準備書面の作成に当たっては相互の関係を考えて工夫の余地があります。
　陳述書あるいは意見書は，事実と評価の部分を区分したうえ，論点を絞って論旨を展開し，準備書面は，意見書や陳述書があくまで書証であることを認識して，これらの文書から必要な部分を丁寧に拾って引用する箇所を明らかにするなど工夫をすることが必要です。

3　陳述書その他の書面の作成

13　陳述書その他の書面について，裁判所から提出を求められることがありますが，その意図が不明で戸惑う場合があり，また，記述の程度に悩みます。

　証拠調べに関することになりますが，近時では陳述書の申出が当事者か

第7章 準備書面

ら積極的にされることが普通になりました。また，医療過誤訴訟などの専門訴訟や公害訴訟などの大規模訴訟においては，裁判所から陳述書を求められることもよくあります。集中証拠調べを実りあるものにするために，申出に係る証人について，主尋問の内容をあらかじめ明らかにさせ，補充尋問や反対尋問を容易にすることを目的としています。これによって事案の内容を把握する手助けともなります。そのほかに，訴訟の進行に応じて，事実関係を記載した時系列表や争点整理表などを求められることがあります。争点の明確化，さらには訴訟の迅速化という目的のために有益な場合があります。作成に当たっては，わかりやすさと明確さが要求されますし，そのための工夫が必要となります。たとえば，争点整理表については，双方の主張の解釈が異なる場合もあり得ますので，その場合には，その旨付記するなどの配慮が求められます。

　いずれの場合にも，裁判所の意図をよく把握して作成に臨むべきでしょう。

14　そのほかに注意すべきことがありますか。

　何よりも大事なことは，書面の作成や提出に当たって，誠実に対処することです。相手方に対する誹謗や中傷にわたるようなことは心して控えなければなりません。たとえ，相手方から不快な事柄が記載された書面が提出されても，それに応酬しないことが賢明です。訴訟追行のありようが裁判所の心証に影響を与えないとはいえません。また，裁判所から訴訟行為を求められた場合には，その趣旨をよく確認して誠実に対応すべきです。特に期限を守ることは当然です。裁判は，常に相手方がいるのですから，相手方のことも考えておかなければなりません。規則にも相手方の準備期間を考慮して提出しなければならないと定められています（規則79条1項）。裁判所は，相手方の意見を聴いたうえで，双方の立場や準備に要し得る時間を考慮してそれぞれの提出期限を定めるのが普通ですので（法162条），これは必ず守らなければなりません。

第7章　準備書面

4　心証形成への影響

15　主張の応酬の仕方が心証の形成に影響を与えることがあるでしょうか。

　当事者の主張の応酬は，その内容及び方法の両面において，心証に影響を与えることがあるといえます。
　一つには，主張の内容それ自体に矛盾があったり，整合性がとれていないときは，裁判所は，このような主張を許すことはないでしょう。釈明によって指摘することもありますが，明らかな矛盾が見えれば，釈明もしないで進行を図ることもあり得ます。また，主張によって展開されるストーリーに不自然さが感じられるときも，不利な心証が形成されるでしょう。事実認定は，証拠調べよりも主張整理段階にこそ重要な意味があると言い切る裁判官もいるのです。もう一つは，主張の方法が，心証形成に不利に働くこともあります。たとえば，相手方に対して，詐術的な策を弄したり，あえて後出しを試みたり，主として困惑を与えることを企図することが察知されれば，ストーリー性にいかに優れていても，有利な心証を抱くことにはならないと思われます。当初争わなかったことを後になって争うことや直ちに認否し得るにもかかわらずそれを怠ったことも不利な心証につながります。他方，相手方にとって実に耐えがたい主張を展開し，あるいは執拗に反論を加える場合であっても，信義に則って誠意を尽くしている限りは，それだけで心証を左右することはないともいえます。
　当事者にあっては，心証を引き寄せるために，自己の主張の整合性を保つことを第一義と考えておくべきです。この場合において，早期に提出予定の証拠とのすり合わせはもちろん必要です。次いで，他者の眼でストーリー性の自然さを検証しておくことも重要です。いかにも後付けの理屈を思わせる主張は，受け容れられないでしょう。たとえ内容において遺漏がなくとも，主張の展開の仕方において不誠実さが見られれば，たとえば，主張が著しく変遷したり，波状的に追加したりすれば，裁判所の共感を得ることは難しいと思います。さらに，戦術として，策を弄しすぎるのも，

第7章 準備書面

> たとえば，相手方の出方を試す意図で主張を展開したり，求釈明を執拗に行う場合などには，時に不快な印象を与え，ひいては心証に不利な影響を与えることがあります。

第 8 章

口頭弁論の続行

※※　企業紛争における考慮事項　※※

【訴訟前―組織上の課題】
　企業間訴訟に対処する上において，組織における縦と横の連携が重要である。縦の連携として，当該組織内における過去と現在のつながりについて配慮が必要である。
　例えば，紛争の核となる文書についていえば，過去と現在の文書等に矛盾があってはならないから，当該文書にとどまらず，同種事例を含めての過去の文書の調査分析も必要となる。また，過去の事例等について，退職者による証言から苦い結果がもたらされることもある。
　横の連携では，当該担当部署にとどまらず，他の部署との関係に目配りが求められる。当事者にとっては第三者の眼で見る機会となるのみならず，紛争相手にとっては外堀にこそ弾劾のための重要な証拠が隠されていることがあるからである。
　実際には，当該担当部署とのみ検討を重ねることに急であって，ややもすれば関連部署との間で検証することがおろそかになりがちである。関連部署の担当者を証人として法廷に出されて，その食い違いを指摘されることなど避けたいものである。

【訴訟内―説明の技法】
　今日の裁判が，専門化，複雑化に伴い，ディベート型審理とか弁論準備における説明会と言われるように，弁論の実質化が図られてきている。現行の民事訴訟法の担う趣旨でもある。
　企業間紛争においても，新奇の問題や複雑な事情について，裁判所から口頭で説明することを求められることが多い。当事者にあっては，裁判所が専門的な知見と経験を有していると認められる場合には，かえって類型思考に傾きがちであることを懸念して積極的に説明の場を利用すべきであり，あわせて裁判官の情報入手をコントロールするためにも口頭による説明を尽くす努力を傾けるべきである。

　（「企業が裁判に勝つ法則　裁く側から見える勝訴への道のり」『ビジネス法務』（2013 年 3 月号）16 〜 17 頁より抜粋）

第8章 口頭弁論の続行

❶ 概　説

　審理は，口頭弁論と証拠調べから成る。通常は，口頭弁論期日において又は争点等整理手続において，主張の応酬と争点の整理が終われば，争点を対象として証拠調べが開始される。審理の事情によって口頭弁論が引き続き必要である場合に口頭弁論が続行され，あるいは証拠調べが終了した後にさらに口頭弁論が開かれることもある。口頭弁論の続行は，裁判のマネジメントとして，裁判長が担う。

❷ 続行の口頭弁論の実施

　続行の口頭弁論期日における口頭弁論も，前の期日と同様の方法で，実施される。その準備は，書面でしなければならない（法161条1項）。
　争点等整理手続を経ないままに口頭弁論手続が続行されることもあるが，現在の実務ではほぼ全件で弁論準備手続その他の争点等整理手続が行われる。弁論準備手続の終了後の口頭弁論の期日には，当事者は，弁論準備手続の結果を陳述しなければならない（法173条）。この場合，当事者は，その後の証拠調べによって証明すべき事実を明らかにしてしなければならない（規則89条）。弁論準備手続の結果を証拠調べに引き継ぐためである。
　攻撃防御方法の提出は，訴訟進行の状況に応じて適切な時期にされなければならない（法156条）。その裏返しとして，時機に後れた攻撃防御方法は却下され，釈明に応じない場合も同様である（法157条）。
　続行の口頭弁論期日に当事者の一方が欠席した場合，欠席当事者は準備書面を提出していても弁論をすることはできず，一方，相手方は弁論をすることができるが，あらかじめ提出された準備書面の範囲内に限定される（法161条3項）。

第8章 口頭弁論の続行

 訴訟の変動

　口頭弁論期日が重ねられるうちに，訴訟における当事者，訴訟の対象，裁判所が変わることがある。

(1) **当事者の変更**

　訴訟手続中に当事者が訴訟を追行する権限を失った場合には，訴訟の進行は止まる（訴訟手続の中断。法124条）。当事者が死亡した場合や法人が消滅した場合がこれに当たる。この場合には相続人や合併により設立された法人などがこれを受け継ぐ（訴訟手続の受継。法124条）。この場合でも訴訟代理人が追行しているときは，中断しない（法124条2項）。受け継ぐためには，受継の申立てが必要である（法126条）。申立てがない場合でも，裁判所は訴訟手続の続行を命ずることができる（法129条）。

(2) **訴えの変更など**

　当初の請求について，別の請求に変えたり，別の請求を付け加えたりする必要が生じることがある（法143条）。当事者が求める意図と食い違いが生じたり，新たな請求をする必要が生まれる場合などであり得る。この場合に，今までの訴訟をすべてやり直すのでは，当事者にとっては負担が重く，裁判の運営上も不経済である。そこで旧請求と新請求の間でそれぞれの請求を理由づける事実とそれに関連する事実など請求の基礎に変更がない限り，許される。請求を拡張したり，減縮したりすることもある。被告から反訴が提起されることもある（法146条）。

　訴訟が複数個係属している場合に，これらの請求を一緒に裁くために，同じ口頭弁論手続で行われることがある（口頭弁論の併合。法152条）。訴訟資料が共通するからである。一方，訴訟資料が異なることになれば，口頭弁論を同じくする意味がないので，口頭弁論を別にする（口頭弁論の分離。法152条）。いずれの場合も裁判所の決定による。

(3) **裁判所・裁判官の変更**

　裁判所が変更する場合として，移送がある（法16条など）。裁判官が交替する場合には，いろいろな事情がある。異動が最も一般的であるが，そのほか

第8章 口頭弁論の続行

にも病気や研修などの一時的な交替がある。いずれの場合も同様に、裁判の更新手続が行われる（法249条2項）。

　裁判事務の一部を他の裁判官や合議体の中の裁判官が行うことがある（法185条後段・195条、規則31条1項）。たとえば、遠隔地に証人がいる場合にその証人調べを行うときに、その証人調べをその地の裁判官に委託したり、あるいは合議体の一員の裁判官に命じて行う場合である。これらの場合には、あくまで当該裁判所として行うものであるから、証拠調べの結果はそのまま当該裁判所が実施したのと同じ扱いがされる（規則105条・142条）。

📖　📖　📖

1　訴訟の進行

1 口頭弁論期日における当事者の態度について、裁判所に好感をもたれる態度と裁判所に悪い印象をもたれる態度を教えてください。

　あらゆる行為についていえるのでしょうが、求められるものは、誠実と謙虚さに尽きるでしょう。信義にもとり、誠実でない対応はよくありません。権利の行使と義務の履行は信義に従い誠実に行うことが一般原則であり（民1条）、訴訟行為も例外ではなく、そのことが法律にも規定されています（法2条）。それにもかかわらず、訴訟の場面では、やはり闘争という側面があるためでしょうか、これが意外と守られないのです。礼譲は、裁判所と当事者との関係、当事者間の関係において、求められます。まず、裁判所との関係についていえば、裁判所に対してむやみに攻撃的になる場面が見られることがありますが、好ましくありません。裁判所の措置等に不満があるときであっても、法に則って対応すべきでしょう。裁判に携わる人々には法の支配を育てていくといった雅量がほしいものです。当事者間においても、いかに相手方の主張が相容れないものであるからといって、その人間性を否定するような対応も許されません。訴訟の場であっても、人間関係であることには違いありませんから、その根本義において間違っ

第8章 口頭弁論の続行

ていることがあってはなりません。

　それでは，具体的に述べましょう。まず基本面では，けんか腰であったり，感情を露わにすることがあっては好感がもたれません。相手方に対して威圧的であったり，愚弄や嘲笑をするような態度もいけません。代理人同士でも，経験や専門分野に違いがあるのは当然ですから，その能力を揶揄するような態度も好ましくありません。互いに学びとるくらいの気持ちが必要でしょう。個人の人格に触れるようなことがあってもなりません。期間の遵守など裁判所あるいは当事者間の約束を守らないこともとうてい許されません。最近，法廷におけるマナーが伝承されていないとの嘆きを聞くことがありますが，残念なことです。

　次に，訴訟追行の仕方についていえば，いたずらに引き延ばしを図ったり，意図的に隠し立てをしたり，詐術的な行為はすることは許されません。このことは手持ちの証拠の提出についてもいえます。ディスカバリーの制度がないとはいっても，誠心に対応すべきでしょう。裁判所を介在させないで法廷で直接応酬し合うのも見苦しい限りです。指摘に対し正面から受け止めないではぐらかすのもよくありませんし，頑なに拒否的な対応をするのも柔軟性に欠けると非難されるでしょう。

　さらに，訴訟技術面からいえば，法は言葉であることを認識して，対者に届くように明晰でわかりやすい言葉と表現を提示すべきですし，汚い言葉は慎むべきでしょう。たとえば，文章において，結論とその理由づけを分別するように，弁論の場でも結論を示したうえ，その理由づけの道筋を示してから，本論と各論を分けて提示するなどの工夫が必要でしょう。また，雄弁である必要はありませんが，正々堂々と開陳すべきで，声が小さいことにも閉口します。自信のなさが感得されますと，当事者自身にも益するところがありません。

第8章 口頭弁論の続行

2 訴訟においては当事者間における協働が重要であるとの指摘がありました。しかし，裁判は，本来，闘争ではありませんか。闘争の相手方と協調することなど無理だと思います。

　裁判は，本来，闘争であることは否定されません。闘争を後腐れなく，かつ，早期に収めるためには，闘争の目的を共通のものにしたり，武器の使用に条件を付けたりするなどの必要があります。闘争であっても，いろいろなルールがあるということです。ただ裁判に勝てばよいということであれば，不条理な訴訟追行が横行し，訴訟追行の態様によってはさらなる争いの種を生むことにもなりかねません。訴訟の追行において，信義に従い誠実にと規定されているゆえんです（法2条）。たとえば，主張や証拠をできるだけ速やかに提示したり，法廷において相手方を誹謗したり侮辱的な言辞を弄することが禁止されるのはそのためといってよいでしょう。

　裁判所と当事者が迅速で適切な裁判を目指して，誠実に真率に進めれば，紛争は早期にかつ適切に解決することになるはずです。

　　民訴法第2条（裁判所及び当事者の責務）
　　　裁判所は，民事訴訟が公正かつ迅速に行われるように努め，当事者は，信義に従い誠実に民事訴訟を追行しなければならない。

2　口頭弁論期日の指定

3 口頭弁論期日の指定に当たり，当事者から反対の意見を述べることは，いけないのでしょうか。

　口頭弁論期日は，裁判長の裁量によって指定されます（法93条1項）。当事者が申立てをした場合でも，期日の指定は裁判所の専権に属するものですから，その職権の行使を促すにすぎません。その指定に当たっては，事件の難易や当事者の要する準備期間等を参考にして決めることになりますから，当事者双方に対して，その期日にどのような内容の手続を進めるか，そのために当事者はどのような準備をしておくか，準備に必要な時間はどの程度か意見を聴くことになります。その意見が必ず容れられるとは限り

第8章　口頭弁論の続行

ませんが，当事者にあっては，しっかりと意見を述べておくことです。訴訟は相手方あってのものですし，裁判所においても，他の事件のことにも配慮して期日を指定するものですから，期日の指定は，当該当事者はもとより裁判所に関わるすべての人々に影響を与える重要な措置といえます。このことは，期日の変更の扱いからもうかがえます。口頭弁論期日の変更は，顕著な事由がある場合でなければされませんし（法93条3項，規則36条），特に弁論準備手続を経ている場合には，やむを得ない事由まで要求されますので（法93条4項，規則37条），注意が必要です。口頭弁論期日の指定や変更は，口頭弁論の根幹をなすもので重要な事柄であることを認識しておくべきです。

　なお，口頭弁論の期日の指定は，口頭弁論の方式に関するものとして調書によってしか証明することができませんので（法160条3項），曖昧な場合は書記官室に尋ねるか，調書によって確認しておくことが必要です。

4　指定された口頭弁論期日の同じ時刻に多数の事件が指定されていて，弁論に十分な時間がとってもらえません。

　期日の指定に当たっては，事件の性質や内容，準備に要する期間，これまでの訴訟進行の具合などをみながら，事件ごとに弁論に必要な時間を予測して相応の時間を充てるように考慮されています。また，多数の事件を迅速に，かつ適正に審理することも要請されますから，予想できない事態が生じることも考慮して期日の空転を避けるために，複数の事件を同時刻に指定することもあります。このような配慮から，最近では，裁判所もできるだけ細やかに開始時刻を指定するように心掛けているはずです。弁論に特別の配慮を要するような場合には事前に裁判所書記官にその意図を伝えておくことも考えられます。この場合には，裁判所も，事情に配慮して他の事件との調整を試みることもあるでしょう。ただ他の事件の関係で調整に難儀する場合があることも理解したいところです。

第8章　口頭弁論の続行

> 5　続行期日が随分先に指定されました。早く結着を図りたいのですが，その理由がわかりません。後ほど気がついたのですが，担当裁判官の異動の事情があったようです。

　期日の指定は，上記で説明したような諸事情を考慮して決められます。担当裁判官にあっては，自分の扱うすべての事件に目配りして指定することになります。たとえば，他の事件の集中審理のために既に連続した期日の指定がされていたり，出張尋問で遠方に出掛ける必要があるなどの事件処理の事情で期日の指定が窮屈になることがあります。年末年始の休暇や夏季休暇も，裁判所全体に関わることですので無視できません。そのほか裁判官自身に関わる事情として，たとえば，研修への参加や会議への出席を命じられることなども考慮に入れざるを得ません。なかでも裁判官自身の異動が予想されるときは，予想される異動の後の期日を指定することがあり得ます。たとえば，次回期日に主張等の採否に重要な判断を要する場合，核心の証人調べを施行することになる場合には，自ら審理に携わるよりは判決に関わることが予想される後任の裁判官に託すほうが，迅速で適正な審理を遂行するうえでかえって有益であり，当事者に迷惑を掛けることを避けることができるからです。裁判官にとって常に腐心するところでしょうが，裁判官固有の事情のみならず当事者側の事情にも十分に配慮されていることは理解したいところです。

> 6　裁判所が指定する期日の曜日には，当社に定例の会議がありますので困っています。このような事情は配慮してもらえないのでしょうか。

　裁判所側の事情として，年度当初に担当裁判官の使用法廷と審理の曜日が決まり，各裁判官はその決まりに従って事件の指定をすることになります。法廷の数に限りがあるために裁判官の配置人数等によって自ずから担当部の使用法廷と審理曜日が決まることになるのです。そのうえ，裁判所書記官の負担や他の業務との関係から，担当の裁判所書記官によって曜日

第8章　口頭弁論の続行

が制限されることもあります。裁判官は，これらの諸事情に拘束されますが，可能な限りで柔軟な対応にも心掛けているようにも思われます。当事者側に，特殊な事情がある場合には，あらかじめ申出があれば，可能な範囲で考慮される場合もあるでしょう。

質問の定例の会議があることについては，毎回考慮することは難しいかもしれませんが，全体の期日の按配において考慮されることがあるかもしれませんので，上申してもよいでしょう。

> 民訴法第93条（期日の指定及び変更）
> 1　期日は，申立てにより又は職権で，裁判長が指定する。
> 2　期日は，やむを得ない場合に限り，日曜日その他の一般の休日に指定することができる。
> 3　口頭弁論及び弁論準備手続の期日の変更は，顕著な事由がある場合に限り許す。ただし，最初の期日の変更は，当事者の合意がある場合にも許す。
> 4　前項の規定にかかわらず，弁論準備手続を経た口頭弁論の期日の変更は，やむを得ない事由がある場合でなければ，許すことができない。
>
> 民訴法第160条（口頭弁論調書）
> 1　裁判所書記官は，口頭弁論について，期日ごとに調書を作成しなければならない。
> 2　調書の記載について当事者その他の関係人が異議を述べたときは，調書にその旨を記載しなければならない。
> 3　口頭弁論の方式に関する規定の遵守は，調書によってのみ証明することができる。ただし，調書が滅失したときは，この限りでない。

3　口頭弁論の実施

7　弁論準備手続後の口頭弁論期日に「結果を上程しますか」と言われましたが，その意味が理解できませんし，その方法もわかりません。

当事者は，訴訟について，裁判所において口頭弁論をしなければならないというのが大原則です（法87条1項）。したがって，弁論準備手続で行われた結果は，口頭弁論期日で明らかにされなければ，判決の基礎とすることができません。その手続が弁論準備手続の結果の陳述で（法173条），結果の上程ともいわれます。この陳述は，当事者が必ずしなければならないものです。先に述べたとおり，弁論手続の終結に当たっては，当事者との間で，その後の証拠調べにより証明すべき事実の確認がされますが，それに基づいて陳述が行われることになります。民事訴訟規則にも，当事者は

第8章 口頭弁論の続行

その後の証拠調べによって証明すべき事実を明らかにしてしなければならないと定められています（規則89条）。最近では，口頭弁論がまさに口頭で行われるように，また，弁論準備の成果が裁判所と当事者との間に実質的に共有されるように，この弁論の上程も具体的に口頭で明らかにするように工夫が求められています。当事者にとっても，口頭でできる限り具体的に述べるように努める必要があります。

8 口頭弁論期日における弁論は，大体，準備書面に記載のとおり陳述するという具合ですが，書面を離れて口頭で述べることは不都合なのでしょうか。

たしかに，現在の実務では，準備書面のとおり陳述するという場合が多いと思います。弁論に充てられる時間が限られ，また，法律（法161条）において口頭弁論が書面で準備しなければならないとされていることから，格別の不都合のない限り，書面に代えているというのが実際です。その準備書面が，法律の趣旨に照らして過不足なく記述されている場合は，むしろこの方法で問題はないといえますが，準備書面の記載に不備があったり，冗長で不明瞭な箇所があったりするような場合には，裁判所においても，これを許すわけにはいきません。一方，先に説明したとおり，口頭弁論は，その名のとおり，口頭で主張などをすることですから，むしろ実質的に述べることは許されますが，その場合には，準備書面に記載のない事項や，不明瞭であったり理解しがたい事柄が述べられる心配もあります。いずれの場合にも安易な陳述は好ましくないということができます。

そこで，準備書面の記載のうち争点に必要な事項の部分のみを陳述に委ね，不適切と考えられる記載については陳述させないで，裁判所の指示に応じて口頭で陳述させるという扱いが望ましいとされています。もっとも，時間に制限がある中で口頭で述べることは存外難しいことを覚悟しておかなければなりません。

第8章　口頭弁論の続行

9 弁論準備手続を経たにもかかわらず，相変わらず口頭弁論で延々とやり取りが行われています。裁判所も制止しようとしません。

　弁論準備手続は，争点の整理を目的とするものですから，その成果を没却するようなことはあってはなりません。争点及び証拠の整理が終了した後には集中して証人等の尋問がされなければなりませんし（法182条），終結後の最初の口頭弁論期日に証拠調べがされるように準備しておかなければならないことを忘れてはなりません（規則101条）。弁論準備手続が終了すると，既に争点及び証拠の整理が完了しているわけですから，特に裁判所から前に釈明があったり，既にその提出を促されていたにもかかわらずそれに応じなかった場合などにおいては，主張の追加や新たな証拠の提出は許されないはずです。ただ裁判は動くものですから，後に攻撃防御方法を追加提出する必要が生じることがあり得ますが，その場合にはその理由を説明すべきでしょうし，その理由を求めることができますので（法174条において準用する法167条），相手方の訴訟行為に合理的な理由がないと思われたときは，裁判所に対して率直に申し出るべきでしょう。裁判所も，求めに応じて，このときの説明も基にして時機に後れた攻撃防御方法に当たるかどうか判断することになります（法157条）。

　当事者においては，裁判所の手持ち時間には限りがあり，その限られた時間をすべての訴訟に公平に割り当てる必要があることを常に認識して，法律に忠実な訴訟追行をすることが求められます。

10 弁論準備手続において争点が明確にされたはずですが，口頭弁論がいつ果てるとも予想がつきません。納期のない交渉や取引は経済界では考えられません。納期を示してもらうわけにはいかないのでしょうか。

　裁判において，当事者にとって不安なことの一つに結着時期の見通しがつかないことが挙げられます。たしかに，裁判は，流動的で，当事者の争い方によっては想定しがたい事態が生じがちですから，納期を示すことが

第8章 口頭弁論の続行

難しいといえますし，安易に見通しを示して当事者に迷惑が掛かることも懸念されます。一方，裁判所にあっては多数の事件を扱っているのですから，事案の内容に従って事件を類型化してある程度は進行を予測することができるはずです。もちろん当事者の協力は必要でしょうが，留保つきであっても，裁判の工程や納期について，予想を示す工夫がされてよいでしょう。

現在では，裁判所と当事者が，認識を共通するために，工程表を共有するような試みもされていると聞きます。裁判の透明性を図り，手続的正義を果たすためにも，工程，さらには納期をできるだけ示すことが求められているといえます。

11 当方としては複数の弁護士に依頼して訴訟準備に遺漏がないようにしたのに，相手方は本人自身が格別の準備をしないままに訴訟追行をしています。裁判所は何かと相手方に肩入れしているのが不満です。

裁判において最も大事なことは公平であると裁判官も認識しています。一方，裁判所は，公平を旨としつつ，法の体現者として，当事者に対して後見的な機能を営むことも求められています。訴訟の進み具合などからみて当事者に思わぬ不利益を与えないということも，公平の観点から必要なのです。

審理の充実を目指して争点を少なくするために，不必要な主張を抑えるように求められる場合がありますし，当事者の主張が曖昧であったり，明らかに矛盾したり，誤解に基づくと思われるところがある場合には，その旨の指摘もされます。証拠方法についても明らかに必要と思われる資料の提出を促したり，不要なものを提出させないようにすることももちろんあります。反対に，当然に主張してしかるべきところなのに，その主張がされていないと認められるときなども，同様です。それとなく示唆されることがありますし，はっきりと質問をされたり立証を促される場合もあります。これは，釈明権の行使といって法律にも規定されています（法149条）。

第8章 口頭弁論の続行

　どのような場合に裁判所は釈明するか，さらには釈明すべき義務があるかをめぐってはいろいろな考えがあり，具体的場面では判断が難しいときもありますが，それ自体裁判所の役割とされていることは理解したいところです。

　申し上げたような場面は，当事者双方に代理人がついている場合でも起こりますが，当事者本人が訴訟を追行している場合は，より多くなることは否めませんから，本人訴訟では必然的に指導的役割が多くなります。公平さに特に疑義が感じられたときは，裁判所の訴訟指揮に異議を唱えることがあってもよいでしょう。

12 求釈明は，どのような場合にすればよいでしょうか。求釈明を差し控えて淡々と反論をすればよいともうかがいます。求釈明と反論との使い分けについて，基準はありますか。

　相手方の言い分が曖昧であったり，矛盾していたりする場合で，認否することや反論することがとうていできないようなときには，曖昧な部分や矛盾する部分を問い質さざるを得ないことがあります。このような場合は，裁判所に，釈明を求めてもよいでしょうし，裁判所からも釈明があるでしょう。しかし，不明瞭なあるいは矛盾する主張部分が些細な事柄である場合などは，逐一釈明を求めないで反論の中で提示すれば足ります。場合によっては，無視しておいてもよいでしょう。曖昧な主張や矛盾する主張には，裁判所においても認識しているはずですから。

　事案によっては，双方が求釈明合戦を展開することがありますが，進行を阻害することにもなりかねず，双方に益するところがないといえます。主張についても証拠と同様に，出し惜しみをせず，堂々と反論を繰り広げればよいでしょう。

第8章　口頭弁論の続行

13 言い分について，書面ではなく口頭で述べる場合には，どのようなことを心掛けておくべきでしょうか。

　口頭弁論期日において，裁判官から釈明を求められることがあります。このような場合には，できるだけ即座に口頭で答えるのが賢明です。もっとも，事柄によっては，調査の上回答せざるを得ないような場合もありますし，曖昧さを残したままに答えることも控えたほうがよいでしょうが，これらの場合でも，後日書面で明らかにすることを留保したうえ，できる範囲において口頭で応答するのが相当と思われます。生きた言葉は，何よりも裁判所に直接に響くはずですから。この場合に，当事者間で直接やり取りすることは差し控えるべきです。あくまで裁判所を通じて，裁判所に対して弁論することを常日頃から認識しておく必要があります。

　主張するところは，書面であれ口頭であれ，一義的で明晰でなければなりません。口頭で述べる場合には，日本語の通性でしょうか，このことが特に難しいと思われますので，何よりもまず口頭で意思を表示すること自体が容易ではないことを知っておくことが大事です。表示の方法としては，尋ねられた事柄あるいは説明すべきテーマを明らかにしたうえ，結論を提示し，その理由を１項目ごとに要約して述べることが適当と思われます。口頭で述べる訓練を受けていませんから，日頃から，意識してその訓練をしておくことも必要でしょう。

14 相手方から，当方の提出した準備書面について求釈明を繰り返され，そのために審理が一向に進展しないので，困っています。

　主張について，意味が不明であったり，曖昧であったり，根拠がないと考えられる場合に，相手方から明らかにするように求められることがあります。この場合に，相手方の求めるところに納得できれば，進んで応じてよいのですが，直ちに応じる必要があるわけではありません。求問又は求釈明は，本来は裁判所に訴訟指揮を求めるものであって，裁判所が必要と認めた場合に発問することになるからです（法149条）。求問等の必要な場

第8章 口頭弁論の続行

合があるのは否定しませんが，時に引き延ばしや相手側の出方をうかがうだけのものが見受けられますと感心しません。このような場合には，裁判所から発言を禁止されることもありますし（法148条2項），何よりも好感をもたれません。当事者においても，懸念されるような事情が感じられれば，早い段階で，相手方に対して，質問事項を書面にまとめて提出するように求めることなども考えてよいでしょう。

15 会社訴訟において，ディベート型審理を行うと言われましたが，実際のところ，およそディベートとはほど遠いようでした。

　会社訴訟において，争点を明らかにするとともに，争点についての双方の考えを浮き彫りにするために，当事者双方に見解を闘わせるという方式が提案されています。しかし，このディベート型審理には，根強い批判があるのも事実です。裁判所が，いまだ争点あるいは争点の前提となる基礎的事実について十分に理解しない段階で，ただ基礎的な知識を得るために討議と称して漫然と説明が求められることに不満が唱えられています。このような場合には，むしろ当事者からまず基礎的事項を書面化して，場合によってはその書面によって説明を加えるという方法が効率的であるというわけです。たしかに，討議によって争点あるいはそれに対する知見を深めるためには，当事者双方はもちろん裁判所も，その基礎的な事項について知識を共有しておくことが必須でしょうから，基礎的事項に関して知識が不十分であるような場合には，むしろ討議を待たずに，争点とそれに関わるベースについて説明を求めれば足りるでしょう。

　ディベート型審理も，その実効性を図るためには，何をすべき段階であるかをわきまえて，その方式を選択する必要があります。

民訴法第87条（口頭弁論の必要性）
 1　当事者は，訴訟について，裁判所において口頭弁論をしなければならない。ただし，決定で完結すべき事件については，裁判所が，口頭弁論をすべきか否かを定める。
 2　前項ただし書の規定により口頭弁論をしない場合には，裁判所は，当事者を審尋することができる。
 3　前2項の規定は，特別の定めがある場合には，適用しない。

第8章　口頭弁論の続行

民訴法第173条（弁論準備手続の結果の陳述）
　　当事者は，口頭弁論において，弁論準備手続の結果を陳述しなければならない。

民訴法第161条（準備書面）
1　口頭弁論は，書面で準備しなければならない。
2　準備書面には，次に掲げる事項を記載する。
　一　攻撃又は防御の方法
　二　相手方の請求及び攻撃又は防御の方法に対する陳述
3　相手方が在廷していない口頭弁論においては，準備書面（相手方に送達されたもの又は相手方からその準備書面を受領した旨を記載した書面が提出されたものに限る。）に記載した事実でなければ，主張することができない。

民訴法第148条（裁判長の訴訟指揮権）
1　口頭弁論は，裁判長が指揮する。
2　裁判長は，発言を許し，又はその命令に従わない者の発言を禁ずることができる。

民訴法第149条（釈明権等）
1　裁判長は，口頭弁論の期日又は期日外において，訴訟関係を明瞭にするため，事実上及び法律上の事項に関し，当事者に対して問いを発し，又は立証を促すことができる。
2　陪席裁判官は，裁判長に告げて，前項に規定する処置をすることができる。
3　当事者は，口頭弁論の期日又は期日外において，裁判長に対して必要な発問を求めることができる。
4　裁判長又は陪席裁判官が，口頭弁論の期日外において，攻撃又は防御の方法に重要な変更を生じ得る事項について第1項又は第2項の規定による処置をしたときは，その内容を相手方に通知しなければならない。

民訴訟第157条（時機に後れた攻撃防御方法の却下等）
1　当事者が故意又は重大な過失により時機に後れて提出した攻撃又は防御の方法については，これにより訴訟の完結を遅延させることとなると認めたときは，裁判所は，申立てにより又は職権で，却下の決定をすることができる。
2　攻撃又は防御の方法でその趣旨が明瞭でないものについて当事者が必要な釈明をせず，又は釈明をすべき期日に出頭しないときも，前項と同様とする。

4　合議体の審理

16　合議制による審理の過程で，期日外に若い裁判官から質問を受けましたが，やや筋違いの質問で驚いています。合議制における裁判官の役割はどのように分担されているのでしょうか。

　合議体においては，その1人を裁判長とすることが定められています（裁26条3項）。合議体の構成は，法廷における審理の座席に従い，裁判長，右陪席裁判官及び左陪席裁判官と呼ばれています。裁判長は，訴状の審査，期日の指定，口頭弁論の指揮，評議の主宰などの独自の権限をもっていますが，事件処理に当たっては，合議体の判断で分担が決められます。もち

第8章 口頭弁論の続行

ろん，評決においては，各裁判官とも同じ権限をもちます。通常は，構成裁判官の1人が事件の審理の第一次的検討，事件記録の点検，書記官室との連絡などを担当します。この裁判官は，裁判所部内では主任裁判官と呼ばれていますが，左陪席裁判官という最も若い裁判官が充てられるのが一般的です。主任裁判官の訴訟に関する行為は，たとえば当事者に対する各種連絡や質問などは，裁判体の意思として，あるいは連帯責任のもとで行われます。証人の尋問において，裁判所側から補充尋問がされる場合に，主任裁判官が先駆けて行う例が多いと思いますが，この場合に裁判長に告げることになっているのは（規則113条4項），この当然の趣旨を明らかにしたものです。釈明についても同様です（法149条2項）。

左陪席裁判官は，経験こそ多くはありませんが，訴訟に関するあらゆる行為について，裁判長の指導と連帯責任のもとに行っていますので，その行為について疑義があれば，当該裁判体の意思として対応すればよいでしょう。

裁判所法第26条（一人制・合議制）
1 地方裁判所は，第2項に規定する場合を除いて，1人の裁判官でその事件を取り扱う。
2 左の事件は，裁判官の合議体でこれを取り扱う。但し，法廷ですべき審理及び裁判を除いて，その他の事項につき他の法律に特別の定があるときは，その定に従う。
　一 合議体で審理及び裁判をする旨の決定を合議体でした事件
　二 死刑又は無期若しくは短期1年以上の懲役若しくは禁錮にあたる罪（刑法第236条，第238条又は第239条の罪及びその未遂罪，暴力行為等処罰に関する法律（大正15年法律第60号）第1条ノ2第1項若しくは第2項又は第1条ノ3の罪並びに盗犯等の防止及び処分に関する法律（昭和5年法律第9号）第2条又は第3条の罪を除く。）に係る事件
　三 簡易裁判所の判決に対する控訴事件並びに簡易裁判所の決定及び命令に対する抗告事件
　四 その他他の法律において合議体で審理及び裁判をすべきものと定められた事件
3 前項の合議体の裁判官の員数は，3人とし，そのうち1人を裁判長とする。

5　弁論の併合・分離

17　弁論準備も終結して，いよいよ実質的審理が始まると思っていましたら，別の事件の併合をすると告げられました。このようなことはあるのでしょうか。

　社会的に見て同種の訴訟は，同一の裁判所で統合して審理したほうが，当事者の負担も軽く，紛争の一回的解決を図るうえでもよい場合があります。たとえば，争点が同一で，主張が重なる場合や証拠方法が同じ場合には，一緒に審理されるのが望ましいといえます。他方，同一の原因に基づく訴訟でも，別々の裁判所で審理するほうが訴訟手続が簡素になってよい場合もあります。たとえば，多数当事者がいる場合に，その主張や証拠の提出が誰と誰との間でされたものか明示するのに煩瑣であったり，その認否もまちまちに行われるために訴訟手続が錯綜するようなときは，別々に審理されたほうがよいというわけです。

　このような事件の併合や分離，またその取消しは，裁判所の訴訟指揮に当たりますが（法152条），審理の簡明，労力の節約，判断の矛盾抵触の回避などを図るために，各事件の特性，事件をめぐる具体的状況や訴訟の進行状況に応じて，必要に応じて判断されます。したがって，禁止されている特別の場合を除き，具体的状況に応じて判断されますので，併合又は分離を相当とする事情が感じられれば，裁判所にその措置がとられるように求めてよいでしょう。このことは，弁論準備手続についても当てはまりますので（法170条5項において準用する法152条1項），弁論準備の段階で意見を述べることができます。

　なお，会社関係訴訟では，合一的確定の要請から，特別の配慮が必要となります。

第8章 口頭弁論の続行

> 18 訴訟中に相手方から別の訴訟を提起されました。関連するので一緒に判断してほしいのですが，その申立てはできるのでしょうか。その逆に，当初の訴訟が相当に進行している場合に，後発の訴訟をしばらく寝かせておいてほしいのですが，そのようなことを上申してよいものでしょうか。

　訴訟の適正迅速な進行を図ることについては，裁判所はもとより当事者においても，同じ思いでしょう。訴訟関係人の労力の節約も無駄な審理の回避も，適正迅速な裁判の確保を図るための配慮といえます。したがって，裁判所にも審理の状況に応じて広範な裁量を与えているわけです。とはいえ，訴訟準備の負担などは何よりも当事者が最もよく知るところですから，その状況を裁判所に発信することが望まれます。裁判所にあっては，このような諸々の事情を配慮して，併合や分離の決定をすることになるでしょう。後発の訴訟がどのような事情で提起されたか，その訴訟を一緒に審理したほうが双方にとって利益か，訴訟が錯綜しないかなどを十分に検討して，場合によれば，先行の訴訟の「進行待ち」と措置されることもあり得ます。

> 19 同種訴訟が同じ代理人によって多数提起されていくつかの裁判体に係属しています。その代理人から，原告側に有利と思われる訴訟進行が行われている裁判官の係を指定して審理を集中してほしいとの上申がされました。このようなことは許されるのでしょうか。その判断は，いずれの裁判官がすることになるのでしょうか。

　訴えを提起するに当たり，同種の訴訟であっても，同じ代理人を通じて，当事者ごとに個別にするのも，あるいは複数の者が一緒になってするのも自由です。代理人の戦術として，時に敗訴リスクや宣伝的効果その他の事情を考慮して，同種訴訟を別々に提起して，その進行具合を測りながら，併合を上申することもあるようです。裁判所にあっては，当事者の負担や審理の状況など，上記で述べたような諸事情を考慮して，法律に照らして

第8章　口頭弁論の続行

判断されますので，一方当事者の利益に偏った措置がされることはあり得ないといえるでしょう。一般には，併合の上申と分離や配転替えの上申がそれぞれの裁判所にされ，各裁判所はその当否について判断し，それぞれの裁判体が申出をよしとすれば，協議して併合部を決めることになります。この場合に，特段の事情がないときは，審理の進んでいる裁判体に，同じような審理状況であれば事件番号の若い裁判体に集中されることが普通であるといえます。

民訴法第152条（口頭弁論の併合等）
1　裁判所は，口頭弁論の制限，分離若しくは併合を命じ，又はその命令を取り消すことができる。
2　裁判所は，当事者を異にする事件について口頭弁論の併合を命じた場合において，その前に尋問をした証人について，尋問の機会がなかった当事者が尋問の申出をしたときは，その尋問をしなければならない。

6　事件の集中と管轄

20　多数の当事者から多くの地方裁判所に同種の事件を提起されています。これらの事件を1つの裁判所に集めることはできないのでしょうか。

　訴えの提起に当たっては，裁判事務の公平な分担等の公益的見地のみならず，当事者双方の利益を考慮して，提起し得る管轄裁判所が定められていますが，管轄がある限り，いずれの裁判所に提起するかは自由です。そのうえで，場合によっては移送されることがあります。同種事件で，しかも一方の当事者が同じという事件が多数の裁判所に係属するということはあり得ます。このような場合にも，当事者の意向は，尊重されなければなりません。たしかに，1つの裁判所に集中して審理したほうが当事者の便宜に資する場合もあり得ますが，この場合は，当事者からの移送の申立てを待つことになります。

　たとえば地域をまたぐ大規模訴訟などで，争点が共通で，かつ，広い視野からいわば行政的配慮で速やかに解決を試みる余地があるとみられるような場合であっても，裁判所長や上級庁が司法行政上の措置で配慮を加えることはできません。もっとも，別々の裁判所で係属している場合に，当

第8章　口頭弁論の続行

> 事者の同意を前提として，各裁判体で審理の計画などを協議することは，まれにはあります。この場合にも，裁判所が見えないところで協議を進めるというわけではありません。協議の結果は，当然に，当事者に説明されます。
> 　裁判では，公平と独立の確保が最も優位に置かれます。したがって，1つの裁判所で事件を審理したほうが効率性という面では優れているということがあっても，非効率さも公平性の前では甘受せざるを得ません。

21　重要な裁判は，東京や大阪などの大都市で扱ってもらうことはできないのでしょうか。

　お答えする前に，事件に軽重がないということを確認しておかなければなりません。当事者にとっては，自らの関わる紛争は，たとえ他人の眼から見て些細なものであっても，深刻で重いものであるということは理解しておきたいところです。他方，当事者の中には，自分の事件こそが重要として特別の扱いをするように裁判所に求めることがありますが，他の事件のことを思いやる雅量もほしいものです。

　さて，訴えの提起に当たっては，先に述べたとおり，法律の定める管轄による制約があるほかは，裁判所を自由に選ぶことができます。法律に従った当事者の意向は，尊重されなければなりません。裁判官の配置に当たっては，全国の裁判所において公平で均等な裁判を受けられるように配慮されていますので，いかに重要であると指摘される事件であっても，各裁判所において適正な判断がされることになっているはずです。

　もっとも，法律において，専門的知見を要する事件や特別の裁判については，特別の管轄が定められています。特許権等に関する訴訟は，東京と大阪の地方裁判所に管轄を限定しています（法6条・6条の2）。また，いわゆる独占禁止法（独禁85条・86条）その他特別の法律に規定により，東京高等裁判所に裁判権がある訴訟もあります。これらは，まさに事件の専門性や特殊性に照らして，特別の配慮をした例です。

　このような法律に特別の定めがある場合を除いて，裁判を集中させるよ

第8章 口頭弁論の続行

うな行政的な措置をすることは許されないことになります。

22 当事者間で約款を通じて海外における裁判所を管轄とする合意がされていたのに，わが国の裁判所に訴えを提起されました。

　事件の取扱いとはやや趣旨が異なる質問ですが，ここで取り上げます。当事者間で，特定の裁判所を明示して管轄裁判所とするとの合意がされることがあります。この場合の合意は，原則として，法定管轄を排除するという意味において専属管轄の合意と解されます。外国裁判所を管轄裁判所と定める合意が約款で定められることも見受けられますが，専属的合意でわが国の裁判権を排除するものとして，有効と解されれば，わが国の裁判所に訴えが提起された場合には，その訴えは却下されるはずです。

　その約款の内容の解釈をめぐって，あるいは書面によるという方式に従っているかどうか争いがある場合には，その点についてしばらくはわが国の裁判所で審理されることになります。また，同種の問題が国内の裁判所間でも生じますが，この場合には，移送の申立てを受けることがあるかもしれません（法17条・20条）。

民訴法第6条（特許権等に関する訴え等の管轄）
　1　特許権，実用新案権，回路配置利用権又はプログラムの著作物についての著作者の権利に関する訴え（以下「特許権等に関する訴え」という。）について，前2条の規定によれば次の各号に掲げる裁判所が管轄権を有すべき場合には，その訴えは，それぞれ当該各号に定める裁判所の管轄に専属する。
　　一　東京高等裁判所，名古屋高等裁判所，仙台高等裁判所又は札幌高等裁判所の管轄区域内に所在する地方裁判所東京地方裁判所
　　二　大阪高等裁判所，広島高等裁判所，福岡高等裁判所又は高松高等裁判所の管轄区域内に所在する地方裁判所大阪地方裁判所
　2　特許権等に関する訴えについて，前2条の規定により前項各号に掲げる裁判所の管轄区域内に所在する簡易裁判所が管轄権を有する場合には，それぞれ当該各号に定める裁判所にも，その訴えを提起することができる。
　3　第1項第2号に定める裁判所が第1審としてした特許権等に関する訴えについての終局判決に対する控訴は，東京高等裁判所の管轄に専属する。ただし，第20条の2第1項の規定により移送された訴訟に係る訴えについての終局判決に対する控訴については，この限りでない。
民訴法第11条（管轄の合意）
　1　当事者は，第1審に限り，合意により管轄裁判所を定めることができる。
　2　前項の合意は，一定の法律関係に基づく訴えに関し，かつ，書面でしなければ，その効力を生じない。

第8章　口頭弁論の続行

　　3　第1項の合意がその内容を記録した電磁的記録によってされたときは，その合意は，書面によってされたものとみなして，前項の規定を適用する。
　民訴法第17条（遅滞を避ける等のための移送）
　　　第1審裁判所は，訴訟がその管轄に属する場合においても，当事者及び尋問を受けるべき証人の住所，使用すべき検証物の所在地その他の事情を考慮して，訴訟の著しい遅滞を避け，又は当事者間の衡平を図るため必要があると認めるときは，申立てにより又は職権で，訴訟の全部又は一部を他の管轄裁判所に移送することができる。
　民訴法第20条（専属管轄の場合の移送の制限）
　　1　前3条の規定は，訴訟がその係属する裁判所の専属管轄（当事者が第11条の規定により合意で定めたものを除く。）に属する場合には，適用しない。
　　2　特許権等に関する訴えに係る訴訟について，第17条又は前条第1項の規定によれば第6条第1項各号に定める裁判所に移送すべき場合には，前項の規定にかかわらず，第17条又は前条第1項の規定を適用する。

7　専門訴訟

> 23　株主総会決議取消訴訟が専門部で審理されると聞きましたが，前にも同一裁判所で審理され，芳しくない結果に終わりました。他の部で審理してもらうことはできないのでしょうか。専門部にはどのようなものがあるのですか。

　専門部あるいは特別部とは，行政，医療，建築，商事，知的財産などの専門的知見を要する事件，保全，執行，調停，破産などの非訟部門や特殊分野の事件について，集中して取り扱う特定の部をいいます。専門部あるいは特別部は，これらの事件が，事件処理において特殊専門的知見を要したり，共通の処理方針をもって統一的・画一的に扱うことが好ましいと考えられるために，この種の事件が多数係属することが見込まれる規模の大きな裁判所に設けられています。
　専門部あるいは特別部は，各裁判所の部の数と同様に，最高裁判所が裁判所長の意見を聴いて定めることになります（下級裁判所事務処理規則4条2項）。事務の分配は，前に述べた通常部の場合と同様に，あらかじめ決議された決まりに従って行われますが，該当の特殊専門の事件は自動的に当該専門部に充てられます。したがって，専門部が1つのときは，その部が当該専門事件を専属的に取り扱うことになります。
　たしかに，特定の分野に属する事件が特定の部に所属する裁判官のみに

よって裁かれることになりますので、見方によっては硬直した扱いがされることも危惧されますが、同種の特殊専門事件を専門的に取り扱うことによって自ずとノウハウが蓄積されるとともに、それによって統一的基準のもとに公平に取り扱われるメリットは大きいと思われます。危惧される事態に対しては、処理基準や審理要領などについて、当該裁判部内で裁判官同士が議論を重ねて検証したり、他の裁判所の専門部と協議をする機会をもつなどして見直しを試みることによって、硬直的な取扱いなどがないように努めているとうかがっています。

8 裁判官の交替

24 裁判体が中途で単独裁判官から合議体に変更されましたが、当初担当していた裁判官が加わっていません。このようなことがあるのですか。

審理の途中で単独裁判官から合議体に変更されることは、それほど珍しくはありません。事件が思いのほかに複雑であったり、新たな法律問題が見つかったりしたような場合に、また、まれには判事補の研鑽において適当な事案である場合にも変更されることがあります。同じ裁判部内のことですので、裁判の独立や公平の観点から定められている事務分配規程に抵触することはありません。この場合には、前に担当していた単独裁判官が右陪席裁判官として加わるのが通常です。前に担当していた裁判官が、研修や病気などの特別の事情で、一時的に外れたり、長期病休によって他の裁判官が恒常的にてん補することはあり得ますが、理由もなく同一裁判部の別の裁判官に代わるということはまれかもしれません。1つの裁判部に複数の合議体が構成できるときに、その裁判体を変えることは、厳密にいえば、事務分配上疑義がないとはいえませんが、裁判部内で柔軟に対処しているようです。裁判部内であらかじめ定められた基準に従って変更がされる場合は問題ないのでしょうが、恣意的に運用されるとすると疑いをもたれることにもなります。

いずれの場合にも、裁判所においては、変更時に又は変更後に、当事者

第8章　口頭弁論の続行

に誤解を与えることのないように，説明をすべきでしょう。当事者からも，その理由を尋ねても何ら差し支えないと思います。

25　単独裁判官から合議体による審理に変更されることはあるのでしょうか。またその逆はいかがでしょうか。

　いずれの場合もあり得ます。単独裁判官によって審理が進められてきた場合において，困難な法律問題が新たに判明したとき，証拠判断や事実の認定に複数の眼で関わるのが望ましいと予想されるときなどに，担当の単独裁判官が所属裁判部の裁判長に事情を説明して合議体の決定により相当と判断されれば，当該事件を合議制に移すことがあります。逆に，いったん合議体において審理されることになった場合でも，たとえば，争点の整理を終えた段階で格別の複雑あるいは新奇の問題等もみられないと当該合議体において判断されたときは，合議に付する決定を取り消して単独裁判官に戻されることも，まれにはあります。

　いずれの場合であっても，あくまで事件の性質や審理状況によって判断されるのであって，恣意的に運用されているわけではありません。

26　審理が大詰めに入ったところで，裁判官の交替がありました。裁判官が途中で交替することは避けられないのでしょうか。

　口頭弁論期日が数回にわたるときは，裁判官が交替する事態は避けがたいといえます。裁判終結前の交替としては，死亡，退官，病気，転勤，研修参加等があります。死亡，退官，病気などは避けられませんし，裁判官の転勤は，国民に対して地域を問わず平準した司法サービスの提供という公平の観点から，また，研修参加は適正な裁判の確保の観点から積極的に評価しなければなりません。これらの事情が予想されるときは，当該裁判官は，その事情を組み入れたうえで訴訟の進行を図ることになります。計画的審理の確保や審理の継続性の確保という観点からは，できれば裁判官の交替がないほうがよいといえますが，国民全体の利益などの配慮からや

第8章 口頭弁論の続行

むを得ない面があることは理解したいところです。

　もちろん，裁判官の交替があっても，弁論の更新が丁寧にされることなどによって遺漏のないように裁判の継続性が担保されているはずです。

27　裁判官の交替に関しては，審理の実情を考慮してもらえないのでしょうか。また，当事者からその裁判官の継続的関与を求めることはできないのでしょうか。

　裁判官の交替に避けがたい場合があることは，先に説明したとおりですが，担当裁判官は，予想され得る事情については，これをふまえて，審理計画を策定，遂行しているのが通常です。審理計画が明示されていない場合であっても，裁判官においては暗黙にも相応の審理の予測を立てているのが実情でしょう。法律にも，訴訟手続の計画的な進行を図らなければならないことが規定されています（法147条の2）。審理計画の中には，おそらく予測し得る事情はすべて盛り込まれているはずですし，その事情は当事者と共有してしかるべきですから，当事者にとっても予想外のことはそれほど生じないのではないでしょうか。

　たしかに，かつては裁判所側の事情は，内部の事情として，逐一当事者には開示しないということが多かったかと思われますが，現行の実務では当事者との協働を重視していますので，判明している事情については，人事の機密に属するような特別のものを除いては，できる限り透明にしているものと思われます。また，複雑な事件などで審理計画を定めた場合に，必要があると認められるときは，審理の計画の変更をすることにもなっています（法147条の3第4項）。もっとも，不定期の異動など予期し得ない事情が生じた場合には，当事者に思わぬ迷惑を掛けることがありますが，この場合であっても，迷惑を最小限にとどめるように努力しているはずです。大規模な事件や特殊な事件では，継続性を担保するために，あらかじめ人事当局に申し出て異動の時期などに特別の配慮を求めることもあります。それほどに，事件本位の対応をしていることがうかがわれます。

　当事者にあっては，協働という立場からも，当事者側の事情を十分に理

第8章 口頭弁論の続行

解されるように，機会を捉えて申し出ておくことがあってよいでしょう。

28 裁判官が異動等によって交替するときは，事務の引継ぎが行われないのですか。

　裁判官が異動する場合に，先・後任の裁判官同士で特に事務の引継ぎをすることは少ないと思います。もっとも，多くの裁判官は，事件の手控えと称して，事案の概要や期日の進行状況を克明に残していますので，その資料は引き継いでいくことはあります。

　そもそも引き継ぐべき裁判事務とは何でしょうか。民事裁判では，事件ごとの事案の概要，その時点における審理の状況，今後の審理の計画などということになりますが，事件の概要や審理の状況は，記録に編綴された裁判資料から明らかになりますし，担当の裁判所書記官が把握していることですから引継ぎの要をみないということになります。また，今後の審理の計画は，まさに後任裁判官の考察すべき事項といえますし，心証についてはそもそも引き継ぐことはできません。そこには，後任の裁判官の審理計画や心証形成に影響を与えてはならないという配慮があるようですし，さらにいえば，裁判官の独立の確保という考えが根強くあるように思われます。

　こうして，以前はむしろ事務を引き継がないというのが通常であったといえます。しかし，最近では，裁判の継続性を重視し，心証などへの影響は裁判官の心構え次第で避止できるという考えから，審理上配慮すべき問題点などを積極的に伝えることとしている趣きもうかがえます。

第8章　口頭弁論の続行

> **29**　裁判官が交替するや途端に審理の方針が変わりました。特に当事者双方が争点として注力していたにもかかわらず，弁論更新がされるや納得のいかない事項が主争点とされてしまいました。その後の和解の手続においても，まったく異なる和解案を提示されました。このようなことはあるのでしょうか。

　民事訴訟は，当事者主義といわれるように，裁判の各段階において当事者の意向を大事にしています。審理計画の策定も，当事者の意向を反映したものとなっているものと思います。裁判所側の事情であらかじめ予想できるものは，計画の策定段階においても考慮されるはずですが，予期し得ない事情が生じると，審理に計り知れない事態が生じることになります。

　たしかに，裁判官の交替があっても，当該裁判の継続性は重視されなければなりません。特に，当事者本人にとっては，突然に説明もなく審理の方針が変わった場合には，裁判の不信につながりかねません。他方，裁判官には独立の保障があって，しかも，裁判はその局面ごとに独立した判断がされますので，方針や心証が異なることも否定できません。継続性あるいは一貫性の重視と独立性の担保の折合いを付けることは，なかなか難しい問題ですが，方針の変更などがあり得るときは，少なくとも当事者に対して丁寧な説明をするとともに，その意見を汲み上げることが必要でしょう。特に，和解案が裁判所から提示されたような場合には，当事者にとっては，それを基準に会社の決裁や関係者の意向を集約してきた経緯もあるでしょうから，合理的な説明がほしいところでしょう。裁判所において，そのような努力をしなければ，当事者の不信感は，なかなか消えることがないと思われます。

> **30**　係属中の事件について，前回の口頭弁論期日だけ異なる裁判官が審理に関与していました。このようなことは許されるのでしょうか。

　合議体の裁判官の構成員又は単独裁判官に差支えがあるときは，その裁判官に代わって一時的に他の裁判官が審理に関与することがあります。た

第8章　口頭弁論の続行

とえば，審理当日に突然の事故，病気，近親者の不幸などに遭った場合などが考えられます。このような場合には，期日を延期することも考えられます。当該期日に審理の終結が予想される場合や重要な証人調べがされる場合には，継続性の担保の観点から，他の裁判官に委ねることが望ましいとはいえないでしょう。他方，審理を実施するのがよいと判断されるときもあります。たとえば，遠隔地の証人の出頭の負担を考慮すれば，続行しがたいということもあり得ます。いずれの場合においても，当事者の意向等を無視して進められることはなく，当事者に与える負担や訴訟の状況等に照らして，判断されるはずです。

　代わりの裁判官を充てて審理が続行される場合に充てられる裁判官は，司法行政年度の最初に決められている取決めによって代理順序が定められていて，その取決めに基づいて自動的に決まります（下級裁判所事務処理規則6条1項）。したがって，他の裁判官が恣意的に充てられるわけではありません。また，一時期にせよ，裁判官が代わったときは，弁論の更新手続が行われます（法249条2項）。もし裁判官の交替に疑義があったり，交替に当たって留意してほしい事項があったりする場合には，更新手続の中で述べればよいでしょう。

民訴法第147条の2（訴訟手続の計画的進行）
　　裁判所及び当事者は，適正かつ迅速な審理の実現のため，訴訟手続の計画的な進行を図らなければならない。
民訴法第147条の3（審理の計画）
　1　裁判所は，審理すべき事項が多数であり又は錯そうしているなど事件が複雑であることその他の事情によりその適正かつ迅速な審理を行うため必要があると認められるときは，当事者双方と協議をし，その結果を踏まえて審理の計画を定めなければならない。
　2　前項の審理の計画においては，次に掲げる事項を定めなければならない。
　　一　争点及び証拠の整理を行う期間
　　二　証人及び当事者本人の尋問を行う期間
　　三　口頭弁論の終結及び判決の言渡しの予定時期
　3　第1項の審理の計画においては，前項各号に掲げる事項のほか，特定の事項についての攻撃又は防御の方法を提出すべき期間その他の訴訟手続の計画的な進行上必要な事項を定めることができる。
　4　裁判所は，審理の現状及び当事者の訴訟追行の状況その他の事情を考慮して必要があると認めるときは，当事者双方と協議をし，その結果を踏まえて第1項の審理の計画を変更することができる。
下級裁判所事務処理規則第6条
　①　高等裁判所，地方裁判所及び家庭裁判所における裁判事務の分配，裁判官の

第8章　口頭弁論の続行

　　配置及び裁判官に差支のあるときの代理順序については，毎年あらかじめ，当該裁判所の裁判官会議の議により，これを定める。
　② 各部又は各支部の裁判官に対する裁判事務の分配は，当該部又は当該支部において，これを定める。
　③ 前2項の規定にかかわらず，知的財産高等裁判所における裁判事務の分配，裁判官の配置及び裁判官に差し支えのあるときの代理順序については，毎年あらかじめ，知的財産高等裁判所に勤務する裁判官の会議の議により，これを定め，知的財産高等裁判所の各部の裁判官に対する裁判事務の分配は，当該部において，これを定める。

民訴法第249条（直接主義）
　1　判決は，その基本となる口頭弁論に関与した裁判官がする。
　2　裁判官が代わった場合には，当事者は，従前の口頭弁論の結果を陳述しなければならない。
　3　単独の裁判官が代わった場合又は合議体の裁判官の過半数が代わった場合において，その前に尋問をした証人について，当事者が更に尋問の申出をしたときは，裁判所は，その尋問をしなければならない。

9　当事者の意向による裁判官の交替

31 裁判官の訴訟遂行が不当に思われます。このような場合に裁判官を交替してもらうわけにはいきませんか。

　当事者の申立てによる裁判官の交替は，その裁判官に事件との関係で特別の事情があって公平な裁判を期待できない場合に忌避の申立てによってされることがあるだけです。忌避の申立てがありますと，他の合議裁判所がその当否について判断しますが，その間，訴訟手続は停止されます（法26条）。

　実務における忌避の申立てをみますと，単に自分側に不利な判断がされるおそれがあるとか，自分側の主張や証拠の申出などに不利な訴訟指揮がされるということを理由とするものが多くみられますが，そのような理由だけでは容れられないでしょう。あまりに不当な忌避の申立てが乱発されますと，簡易却下といってその場で却下されることにもなります。

　忌避の申立てによって，せっかく軌道に乗っていた審理が中断することになりますし，裁判官の心証にも影響を与えかねませんので，むしろ裁判官の訴訟運営に対して法律に従い異議を申し出るなど堂々と向き合ったほうがよいのではないでしょうか。

第8章　口頭弁論の続行

32　前にも同じ裁判官による審理を受けて，当方にとって極めて不利な訴訟運営が行われました。新たな事件の受理の段階で裁判官を代えるなどの配慮をしてもらえないでしょうか。

　訴えの係属裁判所は，法律により管轄のある裁判所が定められ，その裁判所における担当裁判部又は裁判官は，あらかじめその裁判所で決められた取決めに従って，機械的に決まります。その係属裁判所の選定については，何人も容喙できませんし，いったん係属裁判所が決まりますと，誰も裁判に干渉することができません。係属事件のすべての訴訟行為が，担当裁判官の意思に従うことになります。

　したがって，その裁判官の訴訟指揮に不満があるときは，法律に照らして異議を申し出たり，偏った訴訟指揮が行われるときには，忌避の申立てによって対処することになります。なお，裁判所の事務の取扱方法について不服を申し立てることが規定されていますが（裁82条），裁判事務については，本来は手続法に従ってその是正を求めるべきですから，この制度は，特に裁判官に与えられた職責に著しく違背するなどごく例外的な場合に限って設けられたものといってよいでしょう。

　いずれも，裁判の独立という普遍的価値を尊重する趣旨にあることを理解したいところです。

10　裁判官の仕事の流儀

33　専門部の審理ということで期待していたのですが，裁判官が必ずしも専門的知識を持ち合わせていないことがわかり失望しています。

　専門部であっても，特別の知識を有している裁判官が充てられるとは限りません。一方，各裁判官においても，業務や事件を自ら選択することができるわけではありません。そのような配慮をすると，裁判官の人事や配置に偏りがみられるようになり，裁判の公平さに疑問が生じることにもなりかねないからです。

　各裁判官にあっては，どのような裁判部に配属されても，いかなる事件

第8章　口頭弁論の続行

であっても対処できるように，日頃から，先輩裁判官の指導を受け，相互に切磋琢磨しながら，自己研鑽に励んで，リーガルセンスを養う努力を続けているというわけです。専門部に充てられた裁判官にあっても，専門分野に長けた弁護士と堂々と渡り合えるように，当該部に所属する裁判官と議論を重ねるなどして当該部に蓄積された知見の修得に努め，日頃から専門分野の関連情報を積極的に吸収する努力をしているはずです。したがって，当事者から提出された専門的分野の資料や専門家の意見を十分に読みこなす能力は身に付けているものと期待してよいのではないでしょうか。

当事者にあっては，裁判所に対して，適切な情報を過不足なく提示することに尽きるでしょう。

34　裁判官は，どのようにして裁判官としての能力・知見を修得するのでしょうか。

そもそも，裁判官の能力とは，何でしょうか。いかなる事件であっても的確に対応することができる能力であって，いわゆるリーガルセンスといわれますが，物事を総合して判断する力，あらゆる事象を分析する力，均衡のとれた精神，法律の知見，是非当否につき決断する力などが指摘されます。これらの能力は，まさに日頃からの自己研鑽に負うところが大きいと思われます。

自己研鑽の一環として，いろいろな私的研究会が作られ，議論が行われています。自己研鑽を補うために，組織的には，経験年数に応じた研修制度やテーマ別の会同などが設けられています。若い判事補には外部研鑽と称して，民間企業，行政庁，弁護士事務所などにおいて学ぶ機会が与えられていますし，海外留学の制度もあります。また，課題に応じて司法研究の機会が与えられます。専門部や特別部では，弁護士会との相互の研究も行われています。

しかし，裁判所で最も重要とされるのは，多くの組織においてもおそらく同様でしょうが，オンザジョブトレーニングです。法律書などではなかなか修得できない裁判の心や仕事のノウハウが，実務を通して，経験豊か

な裁判官から中堅の裁判官へ，中堅の裁判官から経験の浅い裁判官へと伝えられます。この意義は大きいと思われますが，伝承に安住するばかりでは若い裁判官の発展は望めませんので，日頃から強い志をもって先輩裁判官と対峙していくことが必要でしょう。

35 裁判官は，法廷のない日は何をしているのでしょうか。

　裁判官は，中規模庁の民事部でいえば，数百件の事件を抱えて，これらの事件を並行して取り扱っています。1週間の仕事ぶりは，口頭弁論期日の単独事件の立会いが2回，合議事件の立会いが1回あるのが通常といえます。法廷の開かれないときであっても，弁論準備手続や和解手続に関与することはもとより，前の期日の事件の記録の点検や次回の期日の裁判記録の読み直しをしたり，既に終結した判決の起案をするなどしています。また，合議事件については，そのつど審理の進め方や心証形成について合議することがあります。小規模庁の裁判所では，民事通常事件のほかに，保全事件などの各種非訟事件を担当し，場合によっては家事事件や刑事の令状事件などにも関わっています。そのほかにも司法行政事務としての会議や弁護士会との会合への出席などがあります。もちろん，自己研鑽のために，判例の研究や学説の勉強に勤しんでいるものと思います。
　裁判は，目に見える法廷の立会いだけで成り立っているわけではなく，むしろ法廷外の様々な業務によって支えられていることを理解したいところです。

11　国民の司法参加

36 証拠調べの日に裁判官席に背広姿の人が着席していました。裁判官以外の人が訴訟に関与することがあるのですか。

　国民の司法参加としては，最近では刑事裁判における裁判員制度が注目されていますが，民事裁判の分野では，古くから国民の叡智を裁判に反映させる制度があります。民事・家事調停制度はその一つですが，そのほか

第8章 口頭弁論の続行

にも人事訴訟における参与員（人訴9条）や簡易裁判所における司法委員（法279条）もあります。民事調停事件の中には，医療や建築などの専門的知識が必要な事件がありますが，その分野で専門的知見を有する調停委員が，調停による解決を目指す過程で，争点を詰める作業などの手助けをすることがあります。そのほか，借地条件等の変更の裁判では，不動産鑑定士など特別に知識経験をもつ鑑定委員が関与します。

また，近年新たに設けられた制度として，地方裁判所では専門委員の制度があります。専門委員は，科学技術の発展や社会の高度化等によって専門的で複雑困難な事件が増加するのに伴い，専門的な知見を要する訴訟について，適正で迅速な裁判の実現を目的として，設けられたものです（法92条の2）。医療関係訴訟，建築関係訴訟，知的財産権訴訟などの分野で，訴訟関係を明瞭にし，あるいは円滑な審理を図るために，争点整理，証拠調べ，進行協議，和解の手続の各段階で，説明をしたり，問いを発したりして，裁判所の知見を補う役割を果たしています。専門委員を関与させることとする決定に当たっては，当事者の意見も聴くことになっていますので，専門委員の選定やその後の関わりについて疑念があれば，率直に意見を述べればよいでしょう。裁判所の中立・公平は確保されなければなりませんが，専門委員制度は，国民の司法参加として積極的に評価されます。

第 9 章

証拠調べ

❀❀ 議事録と裁判官の心証 ❀❀

　体裁について言えば、議事録が裁判の証拠とされた際に、なんらかの虚偽記載や改ざんの疑いを抱かせると、当然、裁判官の心証は悪くなってしまいます。最近では、PCのワープロソフトで作成するのが通常となっている議事録であっても、「1行アキ」といった記載なしに文章の間に1行空白があれば、削除された疑義さえ持たれかねません。文字の挿入や削除も署名や訂正印があれば問題ないとはいえ、何らかの意図を疑わしめる余地がないではなく、あまり芳しいことではありません。

　複数の案件が決議されている場合には、記載分量のバランスに気をつける必要もあります。A案件については詳細に記載されているにもかかわらず、B案件については、その重要度に照らして不相応に簡略な記載のみにとどまっていたとしたら、B案件では手を抜いていたという心証を裁判所に対して与えかねません。

　また、見過ごされがちなのが、議事録と他の文書との整合性です。訴訟になれば、裁判所は取締役会前に決済された文書や稟議書などとの横の整合性はとれているか、さらに過去の取締役会議事録や決議など縦の整合性がとれているかをチェックすることになります。もし整合性を欠いていれば十分な手続が踏まれていないと判断されることは容易に想像できますね。

　このように、取締役会議事録は、もとより企業統治を確保する積極的な役割を担うものですが、透明性を求める社会の要請に応えるものでなければなりませんし、裁判で重要な証拠となり得ることを認識しておくことが必要です。取締役会の構成役員が固定化しつつある場合には取締役会が形式化し、議論が尽くされず、ややもすれば"あうんの呼吸"で審議が進むことさえあります。こうした好ましくない事態を排除するためにも、取締役会担当部局は、取締役会議事録が第三者の眼にさらされることを常に意識しておくことが重要です。

　（「元裁判官から見た良い議事録，悪い議事録」『Business Law Journal』
　（2012年12月号）65頁より抜粋）

第9章　証拠調べ

❶　概　　説

　請求が正当かどうかについて判断するには，法律に規定する事実（要件事実）が真実であるかどうかが決められなければならない。事実について当事者間に争いのある場合は，証明を要する（法179条）。その事実の認定は，証拠による。

　証明は，証明責任を負う当事者が行う。証明責任は，要件事実に従って判断される。したがって，ある事実について裁判所が心証を得ることができなかったときは，その事実は不存在と扱われる。当事者にあっては，自分側に有利な判断を得るために，証拠を収集し，その取調べに工夫しなければならない。

　証拠調べの手続には，証人尋問，当事者尋問，鑑定，書証，検証がある。いずれも証拠の申出がされなければならない。

　証拠調べは，争点が絞られれば，できるだけを集中して行う（集中証拠調べ。法182条）。

　証拠調べの結果については，申出をした側に不利益にも供される（証拠共通の原則）。

❷　証拠の申出

　証拠調べは，訴訟が当事者の利益に関わることであることに照らして，当事者の申出によることを原則とする。換言すれば，裁判所は，原則として，当事者が申し出ない証拠を取り調べることはない。

　証拠の申出は，証明しようとする事実を特定し，その事実と申出の証拠との関係を明らかにしなければならない（法180条，規則99条）。証拠の申出は，期日前においてもすることができる（法180条2項）。証拠の申出は，相手方にも知らされなければならない。相手方に攻撃防御の機会を与えるためである。通常，証拠申出書を直送する方法による（規則99条2項）。

　証人尋問の申出は，証人を指定して見込時間を明らかにし，尋問事項書を

提出しなければならない（規則106条・107条）。

　書証の申出は，文書の標目，作成者及び立証趣旨を明らかにした証拠説明書を提出するとともに，書証の写しを提出する（規則137条1項）。これによって裁判所及び相手方当事者は，事前に検討することができる。書証の申出には，自ら所持する場合にその文書を提出する場合のほか，文書の所持者に対して提出を命ずることを申し立てる方法（文書提出命令。法219条）及びその文書の裁判所への送付を嘱託することを申し立てる方法（文書の送付嘱託。法226条）がある。文書提出命令の申立ては，相手方又は第三者の文書の所持者が文書の提出義務を負う場合に行われる（法220条・221条，規則140条）。文書の送付嘱託の申立ては，文書の所持者に提出義務がない場合であっても行われ，嘱託先は，官公署に限らず個人あてにも行われる。文書提出命令又は文書送付嘱託は，それ自体証拠の申出であるが，実務では，文書提出命令や文書送付嘱託によって裁判所に提示された文書について，その求めた者において，文書を選別して，あらためて書証の申出をする。

　鑑定の申出に当たっては，証明すべき事項を特定するほか鑑定を求める事項を記載した書面を提出しなければならない（規則129条・134条）。

 証拠決定

　申出があると，裁判所は証拠決定をする。関連性がない場合や調べる必要がない場合は，取り調べないこととすることができる（法181条1項）。主要事実について自白が成立すれば，裁判所は拘束される。主要事実に争いのある場合にはその主要事実を裏づける間接事実も，また，証拠の証明力に問題がある場合にはそれを明らかにする補助事実も証明の対象になる。間接事実や補助事実は，事実認定に属することであるから，その存否を含む評価は裁判所に委ねられる（自由心証主義）。

 証拠調べの実施

　証拠調べは，期日において，法廷で行われる。当事者が期日に出頭しな

場合においても，することができる（法183条）。例外的に，裁判所外において行われることがある。この場合においては，合議体の構成員に命じて，又は他の裁判所に嘱託して行うことができる（法185条1項）。受託裁判官が証拠調べをしたときは，その所属する裁判所から受訴裁判所に証拠調べに関する記録が送付される（規則105条）。

争点等整理手続を経た事件については，手続の終了後の最初の口頭弁論期日に直ちに証拠調べをする（規則101条）。

❺ 書証の証拠調べ

書証は，真正に成立したものでなければ（形式的証拠力），証明に役立たない（実質的証拠力）。そのために書証が提出されると，その成立について相手方の意見が求められ，成立に争いがある場合には，その真正を証明しなければならない（法228条1項）。成立に争いがない場合であっても，文書の証拠力に関する事実に関する自白であるから，裁判所を拘束するものではない。もっとも私文書の作成名義人の印影がその者の印章によるものであるときは，その者の意思によるものと事実上推定され，さらに，本人や代理人による署名や捺印があるときは，真正に成立したものと推定されるから（法228条4項），文書自体が真正に成立したものと推定されることになる。

書証の証拠調べは，裁判官が，提出された文書の原本を法廷で閲読することによって行われる。この場合に，文書の紙質や文字のありようなども検査される。人証の集中証拠調べに当たっては，書証として陳述書が活用される。

なお，調査嘱託の結果としての報告書は，その調査結果を裁判所が口頭弁論で顕らかにして当事者に意見陳述の機会を与えれば足りるとされている。

❻ 人証調べ

証人尋問は，人定質問に続いて宣誓がされた後に開始されるが，その方法は交互尋問を原則とし，申出当事者，相手方，さらに申出者，そして裁判所の順序で行われる（法202条，規則113条）。質問は関連する事項に限定され，

不穏当な質問は制限される（規則115条2項）。裁判長による尋問の順序の変更や制限等については異議を申し出ることができる（法202条3項，規則117条）。

証人が遠隔地に居住している場合などにはテレビ会議装置による尋問ができる（法204条，規則123条）。裁判所に出頭が困難であるときなどで反対尋問がなくとも中立的で客観的な陳述が得られることが見込まれるときには，証人尋問を書面の提出に代えることもできる（法205条）。この場合には，当事者に異議がないことが必要である。

当事者尋問は，証人尋問が行われた後に実施することが原則として規定されているが（法207条2項），実務では，証人尋問に先行して行われることが多い。

　検証，鑑定，鑑定の嘱託

検証は，裁判官がその五感の作用で直接に物の状態等を認識することである。挙証者が検証の目的物を所持する場合は，これを裁判所に提示し，所持しない場合は，申立てにより提示又は送付を受けて行われる（法232条1項）。

鑑定は，裁判官の知識を補充するために，特別の学識経験を有する者に専門的知識又はその知識を使って得た判断を報告させることである。鑑定の採用に当たっては，申出に基づき，鑑定事項の確定と鑑定人の指定（法213条，規則129条4項）が行われる。鑑定は，鑑定人に書面又は口頭で鑑定結果を報告させることによって行われる（法215条1項）。実務においては，書面による場合が多いが，この場合において鑑定書は口頭弁論期日に顕出される。

鑑定の嘱託は，官公署や研究所などの法人に鑑定を依頼することである（法218条1項）。

　証拠調べの終了

証拠調べによって証明すべき事実が証明されないときは，法律の規定に従い証明責任を負う側が不利益を受けることになる。

第9章　証拠調べ

1　証拠の申出

①　証拠の申出　一般

1　証拠の申出に当たって，一般にどのようなことに気を付けておくべきでしょうか。

　証拠の申出においても，民事裁判の建前が当てはまることをまず認識しておくことが肝心です。①裁判所は，民事訴訟が公正かつ迅速に行われるように努めること，当事者は，信義に従い誠実に民事訴訟を追行しなければならないこと（法2条），②証拠の提出は，主張とともに，当事者の責任に属すること，証拠提出責任は実体法により分配される立証責任を負う者が負担すること（法180条など），③裁判所も当事者も，適正かつ迅速な審理のために訴訟手続の計画的な進行を図らなければならないこと（法147条の2），④証人及び当事者本人の証拠調べは集中して実施されなければならないこと（法182条），これらの原則を確認しておく必要があります。

　これらの原則から証拠の申出をみると，証拠の整理が終わった後に集中して行わなければなりません（法182条）。そのために，証人及び当事者本人の尋問の申出は，できるだけ一括してしなければならないと定められています（規則100条）。その尋問に用いられる予定の文書については，尋問を開始する相当期間までに提出しなければなりません（規則102条）。相手方の防御を保障することはもちろん，そのために期日が空転すれば，迅速な裁判にも支障が生じることにもなりかねないからです。これらの規定さえ守られれば，審理は円滑に進むはずですが，なかなか思うようにいっていないのが実情のようです。

　一方，訴訟の戦術として，相手方に反論の機会を与えないために，あるいは劇的な効果をねらって後に提出することを企図することもあるとうか

第9章 証拠調べ

がいますが，結果として奏功した例はあまりみません。たとえ時機に後れたものとして却下されることを免れたとしても，裁判所には不誠実な訴訟追行とみられて，芳しい印象を与えないからでしょう。何よりも，適時に証拠の申出がされれば，当事者も裁判所も無駄な期日を費やさないですみます。

証拠の申出については，計画審理と集中審理を実現するために，できるだけ速やかにするのが望ましいといえます。そのためには，裁判の開始される前から準備し，裁判が始まるや最良の証拠を選んで早く出すように心掛けておくことが，結局は，円滑な審理につながり，公正な裁判の実現を果たすことにもなります。

2 証拠説明書は，どの程度重視されるのでしょうか。

証拠の申出に当たり，証明すべき事実と証拠の関係を具体的に明示した証拠説明書が要求されています（規則99条）。証拠説明書は，かつてはそれほど重視されなかったといえます。証拠の申出の採否について，双方が厳しく対立する場面もそれほど多くなく，裁判所にとっても，ともすれば当事者の意向を尊重しがちになるからでしょう。しかし，当事者にとっては事件の帰趨を決めることに連なり，裁判所としては事件の時間管理の面から厳しく対処すべきでしょうから，次第にその意義が再認識されてきています。

今後は，当事者においても，証拠説明書を的確に記載することが要求されるでしょう。

民訴法第180条（証拠の申出）
 1 証拠の申出は，証明すべき事実を特定してしなければならない。
 2 証拠の申出は，期日前においてもすることができる。
民訴規則第99条（証拠の申出・法第180条）
 1 証拠の申出は，証明すべき事実及びこれと証拠との関係を具体的に明示してしなければならない。
 2 第83条（準備書面の直送）の規定は，証拠の申出を記載した書面についても適用する。

第9章 証拠調べ

② 書証の申出

③ 書証の申出がされましたが，その立証趣旨が曖昧であり，証明すべき事実も特定されていないので，とまどっています。

　証拠の申出に当たっては，証明すべき事実（立証事項）及びこれと証拠との関係（立証趣旨）を具体的に明示しなければならないと定められています（法180条1項，規則99条1項）。もちろん，申出に係る証拠方法は，特定しなければなりません。書証の申出についていえば，文書の標目，作成者及び立証趣旨を明らかにした証拠説明書を提出しなければなりません（規則137条1項）。証拠の申出が口頭でされることは否定されませんが，実務ではほとんど書面で行われています。

　立証事項や立証趣旨は，裁判所が申出の採否を決めるに当たって必要なものですが，それだけではなく，相手方の防御権の保障のためにも要求されるものです。したがって，相手方の立場にも配慮して，簡明に記すことが必要です。事案によっては，作成された経緯などを記載するのもよいでしょう。

　証明すべき事実や証拠方法を特定しない申出は，直ちに不適法であるとして却下されることはないとしても，裁判所からの促しにも応じない場合には，証拠調べの必要がないとして，あるいは相手方の防御権を害するものとして，却下されてもやむを得ないものと覚悟しておくべきでしょう（法181条1項）。証拠の申出については，陳述の機会が与えられますから（法161条2項2号，規則88条1項。なお，法156条），その機会に立証趣旨等の記載に遺漏があることを述べて裁判所の措置を促すことも考えてよいでしょう。

　立証事項や立証趣旨を明確に記すことを心掛けていれば，自然と必要な文書の選別に意を用いることになると思われます。

第9章 証拠調べ

4 書証の申出は，原本を提出する必要がありますか。コピーでもよいのでしょうか。

　書証の申出に当たっては，写しを提出すれば足りますが（規則137条1項），その証拠調べは，もちろん，原本について行われます（規則143条1項）。実際の証拠調べは，文書が提出されたときに直ちにその場で行われることになります。もっとも，何らかの事情で原本が存在しない場合で，そのコピーのみが存在するときには，そのコピー自体を証拠として申出をせざるを得ません。この場合の作成者は，コピーを作成した者ということになります。コピーを原本として証拠の申出をした場合に，相手方からは原本の存在及び成立は争うと意見が述べられることがあります。その場合には原本が存在すること，当該コピーが間違いなくその原本を写したものであることを立証しなければなりませんので，原本がなくなった事情などを明らかにする必要があります。

　証拠調べに際して原本の持参を失念したときに，当該書証の申出を原本から写しに変更することがあるとうかがいますが，相手方がそれに同意することがあるとしても，安易な気持ちで写しを原本として申し出るというのは望ましくありません。

5 相手方から，膨大な量の文書について証拠の申出がされました。争点との結び付きが明らかにされませんので，認否をするべきか疑問です。

　文書については，膨大な量のものが証拠申出されることがあります。たとえば，不法行為に基づく損害賠償請求事件において，損害の立証のために領収書等の膨大な書証が提出されることがあります。このような場合には，証拠番号の付け方から工夫する余地があります。たとえば，加害行為，損害のうち物損（○○関係），同（△△関係），その他の事項などに分類して，甲A，甲B（1），甲B（2），甲Cという具合にするなどの方法が考えられます。また，1通の文書が長大なときには，提出する写しの関係する部

第9章 証拠調べ

分に着色するなどの工夫も望まれます。そのうえで，本来，その一通一通について立証趣旨等が必要になりますが，その記載に当たっても，できる限り丁寧に文書の趣旨に応じた分類を試みたうえで，区分ごとに立証趣旨を掲げるなどの工夫がされてよいでしょう。電子メールなども提出されることが多くなりましたが，関連しない部分も含まれるはずですので，必要な部分を特定することが求められます。

証拠の申出に当たっては，定められた方式の趣旨について，相手方の防御権の保障や裁判所の審理対象を明確にして適切迅速な証拠調べの実施のためであることを銘記しておくことが必要です。

---

6 相手方から写真を証拠として申出されましたが，その被写体や撮影時期などが不明で，認否の手掛かりすらありません。

写真は，文書に準じるものとして扱われますので，その証拠説明書には，一般の文書と同じく，当該写真の標目，作成者（撮影をした者）や立証趣旨が必要となりますが，そのほかに，その性質上，撮影の対象，その日時及び場所が必要となります（規則148条）。録音テープについても，準文書として，同様に扱われます。これらの事項が不明であれば，相手方が，その申出について意見を述べるに当たり支障がありますので，相手方の防御権を侵害することになります。最近，このような記載が実行されていないと聞き及びますが，残念です。

---

7 インターネット契約に関する債務不履行による損害賠償請求訴訟において，取引の経緯等の情報がすべてコンピュータに保存されていて，関係書類は一切ありません。どのような方法で証拠の申出をすればよいでしょうか。

コンピュータの磁気記録媒体に入力された情報は，その内容を目で見て直接把握することが不可能で，電子的に記録されたものをコンピュータの記号を通して文字に変換して初めて閲読が可能になるという性質をもって

第9章 証拠調べ

います。したがって，プリントアウトされたものを原本として証拠の申出がされるのが通常ですが，その場合には，作成者としてプリントアウトした者のみならず磁気記録媒体に入力した者，作成日時としてプリント時及び入力時を明らかにすることになります。磁気記録を原本として扱う考えによれば，それ自体を準文書として，プリントアウトされた文書を添付し（規則147条参照），証拠調べとして再生することになります。さらに，争点によっては，あるいは，相手方の応答によっては，当該コンピュータ用記憶媒体とその記号を通しての文字変換の証拠調べを要する場合もあり得ますが，その場合には検証あるいは鑑定，さらには双方を組み合わせた方法によることになるでしょう。

民訴法第219条（書証の申出）
　書証の申出は，文書を提出し，又は文書の所持者にその提出を命ずることを申し立ててしなければならない。

③　証人の申出

8 証人の申出がされましたが，争点との関係が不明であり，尋問事項書も添付されていません。尋問予定時間もあまりに長すぎます。

　当事者尋問や証人尋問の申出は，証人を特定して，かつ，尋問に要する見込時間を明らかにしてする必要があります（規則106条・127条）。証人尋問の申出は，証拠申出書を提出して行うのが実務です。尋問予定時間は，集中証拠調べを実施するうえにおいて，また，そのための審理計画を立てるうえにおいて，極めて重要です。実務上は，主尋問の見込時間を掲げるのが普通ですが，採用に当たっては，相手方の意見を聴いたうえ，反対尋問に要する時間を考慮して，決められます。

　尋問事項書については，申出と同時に2通を提出しなければなりません（規則107条・127条）。その作成に当たっては，尋問事項をできるだけ具体的に示す必要があります（規則107条2項）。尋問事項書についても，裁判所が証拠の採否を判断するためにも，集中証拠調べを実施するうえにおいても必要ですが，何よりも相手方による反対尋問の準備に遺漏がないよう

第9章　証拠調べ

にするために大事なものです。尋問事項書が添付されていないときは，直ちに申出が却下されるわけではありませんが，立証事項の是非の判断に支障が生じるようなときには，不利益を受けることもあり得るでしょう。もちろん証明すべき事実と無関係である場合には，却下されることがあります。

　民事訴訟法の規定の中には，訓示規定といわれるものが多くありますが，訓示規定であるから守らなくともよいというのは感心しません。

9　相手方による証人調べの申出において，その立証趣旨として，「陳述書に同じ」と記載され，尋問事項についても「争点に関わる事項その他関連する事項」と記載されています。尋問が際限なく広がるおそれがあり，何が尋ねられるか予想できませんので不安です。

　尋問事項が，できるだけ個別具体的に記載されなければならないと定められている趣旨は，前に説明したとおり，裁判所の証拠の採否の判断に供する意味のみならず，相手方の反対尋問権の保障や訴訟の準備の確保にあります。あまりに包括的な記載や抽象的な記載では，尋問事項として役に立たないことになりかねません。尋問事項書の記載が不穏当と認められるときは，争点等の整理の段階で，場合によっては，裁判所から，削除や訂正を命じられることがあるでしょう。

　尋問事項書について，当該証人又は当事者本人の陳述書が提出されているときには，必要性に乏しいとして概括的なもので足りるといわれていますが，陳述書の果たす目的やそのカバーする領域は尋問とは異なることもありますから，やはり原則どおりにできる限り具体的に記載するのが望ましいと思われます。

民訴規則第100条（証人及び当事者本人の一括申出・法第182条）
　証人及び当事者本人の尋問の申出は，できる限り，一括してしなければならない。
民訴規則第106条（証人尋問の申出）
　証人尋問の申出は，証人を指定し，かつ，尋問に要する見込みの時間を明らかにしてしなければならない。
民訴規則第107条（尋問事項書）
　1　証人尋問の申出をするときは，同時に，尋問事項書（尋問事項を記載した書

第9章　証拠調べ

　　面をいう。以下同じ。）2通を提出しなければならない。ただし，やむを得ない
　　事由があるときは，裁判長の定める期間内に提出すれば足りる。
　2　尋問事項書は，できる限り，個別的かつ具体的に記載しなければならない。
　3　第1項の申出をする当事者は，尋問事項書について直送をしなければならない。
民訴規則第143条（文書の提出等の方法）
　1　文書の提出又は送付は，原本，正本又は認証のある謄本でしなければならない。
　2　裁判所は，前項の規定にかかわらず，原本の提出を命じ，又は送付をさせる
　　ことができる。

④　証拠調べの申出　その他

10　国際商事取引に関わる訴訟で，取引の関係法規について裁判所から説明を求められました。関係法規などを申し出る必要があるのでしょうか。

　渉外訴訟において，準拠法に関する関連法規が不明であったり，国内の訴訟であっても，地方の慣習法や条例などは裁判官にとって明白とは限りませんし，通達や各団体の取決めなどは十分に把握されていないことが考えられます。また，いわゆる現代型訴訟や専門訴訟の分野では，裁判所の専門的知見が追い付いていないことも推察されます。

　法規の当てはめが裁判所の専権であるとして，当事者が法規に係る証拠の申出について抑制的である必要はありませんし，あるいは裁判所に調査義務があるとしても，当事者にも協力義務があるともいえますから，むしろ証拠として積極的に申出をするのがよいでしょう。

11　弁論準備の過程で相手方から関連の裁判例として多数の証拠の申出がありました。当方もその対抗として裁判例につき証拠の申出をすべきでしょうか。また，雑誌等の論考や学者の意見書も多数提出されました。このようなものは証拠として意味があるのでしょうか。

　裁判において，当該事例と類似する事例の裁判例が証拠として申出がされることがよくあります。法律の適用の作業は，本来，裁判所に属するものですから，その分野の証拠の立証責任は，当事者にないといってよいでしょう。もっとも，前に述べたとおり，特に専門訴訟や現代型訴訟の分野

第9章 証拠調べ

では，担当裁判官にとっても事柄によっては通暁していないことがあります。このような場合には，当事者が状況を察知して進んで法律の適用分野における証拠の申出を行うことになります。

そのような特別の事情がない場合であっても，多数の裁判例が提出されることがあります。裁判例の提出に当たっては，裁判例が判例とは異なることを認識したうえ，当然ながら当該事案との関連性を吟味し，当該裁判例のどの部分が関連するものとして意義があるのかを明示する配慮があってもよいでしょう。関連性が薄くともとりあえず出してみようとか，出し放しにして後は裁判所の判断に任せようという態度は好ましいとはいえません。

意見書が，証拠として申出されるのも近時の傾向です。たしかに，裁判所が法律判断をするうえにおいて，価値あるものもありますが，単に主張の焼直しのようなものでは意味がありませんし，裁判所に影響を及ぼすことのみを狙った意見書の提出は，かえって裁判所の心証を害することにもなりかねません。裁判例と同様，少なくとも当該事案との結び付きが明確にされたものである必要があります。意見書の作成者が当該分野に専門的知見を有している場合で，当該事案について深い洞察が認められれば，有力な後ろ盾となるでしょう。

> 12 相手方からの示唆に応じて，裁判所から当社の対外秘の資料と内部マニュアルの提出を打診されました。特にマニュアルは訴訟になっている事件後に改訂がされていますので，改訂後のものを提出するとあたかも当時の対応が間違っていたかのような印象を与えることになりかねず，苦慮しています。

対外秘の資料であっても，それだけの理由で書証の申出が制限されることはありません。一方，証拠の申出について，法律上の義務があるわけではありませんので，相手方の求めに応じる必要はありません。裁判所から事実上の求めがあったときには，文書の性質を明らかにして提出をすることが困難な理由を率直に述べればよいでしょう。たとえば，文書提出命令

に関することですが，文書提出義務がないことを具体的に明らかにすることが考えられます（法220条4号参照）。その資料について，相手方に開示することがはばかられるのか，第三者の目に触れることに懸念があるのかによって，対応も異なるでしょうが，ほかに代替する資料があれば，それに代えることに理解を求め，あるいは，説明文書に代えることもあり得るでしょう。提出が避けられないということになれば，開示が難しい部分を伏せて提出することも検討しなければなりません。

いずれにせよ証拠調べを実施することになれば，その性質上，公開に馴染まない場合があり得ますので，その扱いについて，たとえば閲覧等の制限（法92条）などを求めておくことも必要となります。

また，会社の不祥事に係る事案において，行動準則や行為規範を証拠として求められることがあります。本来は，不祥事の時点のもので足りるわけですが，その反証としてそれ以降の準則等を求められることもあり得ます。関連性がないと主張することも難しいでしょうから，むしろ証拠抗弁として，改訂の経緯等を主張するほうが賢明ではないでしょうか。

13　将来に訴訟が提起されることを見越して，書証に限定した証拠制限契約を結んでいましたが，相手方からその合意に反して多くの証人調べの申出がされました。

証拠の申出をすることも，証拠を不要とする自白をすることも，当事者の自由に任せられています。その意味で，証拠契約も，私的自治の範囲内として，原則として有効といえます。たとえば，特定の事実を争わないとする契約，証拠方法に制限を加える契約，証明責任の分配を変更する契約は有効といわれています。もっとも，これらの契約についても，もちろん個々の契約の締結に至る事情などに応じては，無効とされる場合もあり得ます。一方，裁判所の心証を拘束するような内容のもの，たとえば特定の証拠によって一定の判断を下すことを内容とする合意や一定の事実から他の事実を推認することを内容とする合意などは許されません。

証拠契約が存在することについては，おそらく当事者間で争いがないで

しょうから，証拠説明書の内容を見て，証拠契約の内容と抵触することについて，意見陳述すればよいでしょう。裁判所は，その陳述を基に，相手方に撤回を求めるものと思われます。

2　当事者照会

14　建築請負工事に係る損害賠償請求事件において，相手方から，施工の方法を立証するために必要であるとして，当該工事に係る設計図面すべてと製造工程表のほか従来の工法等を明らかにするように求められました。照会事項が当該事案と無関係とも思われますし，あまりに漠然としていて答えようがありません。弁論準備手続で証拠の整理も行われているのですから，そのときに尋ねてもらえればよいのにとも思います。

　当事者照会は，証拠の申出とは異なりますが，立証準備の一つとして，ここで説明します。当事者照会は，主張や立証の準備のために必要な事項について，相手方に対して，裁判所を介さずに照会する制度で，その趣旨は，事実や証拠について相手方がもっている情報を把握することによって，争点整理を進めようとする制度といえます（法163条，規則84条）。訴訟の係属中に行われるのが原則ですが，訴えの提起を予告する通知を書面でした場合は，予告通知をした日から4か月以内に照会を行うことができます（法132条の2）。たとえば，医療過誤事件において，処置方法，担当医師や薬剤師の氏名，投与薬剤の名称や分量などについて行われることがあります。照会に当たっては，照会する事項とともにその必要性も示さなければなりません（規則84条2項5号）。既に他の証拠から判明する事項については，訴訟遅延や相手方の負担の回避のために控えるべきでしょう。新たな主張の手掛りを得ようとするような模索的立証活動も許されません。もっとも，情報の格差のあるようないわゆる現代型紛争にあっては，ある程度やむを得ない場合もあります。

　照会事項は，項目に分けて，具体的に記載すべきこととされています（規則84条4項）。これは，回答者の便宜を考慮したものですから，回答者も，

第9章 証拠調べ

照会事項の項目に合わせて具体的に記載すべきでしょう。回答は，合理的な期間内にされなければなりません。他方，照会事項が具体的でない場合そのほか拒絶理由（法163条ただし書）に該当するときは，回答するには及びませんが，回答を拒絶する場合には，その拒絶の理由に当たる条項を示さなければなりません（規則84条3項後段）。正しく照会を受けたときは，誠実に応答すべきといえるでしょう。正当な理由がなく回答を拒否したり，虚偽の回答をした場合には，その事実が弁論に上程されれば，弁論の全趣旨として不利に考慮されることがあるかもしれません。

当事者照会については，その意義や実効性についていろいろと問題点が指摘されていますが，民事裁判を適正に動かすうえにおいて有益である場合のあることは否定できませんので，的確な運用が望まれます。たしかに，裁判所を介して争点等の整理の手続がされることに任せれば足りるともいえますが，当事者が自律的にできる作業はできる限り当事者に委ねることが紛争解決の近道であり，裁判の時間も労力も節約することにつながります。相互の情報を開示して訴訟の充実を図ることは，当事者の責務といえるでしょう。

民訴法第163条（当事者照会）
　　当事者は，訴訟の係属中，相手方に対し，主張又は立証を準備するために必要な事項について，相当の期間を定めて，書面で回答するよう，書面で照会をすることができる。ただし，その照会が次の各号のいずれかに該当するときは，この限りでない。
　一　具体的又は個別的でない照会
　二　相手方を侮辱し，又は困惑させる照会
　三　既にした照会と重複する照会
　四　意見を求める照会
　五　相手方が回答するために不相当な費用又は時間を要する照会
　六　第196条又は第197条の規定により証言を拒絶することができる事項と同様の事項についての照会

民訴規則第84条（当事者照会・法第163条）
　1　法第163条（当事者照会）の規定による照会及びこれに対する回答は，照会書及び回答書を相手方に送付してする。この場合において，相手方に代理人があるときは，照会書は，当該代理人に対し送付するものとする。
　2　前項の照会書には，次に掲げる事項を記載し，当事者又は代理人が記名押印するものとする。
　一　当事者及び代理人の氏名
　二　事件の表示
　三　訴訟の係属する裁判所の表示

第9章　証拠調べ

　　四　年月日
　　五　照会をする事項（以下この条において「照会事項」という。）及びその必要性
　　六　法第163条の規定により照会をする旨
　　七　回答すべき期間
　　八　照会をする者の住所，郵便番号及びファクシミリの番号
　3　第1項の回答書には，前項第1号から第4号までに掲げる事項及び照会事項に対する回答を記載し，当事者又は代理人が記名押印するものとする。この場合において，照会事項中に法第163条各号に掲げる照会に該当することを理由としてその回答を拒絶するものがあるときは，その条項をも記載するものとする。
　4　照会事項は，項目を分けて記載するものとし，照会事項に対する回答は，できる限り，照会事項の項目に対応させて，かつ，具体的に記載するものとする。

3　証拠の申出の撤回

> 15　相手方の申出に係る証人の主尋問が終了した段階で，その申出が撤回されました。裁判所も，撤回を認めて，結審となりました。当方としては，反対尋問の機会を奪われたようで，しっくりしません。

　証拠の申出は，当事者の自由に委ねられていますから，その撤回も任意にできることになります。しかしながら，証拠調べの終了後は，その結果が既に裁判官の心証に取り込まれていますので，撤回をすることはできません。もっとも，書証については，証拠調べの終了後にも撤回が許される扱いがされています。当事者に異存がなければ，無用な書証を維持しておく必要がないということでしょうか。
　問題は，証人や当事者本人の尋問が開始された後終了する前に，撤回を申し出られた場合です。この場合には，いったん証拠調べが実施された後は，その証拠資料が相手方の有利にも用いられることになりますので，相手方の同意がなければできないといわれています。この点については，証拠調べが終了していない以上，裁判所にとっても相手方にとっても，いまだ証拠として形成されていないのであり，特に裁判官にあっては証拠の把握の専門家として心証を自由に制御することができ，証拠調べの中途であってもそれまでに作られた心証を拭い去ることができるのですから，撤回は許されると考えることができます。証拠調べの実情に応じていろいろな場合があるでしょうが，撤回を求めるような証拠は，それ自体意味が乏し

第9章 証拠調べ

いとして，おおらかに構えておいてよいのではないでしょうか。心証の形成にどうしても不安がある場合には撤回について反対の意見を表明すればよいでしょうし，必要に応じて自ら証人尋問の申出をして主尋問として尋問をすることも考えられます。

4 証拠調べの申出と心証

16 証拠の申出の態度が，裁判所の判断に不利な影響を与えるということはありますか。

　口頭弁論における一切の事情が弁論の全趣旨として証拠にもなり得ますので，主張の仕方や証拠の申出における態度も裁判官の判断に影響を及ぼすことがあります（法247条）。たとえば，主張においては，前に説明したとおり，その内容のみならず，主張の態度，釈明への対応などがあり，証拠の申出の関係では，証明妨害又はこれに類する行為（法224条，229条2項・4項，232条1項，208条）の場合はもとより，訴訟の状況との関係から証拠の申出をするべきなのにこれをしなかったり，時機に後れてした場合には，不誠実な対応とみられることにもなります。それらの不誠実な態度が弁論の全趣旨として不利な証拠とされることがありますので，注意を要します。

　訴訟のあらゆる段階において，信義に基づき誠実に対応することが求められるということです。

5 証拠の採否

17 証拠の申出をしたのに，採用されませんでした。当方としては重要なものと位置づけていましたので，その理由も示されないままに却下されたことは，おおいに不満です。

　証拠の申出については，当事者にその権限と責任があるといえますが，申し出た証拠が，必ず採用されるとは限りません。申出が不適法である場合や既に取り調べられた証拠に照らして不要とみられる場合などには，採

用されないことがあります。申出の採否については、決定で応答されるのが普通ですが、必ずしも書面でされるわけではありません。実務においては、鑑定や文書提出命令の採否などの場合を除けば、口頭弁論の期日に口頭で告知されることが多いでしょう。証拠却下の理由については示す必要がないともいわれていますが、採用されないときは裁判所から不採用の理由が示されるのが普通です。もっとも、採用されない場合は、上記のような場合に限られていますから、その理由も簡単に示されることになります。もし採否の理由が不明で納得がいかない場合には、口頭弁論期日にでも裁判所に尋ねれば、必ず答えてもらえると思います。

18 証人調べの申出を前々回期日にしたのですが、いまだに採否の決定がされません。別の証人の用意をしたほうがよいのでしょうか。

　証拠の申出がされると、採否の決定がされます。証拠決定の必要がないという考えもあるようですが、実務では、決定がされるのが普通です。ところで、証人や当事者本人の尋問の申出については、できる限り一括して申し出なければならないと定められています（規則100条）。集中証拠調べを実施するために、審理の計画を定めるに当たっても、証人や当事者本人の尋問は、早いうちに予定されます。もっとも、証人について、争点整理手続などの早い段階では証拠調べの必要性が不明であることがあり、場合によっては必要性について、訴訟の進行を見てから判断せざるを得ないこともありますから、採否の決定が先送りされることもあります。当事者にとって、他の証拠の準備を必要とする事情などがあれば、裁判所に事情を申し出て、訴訟の進行について尋ねることがあってもよいでしょう。

19 相手方から膨大な書証の申出がされました。裁判所は、申出の検討もしないで、すべてを採用して証拠調べに入ることとなりました。

　書証の申出について、裁判所としては、証拠の標目、証明すべき事項及び立証趣旨を見て、争点との関連性や証拠調べの必要性等を検討して判断

第9章　証拠調べ

していることは間違いありません。書証の申出については，上記で説明しましたが，訴訟の進行を図るために，後出しをやめてできるだけ早期に必要なものを提出して取調べを終えるようにする扱いですので（規則102条），つい多くの書証が出されることになります。また，証人や当事者本人の取調べに比べれば，それほど時間がかからないために，その採用は，ややもすれば安易になることがあり得ます。しかし，その成立の認否をするだけでも相手方に負担を与えることになりますし，いちいち文書の検討に時間を要することはもとより，採用された後の記録の編綴にも手間が掛かるうえ，控訴された場合の控訴裁判所への記録の送付や控訴審での取調べのことを考慮すると，裁判所においても軽々に取り扱うのは考えものです。何よりも，当事者が安易に申出をすることを助長することにもなりかねません。当事者においても，裁判所の心証が拡散するおそれがあることも考えたうえ，慎重に吟味してベストエビデンスの選択に心掛けるべきでしょう。

20　法務部の担当としてこれまでいくつかの裁判に関与してきましたが，証拠の申出が採用されない場合の理由がはっきりしません。証拠の申出の採否について，何か基準があるのでしょうか。

　証拠の申出の採否について，法律は，必要でないと認めるものは取り調べることを要しないと規定するほかは何も語りません（法181条1項）。もちろん，文書が紛失して見つけることが困難であるとか，証人が病気で当分回復の見込みがないとか，転居先が不明であるというような事情があるときは，不定期間の障害がある場合として，証拠調べをしないこともできるとされています（同条2項）。
　裁判所は，当事者の申し出た証拠について，原則として，取り調べなければならないといわれることもあります。当事者に立証の責任があることを強調するものでしょうが，民事訴訟の基本理念からいえば，当事者の立証の責任と裁判所による心証形成等の役割を考えて，証拠の申出の採否については，当事者の申出を尊重しつつ，訴訟経済等にも配意して決めることになるといえます。

第9章 証拠調べ

　採否の基準について具体的にいえば，第1に，証拠方法の特定や立証事項の明示を欠くなどの方式違反があるとき（法180条，規則106条など）はもとより，時機に後れた場合（法157条）などには，却下されます。訴訟の引き延ばしを目的とするような場合も，当然却下されます。第2に，自白が成立している場合や証明しようとしている主張が失当である場合など，そもそも証明する必要がない場合も，当然に採用されません。以上は明らかなところでしょう。第3に，証拠調べの必要がない場合としては，たとえば，争点と関連がなかったり，関わりが不明であったりする場合などが指摘されます。どのように判断されるかといえば，証拠の申出に当たって示された証拠の標目，証明すべき事項及び立証趣旨の記載を基に，争点に関わるものかどうか，次いで関連事実に関わるものかどうかを判定し，同一の争点や関連事実に重複して申出がされている場合には，立証事項との関係においてどの程度必要であるか，その事実とどの程度近接するものであるかをみて，争点等に最も近い順に従い採用します。いい換えれば，要証事実との関係からみて，核になるものと周辺にあるものがある場合には，後者が却下され，また，主要事実について既に取り調べられている場合には，間接事実の取調べが必要ないとして排斥されることもあり得ます。裁判所が既に心証を得ている場合にも棄却されるといわれていますが，その確信がもち得ない場合にはなかなか難しいところです。重要な証拠はできるだけ早く提出するのがよいといわれるゆえんです。

　実務の運用において，第1や第2の場合は，直ちに却下されますが，第3の場合には，前に述べたとおり，訴訟の進行に応じて必要になることもあり得ますから，採否の決定が先送りされることもあります。

　裁判所が多数の事件を抱えている状況に照らしても，法廷で費やし得る時間が限られていることに照らしても，証拠調べが絞られることはやむを得ないものと理解したいところです。当事者にあっても，裁判所の心をつかむためにも，ベストエビデンスを提示する心掛けが必要でしょう。

第9章　証拠調べ

21　証人調べに代わって陳述書の申出がされました。証人の申出もないままに採用されましたが，裁判所の関与しないところで作成された陳述書から心証が得られるものでしょうか。

　陳述書は，かつてはその役割について疑念をもたれていました。たとえば，手形訴訟において書証扱いとしないとの考えもあったほどです。その理由は，やはり証人や当事者本人を裁判所の面前で尋問することをしないために公平性が担保されないということでしょうか。しかし，今では，主尋問の補助，反対尋問の充実という観点から，積極的に位置づけられています。補充尋問や反対尋問を容易にし，争点から遠い部分を陳述書に委ねることによって，効率的な尋問が図られ，時間の短縮につながるというわけです。また，供述内容の事前開示としての機能があることも指摘されています。特に集中証拠調べを実施するうえにおいては，事前開示機能のもつ意義は大きいといえます。これらの理由から，陳述書は，当事者本人のものであれ第三者のものであれ，現在の実務ではほとんど例外なく採用されているものと思われます。

　しかし，陳述書が文書であることをもって書証の扱いとまったく同列に扱うのは問題といえます。直接主義に反するとか，訴訟代理人の作為が入るおそれがあるという危惧に対しては，裁判所も訴訟運営において配慮しておくべきでしょうし，とりわけ反対尋問が保障されていない場合には，慎重に扱われるべきでしょう。当事者にとっても，これに大きな比重を置きすぎると，足をすくわれかねません。なぜなら，陳述書の証明力は，法廷における供述と比べると，劣るといえますし，当事者の主張と同程度であり，弁論の全趣旨と同程度ともいわれているからです。もちろん，裁判所においても，心証形成に当たってはより細やかな配慮をしているものと思われます。裁判例の中には，あたかも陳述書のみに依拠して判決書が作成されているようなものに出会うことがありますが，首をかしげたくなります。

第9章 証拠調べ

22 当方の主張を立証するうえにおいて，重要な証人の申出をしましたが，まず当事者本人を取り調べると伝えられました。証人の取調べを先行してもらったほうが当方の主張について心証を抱きやすいと思うのですが。

　たしかに，法律では，証人及び当事者本人の尋問を行うときは，証人の尋問を先に行うと定められていますが，一方，裁判所が適当と認めるときは，当事者本人の尋問を先にすることができるとも規定されています（法207条2項）。実際には，重要な証人を先にして，続いて当事者本人を取り調べるということが普通のように思われますが，紛争の全容を把握するためとして，当事者本人から始めることもよくあります。
　証拠の取調べの順序や時期については，裁判所の裁量によって決められるといわれていますが，証拠の重要性は，立証の責任を負う当事者が最もよく知るところともいえます。したがって，申出のあった証人あるいは当事者本人の誰から調べるかということについては，当事者の意見を十分に尊重されてしかるべきでしょう。裁判所は，当事者の意向もふまえて，紛争の特質や当事者の性格，そのほか訴訟の状況，和解の見通しなどを考慮して，最適な選択をしているはずですが，当事者においても，証拠の申出に当たって，意見を述べる機会がありますから，十分に意向を伝えるのがよいと思います。

23 相手方から，口頭弁論の終結の直前になって，新たな証拠の申出がありました。弁論準備手続においてはもちろん申出はなく，突然の申出がされたものですから，時機に後れたものとして当然却下されると思っていましたが，唯一の証拠であるとの理由で採用されました。相手方が本人で訴訟を追行していることが考慮されたのでしょうか。

　当事者の申し出た証拠が唯一である場合には，取り調べる義務があるということが，判例によって示されています。これは当事者に証明の責任が

第9章　証拠調べ

ある事項について裏づけ得る証拠が1つしかない場合に，その取調べをしないことによって当事者に不満を残すことになることが理由とされ，公平の観点からも支持されています。とはいえ，時機に後れた証拠の申出は，迅速な裁判の確保や誠実な追行の義務に照らして，却下されることは法律（法157条）に規定するところですから，唯一の証拠方法であっても，時機に後れたものは却下されます。

そもそも，唯一の証拠として却下されないというのも必須のものではありません。たとえば，間接事実や補助事実に係るものであれば，主要事実について既に証拠調べがされているときは，必要性がないとされます。そのほか，当該訴訟の進行の状況や当事者の訴訟追行の態度によっては却下されることもあるといってよいでしょう。

本件において，本人訴訟であることが考慮されたとすれば，むしろ証拠の申出が後れたことについて，故意過失がないことによるのかもしれません。

24　他の裁判体で調べられた証人調書の申出がされました。当方のまったく与り知らないところで証人調べがされたものですから，採用されると困ります。

証人調書も，書証に違いありませんから，申出も，申出の採否についても，同じ扱いがされます。調書の性質上，成立を否認する余地はないでしょうから，立証事項等に不備がなく，証拠調べの必要性が認められれば，そのまま取調べがされることになるでしょう。たしかに，別件訴訟について，当事者双方が関与していた場合には問題がないでしょうが，一方の当事者が何ら関与していない場合には，その証人に対して反対尋問の機会もなかったわけですから，そのまま採用されることに不安になる気持ちは理解できます。裁判所も，この点については十分に承知しているでしょうから，その証拠価値の判断に当たっては，反対尋問を経ていないことを考慮に入れることと思われます。当事者とすれば，防御権を行使する機会がなかったとして，その証人の尋問の申出をすれば，採用される場合もあるで

しょう。

> 民訴法第181条（証拠調べを要しない場合）
> 1 裁判所は，当事者が申し出た証拠で必要でないと認めるものは，取り調べることを要しない。
> 2 証拠調べについて不定期間の障害があるときは，裁判所は，証拠調べをしないことができる。
>
> 民訴法第182条（集中証拠調べ）
> 　証人及び当事者本人の尋問は，できる限り，争点及び証拠の整理が終了した後に集中して行わなければならない。

6 証人調べ

① 取調べの方法と準備

25 複数の証人を取り調べるに当たって，あるいは証人と当事者を取り調べるに当たって，取調べの順序はどのように定められるのですか。

　証人と当事者本人の尋問の申出は，できる限り，一括してしなければならないと規定されています（規則100条）。集中証拠調べを実現するためといえます（法182条）。証人と当事者本人では，証人尋問をまず行うと定められていますが（法207条2項），実務では，当事者尋問を先行させることもよくあります（同項ただし書）。かつては，当事者本人は証人によって証明しきれない部分を補充する証拠方法として最後に取り調べるのが妥当とされていましたが，事案によっては全貌を把握する者として当事者本人を初期の段階で取り調べることが適正迅速な審理を確保するうえでよいという考えによるのでしょう。

　そもそも証拠の取調べの範囲，順序，時期は，裁判長の訴訟指揮としての裁量によるといわれますが，裁判所は，当事者の意向もふまえて，紛争の特質や当事者の性格，そのほか訴訟の状況，和解の見通しなどを考慮して，最適な選択をしているはずです。裁判所としては，適正迅速な裁判を実現するために，訴訟運営においてできる限り無駄を省くことを考えますので，審理の計画において，取調べの順序については，先に調べた証拠によって後の証拠が不要となり得ることも考慮して，重要な証拠から順次取

第9章 証拠調べ

り調べることとします。証明事実からみると，請求原因に係る部分から抗弁に係る部分へ，総論部分から各論部分へ，重要度の高度なものから軽度なものへと進めていくことになりますが，同一事項については，証人の関与や認識の程度，場合によっては年齢や性格なども考慮して，決められます。もちろん，証拠を最もよく知る当事者の意見を聴きながら決めることになるでしょう。

当事者においても，証拠の申出に当たって，意見を述べる機会がありますから，十分に意向を伝えるのがよいと思います。

26 次回期日に証人として出頭することになりました。証人調べは，どのような方法で行われるのでしょうか。

証人調べの手続について説明します。証人として呼び出された人は，裁判所から，氏名，年齢等の確認をされた後，宣誓をしたうえ，尋問に入ります。尋問は，通常は当事者から始めますが，場合によっては裁判長から始めることもあります（法202条1項・2項）。通常の例では，まず申出をした者から主尋問を始め，次いで，相手方による反対尋問，さらに申出をした者による再主尋問が行われます。相手方においてさらに必要な場合は，裁判長の許可を得る必要があります（規則113条1項・2項）。許可は，たとえば証言に曖昧な部分があったり，見逃すことのできない矛盾がうかがえたりするような場合に，あらかじめ決められた時間内であれば，与えられるでしょう。尋問の途中で，裁判長から尋ねられることもあります（規則113条3項）。裁判所側による尋問は，通常，主任裁判官である陪席裁判官（多くは左陪席裁判官）から行われます。

なお，双方当事者から申出のあった証人については，協議のうえで尋問の順序を決め，協議が調わないときは，立証趣旨などを考慮して裁判長が決めることになります。

第9章　証拠調べ

27　証人尋問において，当事者が十分に事前準備をしているかどうか裁判所にはわかるものですか。

　裁判所からは，当事者において事前準備をしているかどうかは，ある程度はわかるものです。おざなりな尋問がうかがえれば，極端な場合には，裁判所が引き取って質問を進めることさえあります。

　当事者においては，裁判長の介入や補充の質問によって，当事者の事前準備の不足が示唆されていると省みることもあってよいでしょう。証人尋問は，1回きりの重要な場面と心得て，事前準備に遺漏がないようにしたいものです。

28　証人尋問の時間が守られません。

　証人尋問の申出に当たっては，尋問に要する見込みの時間を明らかにする必要があります（規則106条）。証人を採用するときには，必ず，双方当事者に主尋問と反対尋問に要する時間を尋ねたうえ，必要とする時間を考慮して期日を指定することになります。期日の時間管理は，集中証拠調べを実施するために，審理の計画を立てるうえで重要なことです。したがって，尋問に要する時間は，あくまで目安ではありますが，できる限り，守るように努めなければなりません。

　時間が守られない場合には，証人自身や相手方当事者に迷惑を及ぼすことにもなり，さらには他の事件にも影響を与えることになりますから，裁判所としては，より厳格に対応するわけです。尋問が当事者の責めによって遷延した場合には，裁判長から，尋問を打ち切られることもありますが，その場合には，何よりも当事者本人に最も大きな不利益を及ぼすことになることを考えに入れておきたいところです。

　裁判所の持ち時間は，限られていますので，当事者，裁判所とも大事にしたいものです。

第9章 証拠調べ

> **29** 証人尋問が1回の期日に終わらないで，続行とされました。次の期日までに，証人に何らかの働き掛けがありはしないかと不安です。現に別件訴訟では，続行期日の冒頭に，代理人から，前回の証言の誤りを指摘して訂正の証言を求めることがありました。このようなことでは真実から遠ざかるのではないでしょうか。

　裁判所は，事件の全体像を把握して，当該訴訟においてすべき事柄を予測し，おおまかな審理計画を立て，期日を決めることになります。その場合には，当然，係属する他の事件も考慮に入れています。特に計画審理においては，相当の確実さをもって進行を管理します。したがって，当該期日に証人調べが終えられることが要請されます。尋問が期日に収まらなかったことにつき，当事者の追行に問題があるときは，裁判所の裁量で終了することもあり得ます。

　もっとも，証人の年齢や証言態度から思いのほか時間を要したり，予想外の事実や証言が現われたりしたために，どうしても期日を続行しなければならない場合があることも理解されます。続行された場合において，申出の証人が身内の者であるときには，期日間に，尋問の再現や検証テストが行われることがあり得ますが，続行期日において，訴訟代理人や当事者本人から不適切な働き掛けがうかがわれれば，訂正証言は許されないことになるでしょう。相手方においては，証言のありようを十分に見極める必要がありますが，場合によっては，異議を申し出ることもあってよいでしょう。

　民訴法第202条（尋問の順序）
　　1　証人の尋問は，その尋問の申出をした当事者，他の当事者，裁判長の順序でする。
　　2　裁判長は，適当と認めるときは，当事者の意見を聴いて，前項の順序を変更することができる。
　　3　当事者が前項の規定による変更について異議を述べたときは，裁判所は，決定で，その異議について裁判をする。
　民訴規則第113条（尋問の順序・法第202条）
　　1　当事者による証人の尋問は，次の順序による。
　　　一　尋問の申出をした当事者の尋問（主尋問）
　　　二　相手方の尋問（反対尋問）

第9章　証拠調べ

　　三　尋問の申出をした当事者の再度の尋問（再主尋問）
　2　当事者は，裁判長の許可を得て，更に尋問をすることができる。
　3　裁判長は，法第202条（尋問の順序）第1項及び第2項の規定によるほか，必要があると認めるときは，いつでも，自ら証人を尋問し，又は当事者の尋問を許すことができる。
　4　陪席裁判官は，裁判長に告げて，証人を尋問することができる。
民訴法第207条（当事者本人の尋問）
　1　裁判所は，申立てにより又は職権で，当事者本人を尋問することができる。この場合においては，その当事者に宣誓をさせることができる。
　2　証人及び当事者本人の尋問を行うときは，まず証人の尋問をする。ただし，適当と認めるときは，当事者の意見を聴いて，まず当事者本人の尋問をすることができる。

②　対質・テレビ会議・書面尋問

30　次回期日に証人として呼ばれていますが，その際「対質」で取り調べると告げられました。

　証人が複数の場合は，後に証言する予定の証人は在廷させないのが原則です。しかし，他の証人の証言を聞かせたうえで尋問するほうが記憶の喚起に役立つ場合などには，当事者双方の意見を聴いたうえで，在廷させて行うこともあります（規則120条）。

　さらに，争点について，双方の申請した証人又は当事者本人の証言や供述が対立し，矛盾することが予想される場合で，いずれを信用すればよいか難しいと判断されるようなときは，裁判長は，複数の証人又は当事者本人を法廷で同時に調べることができます（規則118条・126条）。これを対質といいます。別々に取り調べる場合よりも，いずれの証言あるいは供述の内容が合理的であるか心証を得やすくなるといわれています。方法としては，複数の証人に同じ問いを発したり，いったん他の証人の尋問を進めてその証言を聞かせたうえで，その真否を尋ねたりします。対質の場合には，通常は，裁判所側から尋問が始められます。

　最近では，真実発見の近道として，よく採用されています。

第9章 証拠調べ

31 証人尋問の方法として，テレビ会議による方式や書面尋問の方式があるとうかがいました。どのようなものでしょうか。

　遠隔地に住んでいる証人の尋問をする場合に，わざわざ係属の裁判所に来てもらうことが困難と思われるとき，証人の性格や年齢，事件との関わり具合などからみて，当事者らの面前では平穏な証言をすることが困難と認められる場合には，最寄りの裁判所に来てもらってテレビ会議システムで尋問することがあります（法204条，規則123条）。この場合も，尋問手続は，通常の法廷と同じ要領で進行します。

　また，書面尋問という方法もあります（法205条，規則124条）。証人が遠隔地に住んでいる場合のほか，病気などで出頭することが困難な場合に，証人に相当の信用性が担保されるようなときには，書面の提出によって尋問に代えることができます。この場合には，相手方当事者から回答を希望する事項を記載した書面を提出してもらい，申出者の提出した尋問事項書と照らし合わせたうえ，裁判所において，証人が回答すべき事項を定めます。実際には，相当性の要件を充たすような場合が必ずしも多くありませんので，利用されることはそれほど多くありませんが，もっと利用されてよいでしょう。

民訴規則第118条（対質）
　1　裁判長は，必要があると認めるときは，証人と他の証人との対質を命ずることができる。
　2　前項の規定により対質を命じたときは，その旨を調書に記載させなければならない。
　3　対質を行うときは，裁判長がまず証人を尋問することができる。

民訴規則第126条（対質）
　　裁判長は，必要があると認めるときは，当事者本人と，他の当事者本人又は証人との対質を命ずることができる。

民訴法第204条（映像等の送受信による通話の方法による尋問）
　　裁判所は，次に掲げる場合には，最高裁判所規則で定めるところにより，映像と音声の送受信により相手の状態を相互に認識しながら通話をすることができる方法によって，証人の尋問をすることができる。
　一　証人が遠隔の地に居住するとき。
　二　事案の性質，証人の年齢又は心身の状態，証人と当事者本人又はその法定代理人との関係その他の事情により，証人が裁判長及び当事者が証人を尋問するために在席する場所において陳述するときは圧迫を受け精神の平穏を著しく害されるおそれがあると認める場合であって，相当と認めるとき。

第9章　証拠調べ

民訴規則第123条（映像等の送受信による通話の方法による尋問・法第204条）
1　法第204条（映像等の送受信による通話の方法による尋問）第1号に掲げる場合における同条に規定する方法による尋問は，当事者の意見を聴いて，当事者を受訴裁判所に出頭させ，証人を当該尋問に必要な装置の設置された他の裁判所に出頭させてする。
2　法第204条第2号に掲げる場合における同条に規定する方法による尋問は，当事者及び証人の意見を聴いて，当事者を受訴裁判所に出頭させ，証人を受訴裁判所又は当該尋問に必要な装置の設置された他の裁判所に出頭させてする。この場合において，証人を受訴裁判所に出頭させるときは，裁判長及び当事者が証人を尋問するために在席する場所以外の場所にその証人を在席させるものとする。
3　前2項の尋問をする場合には，文書の写しを送信してこれを提示することその他の尋問の実施に必要な処置を行うため，ファクシミリを利用することができる。
4　第1項又は第2項の尋問をしたときは，その旨及び証人が出頭した裁判所（当該裁判所が受訴裁判所である場合を除く。）を調書に記載しなければならない。

民訴法第205条（尋問に代わる書面の提出）
　裁判所は，相当と認める場合において，当事者に異議がないときは，証人の尋問に代え，書面の提出をさせることができる。

民訴規則第124条（書面尋問・法第205条）
1　法第205条（尋問に代わる書面の提出）の規定により証人の尋問に代えて書面の提出をさせる場合には，裁判所は，尋問の申出をした当事者の相手方に対し，当該書面において回答を希望する事項を記載した書面を提出させることができる。
2　裁判長は，証人が尋問に代わる書面の提出をすべき期間を定めることができる。
3　証人は，前項の書面に署名押印しなければならない。

③　尋問の方法

32　証人を尋問するに当たって，どのようなことに注意する必要がありますか。

　まずは，証人にも，いろいろな性格があり，年齢も経験も様々で，当事者本人との結び付きや利害関係の程度も異なることを考慮に入れておく必要があります。そのうえで，証人の緊張をほぐし，率直に誠心をもって証言できる雰囲気を作るように心掛けたいものです。初めての経験で極度に緊張していたり，相手方からの思わぬ質問で動揺していたりすることや傍聴人の前で不安になっていたりすることがうかがえれば，間をおいて平静に戻すことも必要です。率直な証言が正しくされることが真実の発見にも役に立つからです。

第9章 証拠調べ

　実務において気になるのは，質問が包括的な場合です。長い質問は，答える側も困惑します。民事訴訟規則にも，個別的に具体的に行うべきであると規定されています（規則115条1項）。質問は，一問一答で，尋ねる趣旨を明確に示して行うべきであるというわけです。既に尋ねたことを再度尋ねる重複質問や経験した事実ではなく意見の陳述を求める質問もよくありません。もちろん争点に関係のない質問や争いのない事実を尋ねることも控えるべきです。立証趣旨や尋問事項をはみ出すことのないように心掛けておくことも必要です。あまりに戦術を弄するのも感心しません。たとえば，重要な事項に関する質問を繰り返して念押ししたり，自分の主張に沿う証言を無理に引き出そうとしたりすることは避けたいものです。かえって，裁判所に疑いを呼び起こすことになりかねません。

　これらの場合には，裁判長から制限されることがあります（規則115条3項）。当事者も，目に余るときは，制限を求めて異議を申し出ることができます。もっとも，異議を頻発することは，尋問の流れに淀みをつくって，かえって印象を引くことにもなりますので，できれば自分側の尋問の段階で弾劾するほうが巧い場合があることも心得ておくとよいでしょう。

33　**主尋問の仕方について，特別に配慮することはありますか。時系列で尋問する場合と要件事実ごとに尋ねていく場合があるとうかがいますが，いずれの方法がよいのでしょうか。**

　主尋問については，裁判所も，代理人によってあらかじめ十分なテストが実施されていると考えていますから，尋問者側の思いどおりに進行して当然と言えるでしょう。したがって，裁判所に特に印象付けるために，具体的事実について，明瞭な言葉で迷いなく述べられるかが試されているといえます。もちろん，内容の面で，矛盾があったり，他の証拠と明らかに整合しなかったりすれば，主尋問の信用性は直ちに否定されます。

　主尋問の方法としては，時系列で尋ねることが通常ですが，なかなか核心部分に触れないようなときには，裁判官としてはとまどうことがありますので，証人のほぐしができた段階で，思い切って争点の結論部分から入

ることも考えてよいでしょう。尋問方法も，裁判所に対する印象付けを第一に考えて工夫すべきです。

陳述書との関係についての配慮も必要です。裁判所は，陳述書によって相応の認識はしているでしょうが，やはり主尋問によって争点に関して理解を深めることが通常といえます。陳述書に委ねるべき事柄，たとえば，証人の経歴や事件の経緯などは思い切って割愛してよいでしょうが，背景事実については，事案によっては生の言葉で語らせたほうがよいことがあるでしょう。主尋問は，裁判官にとっては，証人の，人柄などを実見する機会でもあるからです。

要は，裁判官の心に響くものでなければならないということです。

34 反対尋問について，心掛けておくべきことは何でしょうか。

反対尋問は，かつては法廷で初めて実行されるもので，臨機応変の判断や体験による腕の見せ所が問われる，いわゆる「出たとこ勝負」のようにいわれていました。現在では，陳述書も提出されていますので，反対尋問も十分に準備して行われる必要があります。

次に，反対尋問では，証言の信用性を覆すために，矛盾点や不合理なところを浮彫りにさせることが必要です。そのためにはその周囲の事実を先に述べさせて固めたうえ，特に書証など客観的証拠との矛盾点を突くことができれば効果的です。主尋問ではっきりしなかったことについては，思い切って尋ねないことがあってもよいでしょう。深追いすればかえって矛盾点を整合されてしまうおそれがあるからです。

第3に，反対尋問は，ともすれば，言い合いになりますので，議論ではなく事実をもって語らせるようにすることが必要です。押し付けにならないように，あるいは反発を買ってかえって証言を不動のものとすることのないように，注意を要します。反対尋問は，証人を弾劾するために，えてして厳しく行われるのは当然ですが，人格攻撃のようなものはあってはなりません。

ここでも，裁判所の反応をうかがいながら進めることが肝要です。証人

第9章 証拠調べ

が反対尋問に耐えられれば，それだけ主尋問を確固とすることになることを考えておくことです。

35 証人尋問に立ち会いましたが，その尋問の仕方が極めて誤導的であったり，脅しのようなものがあったりして，不愉快な感じがしました。

　証人を侮辱したり，困惑させたりする質問は，禁止されています。無理に答えを誘導することも許されません（規則115条2項）。証人尋問を有利に展開させようとして，証人をあえて怒らせたり，感情を害したりすることも，感心しません。質問者の底意は，裁判所にはすぐに感得されるものです。かえって裁判所の心証を害することになりますので，注意を要します。

　ここでも訴訟の追行は，信義に従い誠実にという準則が守られなければなりません。

36 補充尋問は，どのような趣旨で行われるのですか。

　補充尋問について，どのような事柄に，どの程度行うことができるか，弁論主義との関係で，いろいろな考え方があります。裁判所からみて，主尋問と反対尋問において見逃し得ない矛盾点について確認する必要がある場合，重要な部分において主尋問，反対尋問を通して曖昧な部分がある場合，それから当然に聞かれてしかるべき事柄について質問されなかった場合，さらに証人の信用性に関する事柄で全体の証言を左右しかねないことがうかがえる場合に行われるといえます。重要な事項については，念を押すために，重ねて質問することもあり得ます。

　したがって，補充質問がされたことには何らかのメッセージが込められていると心得て，その意味を顧みることがあってもよいでしょう。

第9章　証拠調べ

37 陪席裁判官から補充質問を受けましたが，質問が今までの証拠と相容れないようです。記録をよく読んでいるようには思えなかったので，不快でした。

　陪席裁判官は，事件の主任担当として，十分に記録を精査して法廷にも臨んでいるはずです。当事者からすれば，補充質問が当を得ていないように見受けられるようなことがあるかもしれませんが，相応の意味があると思っておいてよいでしょう。

　もっとも，当該裁判官に，誤解をしているとか，事件のスジからしてとうてい受け入れがたいような事情がうかがえれば，その旨意見あるいは異議を申し出ればよいでしょう。意見等に正当な理由があれば，当該裁判官が質問の趣旨を明確にしたり，あるいは質問を変えたりすることがあるかもしれませんし，ときには，裁判長が質問を引き取ることがあるかもしれません。裁判所が，意見や異議によってその当事者を不利益に扱うことはないといえます。

38 証人尋問の途中で，相手方代理人から文書を示されました。突然のことであり，しかも法廷の場ですので緊張していて，その内容を十分に把握することができませんでした。

　尋問の途中で，記憶を喚起したり，あるいは供述を明確にしたりするために，文書や写真などを示す必要が生じることがあります。この場合には，裁判長の許可を得なければなりません。当該文書等について，まだ証拠調べをしていないときは，相手方に閲覧の機会を与えなければなりません（規則116条2項）。既に証拠調べがされているものであっても，相手方当事者においては，示されている文書等の同一性について，その場で，必ず確認をするように心掛けておくべきです。

　証人にとって，示された文書が初めて接するもので，一覧性のないものや複雑な内容のものであるときには，質問者としては，証人に余裕を与える配慮があってよいでしょうし，相手方訴訟代理人としては，その文書の

第9章 証拠調べ

性質を説明するなどの手助けがあってよいでしょう。

民訴規則第114条（質問の制限）
 1 次の各号に掲げる尋問は，それぞれ当該各号に定める事項について行うものとする。
  一 主尋問　立証すべき事項及びこれに関連する事項
  二 反対尋問　主尋問に現れた事項及びこれに関連する事項並びに証言の信用性に関する事項
  三 再主尋問　反対尋問に現れた事項及びこれに関連する事項
 2 裁判長は，前項各号に掲げる尋問における質問が同項各号に定める事項以外の事項に関するものであって相当でないと認めるときは，申立てにより又は職権で，これを制限することができる。

民訴規則第115条
 1 質問は，できる限り，個別的かつ具体的にしなければならない。
 2 当事者は，次に掲げる質問をしてはならない。ただし，第2号から第6号までに掲げる質問については，正当な理由がある場合は，この限りでない。
  一 証人を侮辱し，又は困惑させる質問
  二 誘導質問
  三 既にした質問と重複する質問
  四 争点に関係のない質問
  五 意見の陳述を求める質問
  六 証人が直接経験しなかった事実についての陳述を求める質問
 3 裁判長は，質問が前項の規定に違反するものであると認めるときは，申立てにより又は職権で，これを制限することができる。

民訴規則第116条（文書等の質問への利用）
 1 当事者は，裁判長の許可を得て，文書，図面，写真，模型，装置その他の適当な物件（以下この条において「文書等」という。）を利用して証人に質問することができる。
 2 前項の場合において，文書等が証拠調べをしていないものであるときは，当該質問の前に，相手方にこれを閲覧する機会を与えなければならない。ただし，相手方に異議がないときは，この限りでない。
 3 裁判長は，調書への添付その他必要があると認めるときは，当事者に対し，文書等の写しの提出を求めることができる。

④ 証人の立場

39 証人尋問の途中で，裁判官から何度も質問をされました。そのつど，緊張して，余計に頭が混乱して，証言するのに難儀しました。

証人尋問は，先に説明したとおり，交互尋問方式で，当事者，次いで反対当事者，裁判長の順で行われますが，裁判長は，尋問の途中で，いつでも介入することができます。

主尋問は，立証すべき事項とそれに関連する事項について行われますが，

たとえば，請求原因事実を尋ねる場合にも，それを否定する事実に関する事情などもあわせて質問することはできますし，一方，反対尋問は，主尋問に現われた事項やそれに関連する事項，証人の証言の信用性に関する事項に限って行われます（規則114条）。尋問の過程で，証言が質問の意図と食い違ったり，聞かれていないことを述べたり，曖昧な部分があったりしますと，裁判長から，その部分の指摘を受けて再度証言し直すように促されたり，制止を受けたりすることになります。また，質問の仕方について介入されることもあります。質問は，個別的で具体的でなければならないと定められ（規則115条1項），一問一答方式で行われますが，質問の仕方が包括的であったり，不適切な場合にも，裁判長から，質問を変えるように促されたり，裁判長自ら質問を引き取ったりするということもあります。

たしかに，裁判官によっては，証言や質問に少しでも気に掛かるところがあれば介入するという場面が見受けられますが，当事者の尋問の方針や尋問の流れを尊重する配慮があってもよいのですが。

40 証人の立場からしますと，相手方や裁判所から，答えに窮する類の質問がされた場合に，どのように答えればよいのか戸惑います。質問者に問い返すということはあってもよいのでしょうか。また，答えを拒絶することは許されるのでしょうか。

証人の立場では，法廷という特別な空間ですので，緊張しているのが当然でしょうから，質問の意味を十分に捉えきれないことがあることは理解できます。質問の意図や内容が不明のままに曖昧な答えをするのはよくありません。質問者に質問の繰返しを求めたり，質問の意図を自分なりに解釈したところを自ら明らかにしたりしたうえ，答えることは差し支えありません。拒絶することに正当な理由がある場合，たとえば，前に述べたとおり，関連性のない事柄についての質問，意見を求める質問，重複する質問などについては，その旨断ったうえで答えを拒絶することができますし，プライバシーに属する事項や感情を害されるような不愉快な質問については，とりあえず答えを留保することも構いません。自分が刑事訴追を受け

第9章 証拠調べ

るおそれがある場合などに証言を拒むことができることについては，法律（法196条・197条）に規定されています。

　証人から問い返したり，応答を嫌ったりした場合であっても，裁判所において，証人の言い分にうなずけるときには，その態度に不利な印象をもつということは決してないでしょう。

⑤　証人調べと心証

41 証人尋問の各段階において，裁判所は証言のどの部分に着目していますか。

　裁判所は，証言を聞くときに，何よりもその態度の自然さ・率直さに着目します。証人の態度が，全体に，尋問者に迎合的であったり，過度に敵対的であったりすれば，割り引いて聞くことになります。証言に，曖昧な部分や不明瞭な部分が見受けられたり，ごまかしや隠し立ての要素がうかがえたりすれば，信用しがたいという印象を抱きます。次に，証言内容についていえば，証言自体に矛盾する点があるかどうかを考えます。主尋問と反対尋問の応答で，証言の内容が異なれば，当然に不信を抱きます。さらに，他の証拠との関係から，その信用性を測ります。既に提出されている書証や陳述書と整合性がなければ，あるいは，他の証拠と食い違えば，当然に信用性に疑問をはさむことになり，補充尋問でさらに質したくなります。

42 証人尋問において，前に裁判所の着眼点はうかがいましたが，なかなか尋問が円滑に進められません。裁判所に対して最も効果的な尋問とはどのようなものでしょうか。

　第1に，事前の準備を怠ってはいけません。事前の準備としては，証人に対するテストはもとより，証言の一貫性や整合性を確保するために関連証拠の吟味が必要となります。第2に，裁判官に正しく理解されるために裁判所に向かって尋問していることを心にとどめておくことです。そして

第9章 証拠調べ

　第3に，争点を中心に尋問をすることが大事です。
　証人尋問における裁判所の着眼点については，何よりも証人の態度の自然さ・率直さに着目することを前に述べました。繰り返しますと，証人の態度が，全体に，尋問者に迎合的であったり，過度に敵対的であったりすれば，割り引いて聞くことになりますし，曖昧な部分や不明瞭な部分が見受けられたり，ごまかしや隠し立ての要素がうかがえれば，信用しがたいという印象を抱きます。したがって，証人のテストに当たっては，特に法廷に対する態度についてはあらかじめ伝えて，理解を求めておく必要があるでしょう。
　次に，証言内容について言えば，証言自体に矛盾する点があるかどうかを考えます。主尋問と反対尋問の応答で，証言の内容が異なれば，当然に不信を抱きます。したがって，反対尋問を想定して，テストをしておくことです。さらに，他の証拠との関係から，その信用性を測ります。既に提出されている書証や陳述書と整合性がなければ，あるいは，他の証言と食い違えば，当然に信用性に疑問をはさむことになります。
　裁判所に効果的な尋問を果たすためには，以上のような地道な努力に負うということになるでしょう。

> 43　人証と心証の関係についてうかがいます。証人の証言は，どのように裁判官の心証に作用するのでしょうか。

　人証に対する心証は，証言の内容のみならず，その態度からも得られることをまず指摘しておきます。
　証言の内容からいえば，他の確実な証拠と照合して矛盾があれば信用されませんし，自白された間接事実をつなぎ合わせた事実と整合しないときも信用されることは難しいといえます。もちろん主尋問の段階で，証言自体が自然さや合理性がなければ有利な心証を得られないでしょう。端から敵対的であり，あるいは迎合的な証言も，有利には働かないと思います。
　裁判官においては，証言が認識，記憶，再現から成っていることから，それぞれの部分において証人の能力や性格，立場や動機，特に当事者との距

第9章 証拠調べ

離が関わっていることを常に念頭に置いているはずです。たとえば，認識段階で思い違いや早合点があり，記憶段階で喪失や想像による変形があり，再現の段階で適切な言葉を探しあぐねて開示できないこともあることを十分考慮しています。そのうえ，これらの証言の模様が尋問者の質問の仕方によってもたらされ，法廷という空間によって増幅され得ることも認識しているはずです。いずれの当事者も自分側に有利な供述をし，意識か無意識かはおいて，嘘をつくことも少なくないことも当然知っていることでしょう。

次に，証人や本人の証言・供述態度も，証言等の信用性に関わり，心証に影響を与えることもありえます。ここでも，証人らの性格等を見極めることが必要で，堂々と陳述していることが直ちに信用につながるともいえないことも経験則でしょう。

証人の証言を聞くときにも，動かしがたい事実を核に据えて，常にストーリーを思い浮かべながら信用性を検証し，ひるがえって証言によってストーリーを検証するという作業が行われ，心証が塗り替えられていくということです。

当事者としては，準備段階で，証人のテストを行うことが必要ですが（規則85条），その場合には，証言内容の整合性等について，他の証拠，特に動かない事実や書証とも照合しながら，繰り返し点検することが求められます。証言の態度について，あらかじめ教示しておくことも軽んじてはなりません。質問に集中し，感情的にならずに，急がずに，丁寧に，簡潔に，明確に応答し，一方，知らないことは答えず，答えを無理に表そうとしないことなど，証人や当事者の性格等に照らして，安心感を与えられるように要領をあらかじめ伝えておくことが必要です。尋問の方法としては，包括的で長々とした質問や曖昧な質問は，それ自体でよい心証を得られません。質問が一問一答とされているゆえんです。

7 書　証

① 書証―取調べ

44 書証の取調べは，どのような方法で行われているのか，いつ行われたのか，よく見えません。

　文書の証拠調べは，挙証者が原本を提出したときに，その場で，たとえば法壇上であるいは弁論準備室で，裁判所が閲読することによって行われます。書証は，作成者によって事実の見聞や思想など一定の内容が記されたことを証明するものですから，書証の申出に当たっては，既に説明したとおり，その作成者が明らかにされなければなりません。一方，相手方からは，作成者が主張のとおりであるかどうかの答弁がされます。この場合に文書の成立を否認するときは，その理由を明らかにしなければなりません（規則145条）。その結果，作成者，すなわち文書の成立に争いがあるときは，その文書が正しく作成されたものかどうかが取り調べられることになります（法228条1項）。もっとも，当事者が争わないとしても，作成者の認否について裁判所は拘束されませんから，作成者に争いがあるときと同様に，立証する覚悟をしておく必要があります。その確認作業が終わりますと，裁判所が自らその文書の内容を読んでみて内容を把握することになります。前者の形式的証拠力の確認と後者の実質的証拠力の把握の過程は，きちんと分けられているわけではなく，同時に行われるのが通常です。以上が書証の取調べに当たります。

　書証については，このように証拠調べが直ちに完結されますから，その内容に疑義がある場合には，証拠反論書などで十分に意見を述べておくことが肝要です。

　また，書証の申出に当たっては，原本，正本又は認証のある謄本を提出し，その写しも提出します（規則137条・143条）。相手方の当事者は，この段階で，提出された原本と写しが同一であるかどうかを確認することはもとより，その筆跡や印影とともに，内容を十分に調査しておく必要があり

第9章 証拠調べ

ます。
　なお，書証については，前に説明したとおり，相手方が同意すれば，取調べ後も撤回できると扱われています。証拠調べは既に完了して裁判所の心証に取り込まれていますので，証拠調べの原則からいえば疑問ですが，実務上の便宜のためと説明されています。

> 45　文書の一部のみが提出されました。その余の部分に当方に有利な部分があるのに，その部分が伏せられています。

　文書の一部のみが証拠として申出されることがあります。たとえば，預金通帳のうち特定の日時の部分や議事録のうち特定の議題の部分に限定する場合などが挙げられます。その場合は，その部分のみが書証として取り扱われますから，取調べも，もちろんその部分に限って行われます。たとえ文書の全部が提出されているときでも，残りの部分の証拠調べをすることはありません。この場合に，裁判所において残りの部分が実際に眼に入ることがあっても，その部分から心証を得ることはあってはなりませんし，そのようなことはないように裁判官は訓練を受けています。
　したがって，相手方にとって，残りの部分に証拠の価値があると考えるときには，改めて残りの部分について証拠の申出をする必要があります。

> 46　書証の申出に当たって，その立証趣旨を貸付の事実としましたが，相手方の援用がないのに弁済の事実の証拠として認定されました。このようなことがあるのでしょうか。

　証拠調べの結果は，申出をした側に不利に働く場合もあり得ます。書証についても同様です。申出に当たっては，立証趣旨を要求されますが，いったん証拠調べが行われると，裁判所の心の中に入ることを制約することはできません。
　したがって，証拠の申出に当たっては，相手側の立場からも十分に吟味しておく必要があります。

第9章　証拠調べ

民訴法第228条（文書の成立）
　1　文書は，その成立が真正であることを証明しなければならない。
　2　文書は，その方式及び趣旨により公務員が職務上作成したものと認めるべきときは，真正に成立した公文書と推定する。
　3　公文書の成立の真否について疑いがあるときは，裁判所は，職権で，当該官庁又は公署に照会をすることができる。
　4　私文書は，本人又はその代理人の署名又は押印があるときは，真正に成立したものと推定する。
　5　第2項及び第3項の規定は，外国の官庁又は公署の作成に係るものと認めるべき文書について準用する。
民訴規則第145条（文書の成立を否認する場合における理由の明示）
　　文書の成立を否認するときは，その理由を明らかにしなければならない。

②　書証─陳述書

47　陳述書の作成に当たり，自分側の言い分に限定して記載するのか，相手方の反論を想定して事情を網羅して記載するのか，迷うことがあります。

　陳述書については，前に説明したとおり，いろいろな役割があります。なかでも，主尋問の内容をあらかじめ開示するという意義が大きいと思われます。これによって相手方にとっては反対尋問を十分に準備することができ，裁判所にとっても集中審理が図られることにもなります。陳述書には，もちろん主尋問を代替する役割がありますので，争点に直接に関わらない周辺の事実などの説明を引き受けてもらいます。

　したがって，事案にもよりますが，主尋問で尋ねるべき事柄を網羅して記載することが原則といえます。通常は時系列に従って記載されますが，事案によっては，紛争の核に当たる部分から記載することも考えられます。道行部分があまりに長い場合には，裁判官への理解を妨げることになるからです。反対尋問を想定して，あらかじめその反論を記述する例もありますが，誘導的作文とみられなくもありませんので，慎重にしたいところです。

　作成にあたっては，弁護士がヒアリングをして関与することは差し支えありません。裁判官も，その点は見越しています。

第9章 証拠調べ

48 陳述書の記載内容がでたらめです。その内容を争う方法はないのでしょうか。

　陳述書は，あくまで書証として扱われます。したがって，証拠調べの方法は，書証の取調べと同じで，裁判所が閲読して取調べが行われます。

　陳述書の役割は，前に説明したとおり，供述を事前に開示して，その作成者を証人として取り調べるに当たり，主尋問の補助と反対尋問の充実，ひいては，尋問時間の短縮や効率的な尋問を図ることにあります。その目的のもとに，一方的に作成されたものですから，その内容に不満があることは，むしろ当然といえます。裁判所の心証形成の面からみても，裁判所において証人や当事者本人の作為あるいは訴訟代理人の誘引が入るおそれがあることなどには十分に配慮しているといえます。それでも，当事者にとっては，取調べと同時に心証形成がされることは覚悟しておく必要があります。

　したがって，陳述書に対してあらかじめ反対尋問を実行している気持ちで十分に分析しておいて，尋問の段階で弾劾することになります。

③ 書証―意見書

49 相手方から意見書が提出されました。その内容について，不満があります。裁判所がどのように位置づけているのかも見えませんので不安です。どのように争えばよいのでしょうか。

　意見書は，ある種の専門分野において専門的な見解を表明するものですが，証拠としての位置づけは，通常の書証と変わりありません。したがって，その取調べも，書証の取調べの方式に従って実施されます。

　意見書において，意見の前提としての事実に誤りがある場合は，作成者を証人として申請して質すことがあり得ますが，意見とその理由づけについては，文献や他の意見書によって争うことになります。

　意見書は，会社関係訴訟などの専門訴訟において多用されていますが，最近では，専門訴訟のみならず，通常の訴訟でも，たとえば渉外事件の管

轄などについて裁判所の知識を補充するものとして，重要度が増しています。

　意見書のありようについては，前にも述べましたが，当該事件に関して専門的知見を表すものですから，意見の前提とした事実を示したうえ，その事実との関係で意見に至る理由づけと根拠を具体的に明示するものであることが必要です。ときに，一方当事者の主張をなぞるようなものや学説の焼直しのようなものが見受けられますが，裁判所には受け入れられないでしょう。その位置づけについて十分に認識したうえ，必要に応じて活用することも検討しておいてよいでしょう。

50　相手方から意見書が多く提出されました。裁判所は，意見書をどの程度斟酌するものでしょうか。

　意見書は，専門分野において専門的な知見を表すもので，会社関係訴訟などの専門訴訟において多用されていますが，最近では，専門訴訟のみならず，通常の訴訟でも，たとえば渉外事件の管轄などについて，重要度が増しているといわれています。しかし，証拠としての位置づけは，通常の書証と変わりありません。意見の前提としての事実に誤りがある場合，あるいは述べられた知見に疑義があったり，説明の補充が必要であったりする場合には，作成者を証人として申請して質すこともあり得ます。この場合には，意見とその理由づけについて，文献や他の意見書によって争うことになります。

　意見書が，裁判所の知識から離れた分野や新しい事象に関するものである場合には，裁判所においても，知見を補充するものとして，おおいに参考にされることは間違いありません。もっとも，意見書が，その作成者において専門的知見を有しているものと認められ，その内容において実証的で，論理の展開が緻密であることが前提となるでしょう。

　意見書の位置づけについて十分に認識して，必要に応じて活用することも検討しておいてよいでしょうが，あくまで裁判所を説得するに値するものでなければなりません。

第9章 証拠調べ

④ 書証—心証

51 書証について，留意すべきことは何でしょうか。特に心証形成に与える影響について教えてください。

　書証は，心証形成に大きな役割を果たすといえます。その内容が不動で固定されたものであること，文字が目に直接働きかけることから，書面の与える印象は小さくないからです。わが国では，取引によっては契約書はもとより，借用書や領収書なども作成されていないことが多いだけに，文書が存在するだけでその価値が一層大きく位置づけられるわけです。契約書等（処分証書）があれば，特段の事情のない限り，その記載のとおりの契約事実の心証を形成し，証人尋問などによって特段の事情の存否が争われることになります。その他の文書（報告文書）であっても，報告内容が他の間接事実と相まって動かない事実として心証形成の核に据えられることもあります。一方，通常あり得るはずの書面がない場合には，そのこと自体が消極の判断を導く間接事実となり得るといえます。領収書があれば，弁済の事実について心証を導きますが，それが存在しないことをもって弁済の事実を認定しないことが不合理であることは，たとえば，親しい友人等では領収書が作られないことがあることから容易に推察されます。心証形成における経験則にも，常に例外が伴うということです。

　書証に対する心証は，当然に，文書の作成者，その表示の有無，作成時期によって左右されます。たとえば，作成者についていえば，普段から文書の作成に慣れた者か否か等によって抱く心証は異なり，また，作成者名の記載がない場合や要証事実の時期から離れた時期に作成された場合には，その信頼性の評価は低いといえます。

　当事者にあっては，相手方から提出された書証について，その証拠価値を減殺するためには，その作成経緯等について，他の証拠によって仔細に検討，反論する必要があります。陳述書については，その内容において矛盾する箇所がないかどうか，他の証拠と整合性がとれているかどうかの検討を怠ってはなりません。意見書や鑑定書については，作成者の能力等は

もとより，前提事実の提示に配意する必要があるといえます。その作成者において特別の知識や経験に乏しければ，あるいは中立性に疑いがあれば，価値がなく，また，前提にされた事実が動かない事実と違えば，信用されません。意見書や鑑定書に十分な検討を加えないままに寄りかかることは戒められるということです。

8 調査嘱託・文書送付嘱託・文書提出命令の申立て

> 52 官公庁に対して，調査を嘱託したり，特定の文書の送付を嘱託したりすることがあると聞きますが，その証拠調べは，どのように行われるのでしょうか。文書提出命令についても，その申立てまではわかるのですが，その後の取調べについて，特別の方法があるのでしょうか。

　調査の嘱託は，官公署に対して，特定の事実の調査をしてもらうことです（法186条）。たとえば，気象台に対する気象状況，商品取引所に対する取引価格等などに活用されています。申立てに当たっては，調査事項を明確にする必要があります。裁判所が申立てを認めますと，裁判所書記官名で，当該官公署に対して調査の嘱託がされ（規則31条2項），それに従って，各官公署は，調査に応じることになります。その結果，嘱託先から調査の結果の報告書を受け取りますと，裁判所は，これを口頭弁論期日又は準備手続期日において当事者に示して意見を述べる機会を与えます。実務上は，報告書をもって書証として取り扱うこともありますが，嘱託の結果そのものを証拠資料とすることが妥当でしょう。

　文書送付の嘱託は，第三者（たとえば官公署や公法人）が所持する文書の送付を裁判所に申し立てることで，書証の申出の一つの方法とされています（法226条）。裁判所が当事者の申立てを認めますと，送付嘱託の決定をします。その決定に基づき，調査の嘱託と同様，裁判所書記官名で送付の嘱託をします。文書の送付があれば，裁判所は，その旨当事者に知らせて，当該当事者は，その文書のうち全部又は必要な部分を選び，書証の申出をすることになります。その後の証拠調べは，書証の証拠調べと同じです。

第9章　証拠調べ

　文書提出命令の申立ては，書証の申出の一つです（法219条）。提出命令が発せられますと（法223条），所持者は，その文書を裁判所に提出しなければなりません。提出された文書は，裁判所が口頭弁論期日又は準備手続期日に提示し，挙証者に書証の申出の機会を与えることになります。当事者は，送付嘱託の場合と同様，その文書のうち全部又は必要な部分を選び，書証の申出をすることになります。その後の取調べは，書証の証拠調べと同じです。

　送付嘱託に基づく送付も，文書提出命令に基づく提出も，文書の提出と同じで，原本，正本又は認証のある謄本でしなければなりません（規則143条）。

53　相手方から，突然，文書提出命令の申立てがされましたが，裁判所はそのまま採用しました。当方としては，争いたいところです。また，命令を受けた者は必ず提出しなければいけないものでしょうか。

　当事者が相手方当事者又は第三者の所持する文書について，書証の申出の方法として，その提出をするように求めることができます。文書提出命令申立ての制度は，申し立てる側にとって，証拠収集のために有益ですが，相手方当事者にとっては，文書提出によって訴訟活動に重大な影響を受けることが考えられます。

　そのために，申立てについて，文書の特定，文書提出の原因等とともに，文書提出によらざるを得ない必要性を要求し，その手続にも慎重を期しています（法221条・222条）。そのうえで，相手方には意見書を提出する機会が与えられています（規則140条2項）。裁判所においても，その趣旨を理解して，慎重に判断していることがうかがえます。さらに，文書提出命令の申立ての決定については，即時抗告をすることができます（法223条7項）。

　相手方当事者は，意見書において，申立ての要件や必要性等について，できる限り，具体的に意見を述べておくことが望まれます。

第9章 証拠調べ

54 会社内のプロジェクトチーム内で作られた報告文書について，文書提出命令が申し立てられました。会社の部署で検討した文書が外部に漏れることは困ります。命令を受けることがあるでしょうか。

　文書提出命令の申立てにおいては，当該文書の表示や所持者とともに，文書の提出義務の原因を明らかにしなければなりません（法221条1項5号）。文書提出義務として，法律は，いくつかの場合を掲げています（法220条）。その中でも提出義務を免れるものとして，「専ら文書の所持者の利用に供するための文書」が掲げられていますが，これに該当するかどうかはしばしば争いになります。判例（最判平11・11・12民集53巻8号1787頁・判タ1017号102頁・判時1695号49頁）は，もっぱら内部の者の利用に供する目的で作成され外部に開示することが予定されていない文書で，開示によって所持者の側に看過しがたい不利益が生じるおそれがあるものとしていますが，その法理の当てはめにおいては，文書の作成目的や記載内容，所持するに至るまでの経過その他の事情を総合的に判断することになります。

　文書の管理に当たっては，日ごろから，文書の性質・目的の明示，目的による分別，管理者の特定，許容閲覧者の画定，保存期間等を定めるなどして，気を配っておく必要があるでしょう。

　民訴法第186条（調査の嘱託）
　　裁判所は，必要な調査を官庁若しくは公署，外国の官庁若しくは公署又は学校，商工会議所，取引所その他の団体に嘱託することができる。
　民訴法第220条（文書提出義務）
　　次に掲げる場合には，文書の所持者は，その提出を拒むことができない。
　一　当事者が訴訟において引用した文書を自ら所持するとき。
　二　挙証者が文書の所持者に対しその引渡し又は閲覧を求めることができるとき。
　三　文書が挙証者の利益のために作成され，又は挙証者と文書の所持者との間の法律関係について作成されたとき。
　四　前3号に掲げる場合のほか，文書が次に掲げるもののいずれにも該当しないとき。
　　イ　文書の所持者又は文書の所持者と第196条各号に掲げる関係を有する者についての同条に規定する事項が記載されている文書
　　ロ　公務員の職務上の秘密に関する文書でその提出により公共の利益を害し，又は公務の遂行に著しい支障を生ずるおそれがあるもの
　　ハ　第197条第1項第2号に規定する事実又は同項第3号に規定する事項で，黙秘の義務が免除されていないものが記載されている文書

第9章　証拠調べ

　　　ニ　専ら文書の所持者の利用に供するための文書（国又は地方公共団体が所持する文書にあっては，公務員が組織的に用いるものを除く。）
　　　ホ　刑事事件に係る訴訟に関する書類若しくは少年の保護事件の記録又はこれらの事件において押収されている文書
民訴法第221条（文書提出命令の申立て）
　1　文書提出命令の申立ては，次に掲げる事項を明らかにしてしなければならない。
　　　一　文書の表示
　　　二　文書の趣旨
　　　三　文書の所持者
　　　四　証明すべき事実
　　　五　文書の提出義務の原因
　2　前条第4号に掲げる場合であることを文書の提出義務の原因とする文書提出命令の申立ては，書証の申出を文書提出命令の申立てによってする必要がある場合でなければ，することができない。
民訴法第226条（文書送付の嘱託）
　　書証の申出は，第219条の規定にかかわらず，文書の所持者にその文書の送付を嘱託することを申し立ててすることができる。ただし，当事者が法令により文書の正本又は謄本の交付を求めることができる場合は，この限りでない。

9　鑑　定

55　鑑定の申出をしたものの，その後の証拠調べがどのように行われるのかわかりません。

　鑑定は，裁判官の知識や判断の補充をするために，特別の学識経験を有する第三者に，その専門分野の知見に基づく報告を求めるものです。鑑定の申出に当たっては，当事者からは，他の証拠調べと同様，立証事項や立証趣旨とともに，「鑑定を求める事項」を記載した書面が提出されます（規則129条）。この場合に鑑定人名の具体的な提示がされることがありますが，これはあくまで裁判所が決めることですので，いわば希望の表明にすぎません。裁判所は，鑑定の申出の採用に当たっては，鑑定人を指定し，鑑定事項を決めた上，指定された鑑定人に鑑定事項を送付します。鑑定人は，宣誓をした上，鑑定に取り掛かります。宣誓は，裁判所に出頭して面前ですることが原則とされていますが，鑑定が書面でされる場合などには，宣誓書を提出して行うことができます（規則131条2項）。その作業の成果は，鑑定意見として，通常は，書面で報告されますが，口頭で述べることもできます。書面による場合は，その結果が口頭弁論期日又は準備手続期日に

おいて裁判所に提示（顕出）されることによって，証拠となってくるわけです。ここまでが鑑定の経過です。鑑定は，結論としての主文に当たる意見部分とその理由の部分から成りますが，その意見部分が鑑定結果ということです。しかし，主文に至る理由づけが重要であることに変わりはありません。

56 鑑定に当たって，鑑定すべき事項はどのように定められるのですか。

　鑑定の申出をするに当たっては，鑑定を求める事項を書面で示す必要があります。これを受け取った相手方は，書面で意見を申し出ることができます（規則129条3項）。双方の意見をふまえて，裁判所が鑑定事項を決めることになります。有益な鑑定がされるためには，適切な鑑定事項が定められることが肝要です。当事者にとっては，鑑定事項の決め方が勝敗を左右することになる重要なものと認識しておくべきでしょう。

　鑑定事項とともに，どのような鑑定方法を選ぶかも重要です。鑑定について，法律によれば，書面又は口頭で意見を述べさせることができ，鑑定人に共同して又は各別に意見を述べさせることができると定められています（法215条1項，規則132条）。従来は，単独の鑑定人により書面による報告がされる方式が通常でしたが，事件によっては，鑑定人に過大な負担と重圧を与えることから，最近では複数人による鑑定を命じることもあります。この場合にも，共同で意見を述べる方式と各別に意見を述べる方式があり，意見の述べ方も書面による場合と口頭による場合があります。複数の鑑定人が討議をして1個の鑑定意見をまとめて提出する方式も工夫されています。共同で口頭弁論期日に口頭で述べる方式でもよいといわれています。また，鑑定事項が比較的に単純で判断資料が限定されているような場合には，アンケート方式による鑑定として，複数の鑑定人を選任して，鑑定事項について回答を求める方式によるものもあります。さらに，カンファレンス鑑定といって，複数の鑑定人を指定して，法廷において口頭で鑑定意見を述べ合うというものもありますが，この場合には，多くは，事前に各鑑定人から簡潔な意見書を提出しておいてもらうことになります。

鑑定事項に照らして，最適な鑑定方法を選ぶように努めることが必要です。

57 鑑定の内容があまりにずさんで，その意見に至る過程も誤っています。どうすればよいでしょうか。

　鑑定意見の内容が曖昧であったり，その根拠を理解しがたい場合などには，鑑定人に意見の補充を求めることができます。そのような場合でなくとも，一層の理解を深めるために，直接に補充説明を受けることもあります（法215条2項）。さらに厳格なものとして，詳細な補充鑑定事項を決定して書面で補充をさせることもありますが，多くは，口頭弁論期日に鑑定人の出頭を求めて，口頭で補充させる方法がとられています。この場合には，鑑定人の陳述に対して，当事者から質問をすることもできます（法215条の2）。

　鑑定内容に不満がある場合は，裁判所に対して，その趣旨と承服しがたい事項を主張として示して，補充や反論の方法も提示するのがよいでしょう。例外的ではありますが，場合によっては，さらに鑑定を求めることも考えられなくはありません。鑑定結果については，裁判所にとっても，その採否はもとより，知見を補うための判断材料としての適否や程度を考えるうえにおいて，当事者の捉え方が重要なものとなりますので，当事者においては，的確で重厚な意見を述べておく意味があります。

58 鑑定について，裁判所はどの程度重視しますか。双方から鑑定書が提出された場合，どのような基準で採用しますか。当事者の意思能力に争いがある場合に，その鑑定において，真っ向から反対の意見が出されました。

　鑑定は，事案によっては，裁判所にとって，大きな意味をもってくると思います。正常賃料，株式価格，医療事故の原因の評価などについては，専門家の知見に頼らざるを得ない場合があります。もっとも，鑑定が重要

である場合であっても，裁判所がその結果を無前提に採用するということはあり得ないでしょう。

鑑定の評価については，他の証拠と同様に，裁判所の自由心証に委ねられていますので，採否の基準を示すことはなかなか難しいと思われます。特に，お尋ねの当事者の意思能力の存否のように評価要素が大きい場合には，反対の鑑定意見が出されることが往々にしてあります。鑑定意見の採否においても，証拠一般と同じように，その鑑定書自体の一貫性や自然の流れが重視されるでしょう。その理由づけが曖昧であったり，不明瞭であったり，前提とした事実の評価が歪んでいれば，なかなか信用されないと思われます。また他の証拠と符合しない場合や裁判所の知見を補う文献等を検証した結果と相容れなければ，消極に判断されることになります。

医療訴訟において，複数の私的鑑定書がある場合も，同様で，それぞれの鑑定書の矛盾点に照射して，他の文献等から検証をし，先に述べたような，当事者の意見や尋問の結果も総合して判断することになると思われます。

59 会社訴訟において，審理に特別の工夫はないのでしょうか。争いの根本に考え方の相違がある場合に，鑑定などが行われることはありませんか。

会社訴訟については，実体面では専門性が高いといえますが，審理面では，通常訴訟と格別違わないと捉えられているように思われます。事実について争いがなく，法的評価あるいは法律の解釈をめぐって争われることが多いものですから，意見書が提出されることが多くあります。最近では，ディベート型審理ということがいわれていますが，前に説明したとおり，それほど定着はしていないように思われます。

法律の解釈などをめぐって見解の対立がある場合に，医療訴訟などの専門訴訟においてとられている書面鑑定あるいは専門家の対質尋問なども考えられますが，そもそも，法的見解については裁判所も同じ専門家としての能力があると考えるものですから，理解の範囲内にあるとして，それほ

第9章 証拠調べ

ど関心が寄せられていないのが実情です。しかしながら，新しい形態の取引などについては説明会方式で実体をうかがったり，専門委員を活用したりすることも考えられます。また，業界における慣行・取扱規則や行政通達・指針その他のソフトローなどについては，その解釈について争いのあることが多くありますので，調査嘱託をする方法もありますが，さらに，あらかじめ事項を決めて，対立意見者に対して，意見を求め，必要に応じて，対質で尋問する方法などが考えられます。

ふさわしい事件があれば，その理由を述べることによって新たな方式が採用されるかもしれません。

民訴規則第129条（鑑定事項）
1 鑑定の申出をするときは，同時に，鑑定を求める事項を記載した書面を提出しなければならない。ただし，やむを得ない事由があるときは，裁判長の定める期間内に提出すれば足りる。
2 前項の申出をする当事者は，同項の書面について直送をしなければならない。
3 相手方は，第1項の書面について意見があるときは，意見を記載した書面を裁判所に提出しなければならない。
4 裁判所は，第1項の書面に基づき，前項の意見も考慮して，鑑定事項を定める。この場合においては，鑑定事項を記載した書面を鑑定人に送付しなければならない。

民訴法第215条（鑑定人の陳述の方式等）
1 裁判長は，鑑定人に，書面又は口頭で，意見を述べさせることができる。
2 裁判所は，鑑定人に意見を述べさせた場合において，当該意見の内容を明瞭にし，又はその根拠を確認するため必要があると認めるときは，申立てにより又は職権で，鑑定人に更に意見を述べさせることができる。

民訴法第215条の2（鑑定人質問）
1 裁判所は，鑑定人に口頭で意見を述べさせる場合には，鑑定人が意見の陳述をした後に，鑑定人に対し質問をすることができる。
2 前項の質問は，裁判長，その鑑定の申出をした当事者，他の当事者の順序でする。
3 裁判長は，適当と認めるときは，当事者の意見を聴いて，前項の順序を変更することができる。
4 当事者が前項の規定による変更について異議を述べたときは，裁判所は，決定で，その異議について裁判をする。

10 検　証

[60] 検証の終了後に作成された調書を閲覧しますと，当方にとって納得しがたいことが記載されています。この部分の検証について不服を申し立てたいと思います。

　検証は，裁判官が五感の作用で直接に事物の形状や状況について検査し，かつ，観察する証拠調べです。とはいっても，実際には，裁判所だけで検査観察することには限界があります。当事者の指示や説明を基にして，裁判所は観察等をすることになります。そのため当事者による指示や説明が重要な役割を果たすことになりますので，当事者は，検証の実施にあたって，明確に指示説明をすることが必要です。

　当事者の指示説明をふまえて裁判所の感得した事柄が調書に記載されます。検証の結果は，検証調書という形で書面化されますが，その調書が検証というわけではありません。ここに記載された事項に不満があるときであっても，検証は，裁判官が既に五感によって把握されていることで完結していますので，検証そのものに不服を申し立てるわけにはいきません。この場合には，検証調書に対する異議という手続になります（法160条2項）。

　このような事態にならないように，検証の場で，指示や説明は明確にしておく必要があるわけです。

11　証拠調べの結果と心証形成

[61] 証拠調べは，心証形成の核であるといわれますが，証拠調べの結果は，どのようにして裁判官の心証に取り入れられていくのでしょうか。証拠調べの実施において注意すべきことは何でしょうか。

　証拠調べによって，核となる心証形成が始まるといえます。証拠調べによる心証形成は，証拠調べの結果を採用するかどうか，その証拠価値をいかに評価するかを含めて，確実に，直接に，即座に，経験則に従った裁判官の自由な思惟に届けられるといえます。この場合に，その時々に積み重

ねられてきた動かしがたい事実を核に据えて，常にストーリーを思い浮かべながら証拠調べの結果の検証を繰り返し，また，証拠調べを重ねるごとにストーリーを検証するという作業が重ねて行われ，心証が塗り替えられていくことになります。

　当事者にあっては，証拠調べの不可逆性を考慮して，あらかじめ証拠調べの準備に遺漏のないようにしておくべきです。相手方から申出がされた証拠調べについては，その内容を予測して，反対尋問や弾劾証拠の提示などの対策を怠らないようにしなければなりません。いずれの証拠も，申出者にとって不利にも，相手方にとって有利にも事実認定に供されることを覚悟しておくべきです。また，証拠調べについて，当事者が立会い，意見を述べ，討論する機会が与えられているのは，当事者の権利の保護や手続の保障であるのはもちろんですが，正しい心証形成を担保する役割も担っているのですから，この機会を活かすべきでしょう。

第 **10** 章

和解の試み

和　解

　患者が手術に同意するかどうか決めるに当たって，考慮材料がない場合，なかなか同意に踏み切れないでしょうから，裁判所においては，和解か判決か当事者が選択するに当たってその自己決定権を尊重して，材料を差し上げないといけないでしょう。したがって，立証が双方ともに不十分で，しかも，それは事件の性質上致し方がないとか，主張の展開も証拠調べも尽くしたけれども判決で白黒つけるのは落ち着きが悪いとか，企業紛争のように会社の将来のことを見越して基本的に和解した方がいいなどと理由を開示しないと，当事者はなかなか和解の選択に踏み切れないのではないでしょうか。当事者側からも裁判所に和解の意義をお聞きになっていいと思います。この点についてよく質問を受けるのですが，和解が決裂したときに和解の際のやり取りが，さらには，そもそも和解にしてくださいと伝えること自体が，判決になった場合の心証にマイナスになるのではないかと尋ねられます。しかし，和解手続のやり取りや和解を拒絶したことが，判決には何ら影響がないということははっきり申し上げられます。

　和解手続の具体的な進め方について一言申し上げておきますと，現在なお別席型が多いと思います。これについては，違法とする意見もありますが，相応の意味があると思います。これは，当事者本人の性格や紛争の経緯などからみて，同席では真意がなかなか現れないことがありますので，コミュニケーション機能として，また，当事者の本音を聞いて，不満を和らげることを目指して，コンサルティング機能として，同席の場では賄い切れないことを助ける面があります。ただ，双方出席をとらないときは，一方当事者にとって，他方の当事者だけに事情を聞かれているという状態は，きわめて不安で，そのやり取りなどに敏感になっていると思われます。相手方には15分も時間を割きながら，自分には5分しか割り当てられなかったなどというような不満を聞くこともあります。したがって，一方当事者との面談のときに，相手方とのやり取りは伝えるべきでしょう。これも透明性の確保の要請であると思います。

　（「法服と平服から見た民事裁判」日本弁護士連合会編『日弁連研修叢書　現代法律実務の諸問題［平成26年度研修版］』（第一法規，2015年）300〜301頁より抜粋）

第10章　和解の試み

❶　概　　説

　和解は，いつでもすることができる（法89条）。勧告される時期も様々で，弁論の終結後もあり得る。和解勧告の契機や事情も，事案の内容や訴訟の状況によって様々で，当事者の事情のみならず裁判所側の事情が与かっている場合もある。

❷　和解の方法

　和解手続には，期日における合意のほかに，和解条項案の書面による受諾（法264条，規則163条）と裁判所等が定める和解条項の制度（法265条，規則164条）がある。前者の書面による受諾は，当事者が遠隔の地に居住しているようなときに，その当事者があらかじめ裁判所から提示された和解条項案を受諾する書面を提出し，相手方が期日に出頭して受諾すると和解が調ったとみなされるものである。後者の和解条項の制度は，当事者共同の申出がある場合に，裁判所が和解条項を定めて当事者に告知したときに，和解が成立したとみなされることである。

❸　和解の実施

　期日における和解の進め方については，決まりはなく，対席同時面接の方法や交互異時面接の方法，さらにその双方を加味した方法などいろいろな仕方がある。現在では，多くの裁判官が当事者から交互に面接する方法をとっている。

❹　和解の成立

　和解が成立したときは，必ず調書に記載される（規則67条1項1号）。記載されれば訴訟は終了し，確定判決と同一の効力を生じる（法267条）。和解に

第10章　和解の試み

要素の錯誤などの瑕疵があるとして無効を主張する場合には，新たに期日の指定を申し立てることになる。

📖　📖　📖

1　和解の勧告

1　ある日突然裁判所から和解を勧告されました。まだ十分に審理もされていないので，驚いています。

　裁判所による和解勧告は，法律にはいつでもすることができると規定されています（法89条）。したがって法律上は，和解の勧告（和解勧試ともいいます）はいつでもあり得ることになります。実務においては，主張がほぼ尽くされて争点が明確になったとみられる段階で試みられることが普通ですが，証拠調べを終えた段階，特に当事者尋問だけを終えてされることも多くあります。

　主張がほぼ尽くされた段階で勧告されるのは，争点整理がほぼ終えられると，ある程度事件のあり方を捉えることができ，解決の方向性を見通すことができるからです。見通しという点では，裁判官の長年の経験による勘で事件のスジとスワリを考慮して，事件の帰趨の予想が立てられ，極端な場合は，第1回期日に勧告することもあり得ます。言い分をとことん尽くすことによって，当事者が意固地になったり，勝手な見立てをして事件が独り歩きしたりして，真の紛争解決から遠のく場合に，あえて証拠調べを避けて早い段階で勧告するというわけです。他方，事案によっては，特定の争点の判断が必須となるような場合には，証拠調べを終えてその争点についてある程度の心証（裁判官が事件について抱く印象のこと。狭くは証拠調べによって当事者の主張する事実の存否について抱く確信のこと）が得られてからということになります。ごくまれには，当事者の求めに応じて判決の言渡し後にされることもあります。また，第1審の段階だけではなく，控訴審で試みられることも，滅多にありませんが上告審で勧告されることもありま

す。

> 2 裁判官がどのような意図で和解を勧告したのか，これは何かのシグナルなのか見当がつきません。

　和解勧告の意図については，事案の内容や訴訟の状況によって，いろいろな事情がありますし，また，事件の担当裁判官によっても異なります。
　まず，事案からいえば，請求に顕れた紛争のほかに本質的紛争が潜在している場合，現行の法律や判例によっては真の解決策を見出すことが困難な場合，新しい形態の訴訟など結論を見通しにくい場合，紛争の解決としてはシロクロつけるよりは妥協点を探ったほうがよいと思われる場合，紛争の深層に情緒的なものがある場合，当該事件だけでは紛争の実質的解決にならない場合などが指摘されます。訴訟の状況からいえば，当事者の意図が早期結着を強く望んでいると認識される場合，証拠の偏在がみられる場合，得られた心証が一方に十分ではなくむしろ五分五分に近い場合，過失や因果関係について双方に関わりが認められる場合などが考えられます。
　次に裁判官側の事情についていえば，裁判官の訴訟観あるいは和解の位置づけについての考え方が反映することがあります。裁判手続における解決ということを重視する裁判官もいれば，紛争解決という目的を重くみる裁判官もいます。前者にあっては，自ら抱く心証を重視して，心証を固めた段階で勧告し，あるいは心証に応じた和解案を想定することになります。後者にあっては，裁判前の交渉経緯や当事者の意図を重視して進めることになるでしょう。そのほか，裁判官のそのときの事情が与る場合もあります。裁判官が多数の未済事件を抱えていたり，異動時期が迫っているような場合に，限られた時間の各事件への配分上，全体の事件の中から事案に応じて事件を選別して，とりあえず和解を勧告するといったことも例外的にあるかもしれません。このような場合でも，裁判官としては，当該事件の位置づけは十分にわきまえているはずですので，和解手続そのものを疎かにしているわけではありません。
　もちろん当事者からの要請に基づく場合もあります。この場合には，特

第10章 和解の試み

段の事情がない限り，当事者の意図を汲んで勧告することになると思われます。

3　裁判官は，判断に迷って判決を書きたくないから和解を勧めているだけということはありませんか。

　証拠調べをすっかり終えた後でも，証拠の評価をめぐって心証がいずれに有利ともいいがたい場合もありますし，結論が微妙であると感じる場合も少なくありません。先に述べたように，新しい形態の訴訟など結論を見通しにくい場合もあります。そのような複雑なあるいは微妙な事件では，裁判官の本音として和解してくれれば助かるということがあるかもしれません。しかし，裁判所にとっては，公正こそ命ですから，事件処理にのみ腐心するということはあり得ませんし，むしろ事件の落着きを考慮して積極的に和解を勧めたいと思うことが普通です。

　民訴法第89条（和解の試み）
　　裁判所は，訴訟がいかなる程度にあるかを問わず，和解を試み，又は受命裁判官若しくは受託裁判官に和解を試みさせることができる。

2　和解勧告の申出

4　当方から和解の申出をすることは，相手方には弱気とみられ，ひいては裁判所にも良くない印象を与えるのではないでしょうか。

　当事者の求めがあった場合に，当事者の意図にもいろいろあろうことは，裁判所も経験から理解しています。当事者にとっては，もともと事件が負けスジであると考えている場合や訴訟の進行状況から敗訴の可能性が高いと気づく場合だけではなく，早期に紛争を結着したいこと，執行費用を免れたいこと，レピュテーションリスクを避けたいこと等々の事情があるはずです。したがって，和解勧告の申出がされたことをもって，決裂の場合に裁判官の判断に影響を与えることはありません。

　どうしても，相手方に妙な勘繰りをされたり，申出の意図を察知された

第10章　和解の試み

くないという場合や，和解手続の進行に当たって相手方に高飛車に出られるおそれがあったり，相手方から申出の意図を利用されかねないと懸念される場合には，裁判官から職権による和解勧告をしてもらうという方法も考えられます。この場合には，裁判所書記官に率直に事情を伝えればよいでしょう。

5　前に和解勧告を蹴っているのですが，再度和解勧告の申出をすることや同じ和解案を申し出ることができるのでしょうか。

　和解の勧告に応じなかったにもかかわらず和解勧告の申出をしたり，いったん和解案を拒絶しながら同じ内容の和解案を申し出ることは，禁じられていません。ただ，このような場合に，和解の意向を裁判所に伝えたからといって，すぐに和解期日が指定されることはないと思います。既に結審しているような場合は，特にそうです。前の和解の交渉の経緯や前に和解を拒絶したときの事情，そのほか相手方の対応によっては，裁判所に受け入れてもらえない場合もあることは覚悟しておかなければならないでしょう。このような場合になお和解を希望するときは，あらかじめ相手方代理人に調整の余地があるかどうか確認したうえで，脈があるようならば，裁判所書記官に事情を伝えて申し出るという手順を踏むのが相当でしょう。

3　和解勧告の拒絶

6　既に長い間相手方と交渉を重ねてきたものの，らちが明かないので訴訟を提起したのですから，判決を出してもらって結着をつけたいのです。それでも勧告を受け入れるべきなのでしょうか。

　和解について，一般的にみて，必ずしも歓迎されているわけではないということは裁判官も理解しています。無理スジの事件で和解ねらいの訴訟というものがあることも認識しています。法律に照らしてどうみても請求が立たないとか，言い分が理不尽であるとみられる場合には，裁判所も和解を勧告しないでしょうし，また，腹案もなく無闇に和解を勧めることも

ありません。もっとも，裁判所としては，当事者の交渉の経緯や背景事情については知らないのが通常ですから，どうしても判決を求めたいと考えれば，その旨裁判所に申し出ればよいでしょうし，あるいは和解のテーブルに一応着いたうえで，率直に事情を述べることでも構いません。

しかし，裁判所から勧告があったということは，それなりの意味があるのが普通でしょうし，当事者にとっても，微妙な認定問題がある事件で判決を求めるというのはリスクがあるはずですから，和解のテーブルに着くことを一応は受け入れてよいと思います。その場合には，当事者側でも，それまでのいきさつを措いて，改めて事件についての見通しを省みることが必要でしょうし，翻って紛争の周縁の事情も考慮することがあってもよいでしょう。何よりも，和解が平和的な紛争の解決方法であり，時間と費用の負担を考慮した手段であることを認識しておくことです。

4 和解手続の進行

7 代理人から和解の場に出席しないように言われました。出席しないことによって裁判所から不信感をもたれることはないでしょうか。

代理人によっては，当事者の性質などを考えて，戦術として出頭させないようにすることがあります。裁判官から当事者に対して直接譲歩を促されることを嫌う代理人もいます。一方，裁判所としては，そもそも紛争の背景事情や当事者の和解に対する本意を知らないことが普通ですので，これまでの交渉経緯や当事者の意図を当事者本人から直接確かめたいとか，微妙な点について直に当事者本人から聴きたいと思うこともあります。このような場合に，法律上，当事者本人の出頭を命じることができるとされていますので（規則32条1項），裁判所が，出席を求めることがあります。もっとも，このような場合であっても，代理人の意向を尊重することは当然ですので，無理に出頭を求めることは控えることとなります。また，紛争の一挙解決を目的として，関連訴訟を事実上取り込み，それに関わる第三者に利害関係人として出席してもらうこともあります。

第10章 和解の試み

> 8 和解の場面で，相手方と別々に裁判官から話を聞かれました。相手方には時間をたっぷりかけていましたので，どのようなことが話し合われたのか不安です。

　和解の進め方について定めた法令はありません。対席同時面接の方法や交互異時面接の方法，さらにその双方を加味した方法などいろいろな仕方があります。現在では，多くの裁判官が当事者から交互に面接する方法をとっています。交互面接方式のほうが当事者の本音を引き出しやすいと考えるからです。裁判官によっては，当事者本人に対してコンサルティング機能を果たせることを理由とする人もいます。交互面接方式に対しては，特に学者サイドから，「司法の生命である適正手続が保障されていない」とか，「情報の分配に偏りがもたらされる」とか批判的な意見もあります。そこで，裁判官によっては，必ずしも多くはありませんが，双方を同席させてするべきであると考える人もいます。また，最初の期日には双方を同席させて聴き，その後は事情に応じて別席で進めることなどもあります。従前の交渉経緯に応じて，事案の性質に応じて，また，双方当事者の性質なども考慮して，きめ細かく手順が工夫されることもあるのです。

　いずれの方式で進める場合であっても，裁判所は常に双方当事者に対して公平中立であるということには配慮しているはずです。交互に面接する場合には，通常，一方との面接の際に得られた情報を他方に伝えることをしていますし，一方の面接に時間が多く割かれたとしても，おそらく事案の性質，争点への関わりの程度，その時点における心証の程度などによるのであって，それほど気にする必要はないでしょう。

> 9 裁判所から和解を勧告されたものの，和解案の提示はもとより，方向性も示されないので困っています。

　裁判官は，和解を勧告するときには，紛争解決の方向性について，一定の見解をもっているのが通常です。とにかく和解に委ねてみようということは，先に述べたような裁判官の手持ちの事件の状況などごく例外的な場

第10章 和解の試み

合を除き，あり得ないと思われます。

　かつて「和解裁判官になるなかれ」と言われて，裁判官が和解を勧めることを潔しとしない傾向があったことがあります。その根底には，裁判所に判決を求めてやって来た当事者の本意を踏みにじるものであるという考えがあったのでしょうが，同時に十分に審理を遂げないで，記録の検討も熟さない段階で，安易に一件落着を試みようという姿勢を排したものと思われます。定見もないまま「足して2で割る」式の和解や当事者の言うがままに右往左往するいわゆる漂流型の和解は歓迎されないでしょう。

　今ではそのようなことはないと信じていますが，万が一このような雰囲気が察知されれば，当事者としては辛いところでしょうが，きっぱりと突っぱねてもよいでしょうし，裁判所のテーブルを利用して，当事者同士が主体となって話合いを進めるつもりで，交渉の場を与えられたものと前向きに考えるしかないでしょう。

> [10] 裁判官は相手方の要求を伝えて，当方の主張の問題点を指摘するだけでした。裁判官は，和解の結論についてどう考えているのでしょうか。

　裁判官は，事件について見通しをもって，紛争の解決策として和解の方法を採用したわけですから，解決の道筋を描いていないとか，和解案をもたないということはないと思います。ただ，裁判官が冒頭に和解案を示すと，その内容において有利な当事者に譲歩を促すことが困難となり，交渉の余地がなくなってしまうと考えることがあります。そこで，裁判官としては，まずは双方の和解に対する考え方を聴き，それをそれぞれ反対当事者に伝えて検討を促すということがよくあります。記録をきちんと検討していれば，多くの場合には背景事情まで把握することができているはずですから，いずれ当事者のニーズをふまえた提案がされると思います。一方，事案によっては，当事者の意向を質す前に，積極的に和解案を提示するということもあります。この場合は，双方の交渉が既に行き詰まっていたり，互いに抜き差しならない状態にあるときに，一刀両断的に裁判所案を示し

第10章 和解の試み

て，双方に譲歩を促すことに主眼があります。

いずれの場合であっても，裁判所としては，双方当事者の事情を考慮して，交渉が円滑に進むように援助するための努力を惜しまないでしょう。

11 裁判官は，双方に矛盾したことを言ったり，相手方にも不利なことを言って，とにかく和解させようとしていませんか。

判決書を作成する負担が大きいからといって，裁判官が二枚舌を使うことはあり得ません。仮にそのようなことがあれば，和解の無効原因ともなります。ただ，当事者各自にとって，主張や証拠上の弱点や問題点を抱えていることが通常でしょうから，裁判官としては，当事者に対して，それぞれの弱点等を指摘して譲歩を検討させるため，一方に対して述べる事柄とまったく同じ事柄を他方に話しているわけではありません。当事者が和解に抱く懐疑については，十分認識していますから，できる限り，情報の共有化を図るように，通常，一方との面接の際に得られた情報を他方に伝えることをしています。当事者にとっても，せっかくの裁判所における交渉の場ですから，裁判所の公正さを信頼して，率直に思うところを述べるとともに，できるだけ多くの情報を引き出せるように努めるべきでしょう。

民訴規則第32条（和解のための処置・法第89条）
1 裁判所又は受命裁判官若しくは受託裁判官は，和解のため，当事者本人又はその法定代理人の出頭を命ずることができる。
2 裁判所又は受命裁判官若しくは受託裁判官は，相当と認めるときは，裁判所外において和解をすることができる。

5 和解の応諾

12 当方の主張に明らかに分があると思われるのに，裁判所の和解勧告を受け入れるべきなのでしょうか。何を根拠に受入れを決断するのでしょうか。当方の主張が認められるなら譲歩しないでもいいのではないでしょうか。

不本意な譲歩を強いられるような場合には，もちろん和解案を拒絶して

第10章　和解の試み

も差し支えありませんし，裁判所が勧めた案であるというだけでのむということは避けるべきでしょう。何よりも納得が大切です。応諾しないからといって，その後の裁判の進行において不利に扱われることもありません。ただ，裁判官からみると，一方にだけ有利な場合というのはそれほど多くはありません。訴訟の渦中にあると，自分側の事情しかみえないことがありますし，相手側の事情も自分側に有利にみたり，有利に解釈したりすることにもなりがちですから，このことはわきまえておいたほうがよいでしょう。したがって，当事者としては，裁判官から訴訟の帰趨に関するシグナルを読み取ることが重要であると考えます。また，当該裁判の勝敗のみならず，判決後のことも考えなければなりません。たとえば，判決結果の実現の程度も考慮されなければならないでしょう。たとえ請求が認容されても，控訴をされることは十分あり得ますし，控訴に伴い第1審判決の執行停止決定が出される場合もあり，さらに勝訴判決が確定しても，強制執行ができる適当な財産があるとは限らないことも考えておくべきでしょう。和解であれば，履行率は高いといわれていますし，また，履行に不安があれば，代表者等を利害関係人として参加させて連帯保証させるというような手段もとることもできます。繰返しになりますが，このような事情があるからといって，和解案が納得できるものでなければ意味がありませんので，軽々に応諾する必要はありません。

民訴法第264条（和解条項案の書面による受諾）
　　当事者が遠隔の地に居住していることその他の事由により出頭することが困難であると認められる場合において，その当事者があらかじめ裁判所又は受命裁判官若しくは受託裁判官から提示された和解条項案を受諾する旨の書面を提出し，他の当事者が口頭弁論等の期日に出頭してその和解条項案を受諾したときは，当事者間に和解が調ったものとみなす。

民訴規則第163条（和解条項案の書面による受諾・法第264条）
　1　法第264条（和解条項案の書面による受諾）の規定に基づき裁判所又は受命裁判官若しくは受託裁判官（以下この章において「裁判所等」という。）が和解条項案を提示するときは，書面に記載してしなければならない。この書面には，同条に規定する効果を付記するものとする。
　2　前項の場合において，和解条項案を受諾する旨の書面の提出があったときは，裁判所等は，その書面を提出した当事者の真意を確認しなければならない。
　3　法第264条の規定により当事者間に和解が調ったものとみなされたときは，裁判所書記官は，当該和解を調書に記載しなければならない。この場合において，裁判所書記官は，和解条項案を受諾する旨の書面を提出した当事者に対し，遅

第10章　和解の試み

滞なく，和解が調ったものとみなされた旨を通知しなければならない。

民訴法第265条（裁判所等が定める和解条項）
1　裁判所又は受命裁判官若しくは受託裁判官は，当事者の共同の申立てがあるときは，事件の解決のために適当な和解条項を定めることができる。
2　前項の申立ては，書面でしなければならない。この場合においては，その書面に同項の和解条項に服する旨を記載しなければならない。
3　第1項の規定による和解条項の定めは，口頭弁論等の期日における告知その他相当と認める方法による告知によってする。
4　当事者は，前項の告知前に限り，第1項の申立てを取り下げることができる。この場合においては，相手方の同意を得ることを要しない。
5　第3項の告知が当事者双方にされたときは，当事者間に和解が調ったものとみなす。

民訴規則第164条（裁判所等が定める和解条項・法第265条）
1　裁判所等は，法第265条（裁判所等が定める和解条項）第1項の規定により和解条項を定めようとするときは，当事者の意見を聴かなければならない。
2　法第265条第5項の規定により当事者間に和解が調ったものとみなされたときは，裁判所書記官は，当該和解を調書に記載しなければならない。
3　前項に規定する場合において，和解条項の定めを期日における告知以外の方法による告知によってしたときは，裁判所等は，裁判所書記官に調書を作成させるものとする。この場合においては，告知がされた旨及び告知の方法をも調書に記載しなければならない。

民訴法第267条（和解調書等の効力）
和解又は請求の放棄若しくは認諾を調書に記載したときは，その記載は，確定判決と同一の効力を有する。

6　和解による心証

13　当方のいない場で相手方が裁判官に述べたことが，裁判官の心証に影響を与えるということはありませんか。

　交互面接時での当事者の発言が裁判官の心証に影響を与えるおそれがあるとして，交互面接方式に反対であったり，そもそも判決をする裁判官が和解交渉を仲介すること自体を消極とする弁護士もいます。しかし，裁判官は，裁判上の和解について，和解の席における情報の偏在が問題とされていることも，一方当事者だけから得られる情報が危険であることも十分に認識しています。何よりも，最終判断が主張と証拠のみによって形成されるのは，法の要求するところですし，裁判官は，反対当事者のいない場で述べられたことなどに影響されない訓練もできているはずです。したがって，和解のときの当事者の態度などによって結論が変えられたりするということはないと断言できます。

第10章　和解の試み

14 裁判所からの和解の勧告を拒絶することは，その後の心証を悪くしないでしょうか。

　裁判官が和解の打切りを申し出た当事者を不利に扱うということは決してありませんし，裁判所の和解案を拒否したことが心証に影響を与えることもありません。このようなことを一切気にしないで，納得を第一と考えて対処すべきでしょう。自ら納得がいかない場合には，和解案を拒絶しても何ら差し支えありません。

15 和解手続において裁判所から示された心証と判決の理由とするところが異なっていました。そのようなことはあるのでしょうか。

　結論からいえば，和解手続において裁判所から示唆された心証が判決にそのまま反映されないことはあります。和解手続の時期が様々であることもさりながら，和解の目的と判決の目的に異なる部分があるからです。和解の時期と信用の関係からいいますと，たとえば，和解勧告は，主張整理がほぼ尽くされた段階でされることが多いといえますが，この段階では，弁論の全趣旨によって形成された心証に導かれているといえます。一方，早期に，極端な例では第1回口頭弁論期日に勧告されることもあります。言い分を尽くすことによって，当事者が意固地になったり，勝手な見立てをして事件が独り歩きしたりして，真の紛争解決から遠のくことが考えられるからです。この段階における心証は，極めて未成熟であって，和解による紛争解決の目的に力点が置かれることになります。
　次に目的からみますと，和解手続においては，その指導指針は，和解による紛争解決を目指すという目的に照らしたものです。当事者を説得するためにその時点における心証が提示されることがありますが，そこに示された心証は，あくまで和解を目的としたものと理解しなければなりません。その意味において，和解が決裂した場合に，示された心証と異なる判決がされることがあるわけです。もっとも，当事者の誤解を招くことがあってはなりませんので，裁判所にあっては，和解手続において開示される心証

第10章 和解の試み

の意味合いについて十分に理解が得られるように説明したうえ，説得のときの心証に関する説明の方法にも配慮が必要でしょう。

　和解手続における対応が，弁論の全趣旨として，心証形成に関わるかといえば，否定されます。裁判所からの和解勧告を受け入れないことも，同様に，心証形成に影響しません。裁判官は，和解の席で，当事者から述べられたことや対応の仕方や態度などに影響されないように自覚もし，訓練もできているからです。当事者にあっては，和解による紛争解決の成否のみに集中して対応すればよいでしょう。決裂した場合に裁判所の抱き得る心証などに顧慮する必要はありません。和解の席で不利な心証を示されたことをもって，その後の弁論において主張を変えたり，証拠の申出を追加することは，心証形成の上においても望ましいとはいえないでしょう。

16 和解の席では裁判官から有利な心証を示されたのに，判決では敗訴しました。

　和解手続において，裁判所から心証が開示されることがありますが，そこで示された心証にはいくつかの留保があると考えます。まず，その場合における心証は，その時点における暫定的なものであるということです。次に，その心証は，和解による紛争解決を目指すという目的に照らしたものといえます。判決の場合には主張や立証による制約がありますが，和解ではその制約からは解放されますので，そこで示される心証は，これらの制約のないところで当事者を説得するために示された裁判官の考えという側面もあります。

　その意味において，後に和解が決裂した場合に示された心証と異なる判決ができるかといえば，積極に解されます。もっとも，当事者の誤解を招くことがあってはいけませんので，裁判所にあっては，和解手続において開示される心証の意味合いについて十分に理解が得られるように説明したうえ，説得のときの心証に関する説明の方法にも配慮が必要でしょう。

　当事者においても，和解の場で，裁判所に示された心証の意味を質すことがあってもよいでしょう。

第10章 和解の試み

7 上級審における和解

17 控訴審で和解を勧告されました。第1審で勝訴しましたので，意外な感じがします。応じなければならないのでしょうか。

　上級審における和解の勧告や和解の手続は，下級審の場合と違いはないと思っていてよいでしょう。ただ控訴審では第1審の判決が既に存在するという点，上告審では裁判手続の最終段階であるという点と法律審であるという点から異なる部分があり得ます。たとえば，控訴審では既に第1審の判決があり，それを前提として，口頭弁論が開かれる前に事件について合議を終えているのが普通ですから，勧告は，多くは第1回期日に行われますし，訴訟の行く末を見据えてのものであり，和解案も練られていることでしょう。控訴審での和解の勧告が，必ずしも第1審判決を妥当としないと判断される場合に行われるとは限りません。判決手続によるならば第1審判決の結論を支持せざるを得ないと判断される場合であっても，紛争の解決として落ち着きが悪いとか，真の紛争の解決になっていないとか，残された問題があると考えられるような場合には，重ねて和解のテーブルを提供することがあるというわけです。第1審の判決が覆ることがないと考える場合であっても，履行の確保など，先に述べたような事情をなお考慮して，応諾するかどうかを決めればよいでしょう。

8 会社関係訴訟の和解

18 会社の取引について争われています。関係者が多数に上りますし，和解することによって株主代表訴訟を提起されることも懸念されますが，どのような配慮が必要でしょうか。

　会社関係訴訟が和解に馴染まないということはありません。会社関係訴訟では，多数のステークホルダーがいるので，それぞれに公平な目配りをする必要がある点において難しい場合があるでしょうが，和解に馴染むかどうかは，他の事件と同様，その事案の性質やそれまでの交渉の経緯によ

第10章　和解の試み

るといってよいでしょう。もちろん株主総会決議の取消訴訟，会社の合併無効の訴えなどの会社の組織に関する訴えなどは，第三者に対しても効力を有するので（会社838条），和解はできないことになります。他方，取引関係の争いは，むしろ和解に馴染むといえるでしょう。もっとも，取引関係の訴訟でも，和解の受入れ自体が，株主によって指弾され，株主代表訴訟を招くことにもなりかねないので，その内容はもとより手続上においても経営判断として遺漏のないように，あらゆる角度から十分な検討を経ておく必要があるでしょう。

19　株主代表訴訟において和解をすることができるのでしょうか。その場合に考慮することにどのようなことがありますか。

　株主代表訴訟においては，かつては和解ができないという考えがありました。株主には会社の権利を処分する権限がなく，自分だけの一存で紛争の帰趨を決めることはできないということを根拠とするものでした。今では和解ができることを前提に手続が定められています（会社850条）。株主と取締役の和解の承認をするに当たっても，会社としては，諸方面に目配りをしておくべきでしょう。

20　企業間紛争について，裁判所が和解を勧告する基準はどこにあるのでしょうか。当事者においては，和解を選択する基準をどのように考えておけばよいのでしょうか。

　和解の勧告は，当該事件が紛争の解決として互譲によることが最もふさわしいかどうかで決められるのが原則といってよいでしょう。背景の状況や関連する紛争を含めた抜本的な解決を目指すかどうか，過去の紛争そのものよりも将来のありようを見越した解決を図るかどうかなどによっても決められます。そのような積極的な目的がある場合とは異なり，判決による解決に違和感を覚えるような場合に消極的に勧試されることもあり得ます。判決に至る過程で得られた心証を前提にすると，結論において，落着

第10章 和解の試み

きが悪いとか，公平に悖るとか，不自然感が否めないという事情があるような場合です。さらには，双方の主張・立証からいずれとも決めがたいとして，立証相殺的な和解が図られることもあります。

以上のことは，企業間紛争においても同様です。もっとも，企業間紛争には，法律の解釈が争われたり，新規の法律問題を含んだりすることがよくありますので，このような場合には判決に託されることが多いといえます。なかでも企業間紛争で組織に係る紛争については，ステークホルダーや市場のことを考える必要がある場合があり，あるいは市場に予測可能性や行動準則を示す意味においても，判決が選択されることもあります。

裁判所から和解の示唆があったときには，当事者側から，裁判所に対して，その理由について踏み込んで尋ねることがあってもよいでしょう。

会社法第850条（和解）
1 民事訴訟法第267条の規定は，株式会社等が責任追及等の訴えに係る訴訟における和解の当事者でない場合には，当該訴訟における訴訟の目的については，適用しない。ただし，当該株式会社等の承認がある場合は，この限りでない。
2 前項に規定する場合において，裁判所は，株式会社等に対し，和解の内容を通知し，かつ，当該和解に異議があるときは2週間以内に異議を述べるべき旨を催告しなければならない。
3 株式会社等が前項の期間内に書面により異議を述べなかったときは，同項の規定による通知の内容で株主等が和解をすることを承認したものとみなす。
4 第55条，第102条の2第2項，第103条第3項，第120条第5項，第213条の2第2項，第286条の2第2項，第424条（第486条第4項において準用する場合を含む。），第462条第3項（同項ただし書に規定する分配可能額を超えない部分について負う義務に係る部分に限る。），第464条第2項及び第465条第2項の規定は，責任追及等の訴えに係る訴訟における和解をする場合には，適用しない。

# 第 11 章

裁判の終局

❁❁ 会社訴訟で勝つために ❁❁

　会社訴訟には，最近，破棄事例が多いといわれるが，必ずしもそうではない。世の耳目を引く裁判が結論を覆されることで，いっそう注目を浴びるのであろう。社会経済の動きにつれて会社をめぐる新たな法律問題が生まれ，また，会社法の規定ぶりが包括的であることも一因となり，いくつかの見解が対立するままに裁判所に持ち込まれる。裁判では，当事者間の利害のみならずステークホルダー，さらには他の会社にまで目を配るよう迫られることも判断を難しくしている。
　破棄の原因を求めて，著名な判例を覗いてみよう。
　事業再編における子会社株式の買取りに関して取締役の責任が問われた事件（アパマンショップ株主代表訴訟）では，原審は，買取価格の設定には合理性がなく円滑な買取りを進めるための調査検討も不十分であったとして，責任を認めた。買取価額が錯定評価額の5倍に当たるなどの事情からすると，道理のようにも思われる。しかし，最高裁は，事業再編に係る専門的判断として取締役の裁量権を最大限尊重し，善管義務に違背しないとした。
　従業員による売上げの架空計上につき，代表者にリスク管理体制構築義務違反があるとして，株主が会社に株価下落に係る損害の賠償を求めた事件（日本システム技術損害賠償訴訟）では，原審は，代表者の過失を認めた。事業部による組織的不正行為に加えて近時のガバナンス重視の趨勢からすると，支持を得られそうである。しかし，最高裁は，従業員の不正行為が巧妙で過去に同種不正もなかったことなどから予見できなかったとして，リスク管理体制構築に違反はないと判断した。
　これらの事例から，最高裁が何よりも時代や社会の受け止めようを敏感に察知し，利害関係者らを見渡した事件全容の「スワリの良さ」を重視している姿勢がうかがえる。
　それでは，会社訴訟に勝つための処方箋は何か。支持学説の指摘にとどまらず，諸説の利益衡量を綿密に行ったうえで，立法過程や実証により自説を補強するとともに，必要に応じて外国の立法例や実例を示してそれらとの適合性を明らかにすること。とりわけ，現在の社会経済が求めている価値を鋭敏にキャッチして，背景事実や関連事象を示しながら，裁判所が反対の見解を否定する不安を解消することが求められよう。要は，「スワリの良さ」を目指して主張を絞り出すことに尽きる。
　(「会社訴訟で勝つために」『Business Law Journal』(2015年6月号) 13
　頁より抜粋)

第 11 章　裁判の終局

❶　概　　説

　裁判所は，審理が完結したと判断すると，口頭弁論を終結して判決をする。口頭弁論の終結は，裁判所の職権に属する判断である。訴えが訴訟要件を欠き不適法であるときは，請求につき審理する必要がなく，訴えを却下する（訴訟判決）。裁判所は，請求につき本案判決をするに当たり，争いのある事実について真実と認めるべきか否かを判断する（法247条）。この場合の判断は，裁判所の自由な心証により行われる。認定された事実を基にして法律を当てはめ，そのうえで請求の当否が判断される。

❷　口頭弁論の終結

　裁判所は，訴訟が判決をするのに熟したときには，口頭弁論を終結する（法243条1項）。口頭弁論の終結は，裁判所の職権の判断によるが，どのようなときに弁論が終結するかといえば，事件の内容に応じて，立証の程度に照らして，当事者の訴訟活動を勘案して，裁量によって決められる。実際には，主張の追加の有無や証拠調べの要否などに関して当事者双方の意見を聴いて判断される。当事者から最終準備書面を提出したいとの意向が表されることがあるが，その提出を待たずに終結されることが多い。
　口頭弁論の終結は，その時点をもって判断の基準時になる。判決の言渡しによって生じる既判力も，その時点によって生じる。

❸　事実の認定・心証の形成

　事実の認定は，争いのある事実ごとに証拠によって認め得るかどうか判断される。その判断は，裁判所の自由な心証に委ねられている。裁判所は，証拠が信用できるかどうかという判断をしたうえ，その証拠から主張された事実を認定できるかどうかを判断する。いずれの判断も経験則に従う。

❹ 判決書の作成

　判決は，口頭弁論に関与した裁判官がする（直接主義。法249条1項）。当事者の申立てを越えて本案判決をすることは許されない（弁論主義。法246条）。
　判決の内容が確定したときは，判決書を作成する。判決書は，主文及び事実と理由から成る（法253条）。主文は，訴えに対する応答の結論部分である。そのほか訴訟費用の負担についての裁判（法67条）と仮執行又は仮執行免脱の宣言（法259条）が含まれる。事実として主文を引き出すために必要な主張が記載され，理由として主文を導く過程が示される。もちろん当事者，法定代理人，裁判所の記載が必要である。そのほか，判決書には終結日を記載しなければならない（法253条1項4号）。口頭弁論の終結の日が既判力の基準日になるからである（民執35条2項）。

❺ 判決の言渡し

　判決は，判決書の原本に基づき，言い渡される（法252条）。判決の言渡しは，期日を開いて行われる。
　判決は，言渡しによって効力を生じる（法250条）。確定判決は，主文に包含するものに限り，既判力を有する（法114条1項）。確定判決は，債務名義の一つとして，強制執行を実現する執行力をもつ（民執22条1号）。また，形成判決では，主文で宣言するとおりの法律状態を実現する形成力をもつ。
　判決の名宛人が誰であるか問題が生じることがある。選定当事者の訴訟では，判決の効力は選定当事者に生じるが，選定者にも効力が及ぶ（法115条1項1号・2号）。

📖　📖　📖

第11章　裁判の終局

1　最終準備書面の作成

①　最終準備書面の作成に当たって，どのようなことを注意すればよいでしょうか。

　最終準備書面は，証拠調べが終了した後で口頭弁論が終結する前に，提出の機会を与えられることがあります。この段階では，裁判所は，おおむね心証を固めているといえますが，最終準備書面によって既に抱いている心証を検証する作業が行われ，合議体では最終の合議が行われます。
　当事者にあっては，裁判所が当事者にとって有利な心証を固めることを助け，逆に裁判所が抱いているであろう不利な心証が固められることを阻止する最後の機会と捉えて，証拠に基づいたストーリーを提示するように努めるべきでしょう。そのためには，相手方の主張に反駁することを意図するより，裁判所に向かって，証拠調べの結果を基にしてストーリーの自然さを説くことが肝要です。場合によっては，自分側に有利な裁判例を引用して自己の主張と照合する作業をすることも有益でしょう。

②　最終口頭弁論期日を終えた後に不利な判決が予想されるときに，当事者として何かできることはありませんか。

　裁判は，口頭弁論が終結した時に終了するわけではなく，判決の言渡しまで続いていると考えるべきでしょう。もちろん最終口頭弁論期日までに主張と証拠の点検を何度も繰り返して，遺漏がないように努めるべきです。本人訴訟であっても，訴訟代理人による訴訟であっても，当事者とともに，終結後に，訴訟を振り返って，やり残したことはないかをあきらめずに探るべきでしょう。そして見落としを発見すれば，弁論再開の申立てを考えることもあってよいでしょう。
　不利な判決が予想されるときに最終段階になって忌避の申立てがされることがありますが，多くの場合は申立ての濫用として却下されます。むしろ訴訟経緯を振り返って，不足していた部分を虚心に顧みることのほうが

第11章 裁判の終局

重要です。場合によっては，再度の判断を仰ぐことも予想して，控訴準備をするくらいでありたいものです。

> **3** 会社訴訟で，それまで裁判所から争点整理としていくつかの指摘を受けてきましたが，判決をみて驚きました。判決では，指摘を受けた事項については，まったく触れられていません。今までの訴訟指揮は何だったのでしょうか。

　裁判は，当事者の主張を基礎にして取りまとめられた争点について，判断されます。争点等整理手続は，その字義どおり，当事者から提出された主張や証拠の整理をして早期に争点を取りまとめ，裁判を実りあるものにしようとするものです。口頭弁論手続も同様です。したがって，これらの場面では，当事者は自在に主張を展開することになります。この場合に，裁判所が当事者の主張を単に受け取り，両者のやり取りの仲介をするだけの漂流型の訴訟運営は好ましくありません。また，裁判官の思い込みから争点整理に突き進むのもいただけません。ただ裁判は，生き物といわれるように，流動的ですから，当事者においても予想していた展開と異なってくることもありますし，裁判官にあっても当初描いていたものとは異なる様相を呈してくることもあります。その意味で裁判官が見通しを誤るということもあります。

　専門訴訟において，裁判官の知見が追いついていないとの批判はよく受けるところです。裁判官といえども万般に通暁しているわけではありませんから，特に特殊専門分野における争いや新奇の争点を含む訴訟においては，当事者から積極的に資料を提示するように努力すべきでしょう。裁判官においても，率直に，わからないところはわからないという姿勢で臨んでよいと思います。このようなことからディベート型の争点整理あるいは弁論が推奨されることもあります。もっとも，これには，ディベート型といいながら当事者が好き勝手に議論を交わすだけで裁判官側の積極的関与がみられないという批判もありますので，その運営には一層真剣に取り組むことが望まれます。

第11章 裁判の終局

> 裁判における主張は当事者に委ねられるとする当事者主義は，判決にまで貫かれるべきものです。裁判官は当事者の主張に謙虚に耳を傾け，当事者は臆することなく裁判官に働きかけることが必要です。こうすれば当事者と裁判官の認識のずれは必ず防げるものと確信します。

4 審理の終結後に結論が変わるということはあるのですか。

　裁判官は，訴訟の経過に従い，主張の応酬とその態様，証拠調べの結果に従って，心証を塗り直していきます。したがって，終結段階までには紆余曲折があるのは間違いありません。そして，心証は，通常は，口頭弁論を終結した時点で完成するといえます。最近では，争点等の整理が尽くされ，証拠調べが集中して実施されていますので，心証は，証拠調べの結果により，いよいよ集中的に形成されるといってよいでしょう。たとえ集中審理が常態となっても，裁判官は，口頭弁論の終結後に，改めて訴訟記録を読み返して，それまでに抱いた心証を検証することを試みますので，その段階で心証が固められることになります。合議体にあっては，各裁判官が同様の作業をして合議し，さらに主任裁判官の起案を基に合議を重ねる作業を行って，最終的な心証が確認されます。最終的な心証がそれまでの訴訟経過とどうしても折り合わないと判断される場合には，弁論が再開されることもあります。

　当事者にあっては，最終準備書面を決してないがしろにしてはいけません。裁判所が当事者にとって有利な心証を固めることを助け，逆に裁判所が抱いているであろう不利な心証が固められることを阻止する最後の機会と捉えて，合理的で自然なストーリーを再構築するように努めるべきです。さらに，口頭弁論終結をもって訴訟の終了とすることなく，終結後にも訴訟の過程を検証し，その結果，裁判所に誤ったメッセージが届いたと懸念される事情や訴訟追行に足りないところが発見されれば，口頭弁論の再開を求め，あるいは事実上のものであっても補足書面を提出することを考えてもよいでしょう。

第11章 裁判の終局

2 訴訟の勝敗

5 訴訟の勝敗は，どのようにして決められるのですか。基準がありますか。

　紛争は，当事者間でその言い分が真っ向から対立し，あるいは抱いている正義感がぶつかるわけですから，そこには，必ずといっていいほど，双方に言い分があり，それを裏づける証拠もあり，その証拠の見方にも評価が分かれるということになります。このような事情を前提として，裁判は，当事者の主張を基に，争いのある部分について証拠によって事実を認定して，その認定事実によって，原告の請求が立つかどうか結着をつけるものです。

　したがって，民事訴訟の勝敗は，その大部分の事件で，事実の認定によって決まるといってもよいでしょう。事実の認定は，言い分の裏づけとしての証拠が存在するかどうか，その証拠が信用できるものかどうかの総合的な作業によって行われるといわれます。具体的にいえば，主張に無理がないか，筋が通っているかという判断を経たうえで，証拠もそろっているか，証拠としてあるのは文書か，本人の供述だけか，供述や証言に不自然さはないかどうかなどを総合して判断されることになります。この作業は，裁判官の自由な判断によって行われます（法247条）。裁判官の自由な判断といっても，いわゆるリーガルシンキングに基づくもので，その根底には経験則と論理法則があるはずです。そこで，勝敗を決する基準をあえて示すとなると，経験則と論理法則ということになります。

6 事件の落着きとかスワリということを聞くことがありますが，訴訟の勝敗も，このようなことで左右されるのでしょうか。

　事件を受理した段階から裁判の結着をつける段階までに，事件の落着きとかスワリということがいわれることがあります。事件を受理したときには，当事者の主張に無理があったり，常識に照らして不自然であると判断

第11章 裁判の終局

されたりするようなときに,「スワリが悪い」とか「スジが悪い」などといわれることがあります。また,証拠調べを終えた段階では,主張ごとに裏づけとなる証拠を照合してみると,主張が成り立つものの,紛争の解決として全体を俯瞰すると,落着きが悪いといわれることがあります。前者の場合には,その種の感覚をある程度大事にしてその後の訴訟運営を図り,後者の場合には,具体的妥当性を考慮して釈明を加えたり,あるいは公平の見地から信義則の判断を進めたりするなどの契機になることがあります。

　しかし,訴訟の勝敗は,あくまで主張する事実の存否によるものですから,落着きとかスワリをあまりに強調しすぎると,事実の認定がおろそかになりかねないということは,裁判官も自覚していると思います。

7 裁判において,結論が初めにあって,理由は後づけという人がいますが,そのようなことがあるのでしょうか。

　裁判は,それほど簡単に結論をみつけることができるものではありません。的確な争点の整理と集中証拠調べを経て,争点ごとに証拠の評価をして事実を認定していくという緻密な作業を経て,初めて結論に達するものです。

　結論が初めにあるというのは,おそらく,裁判官に対して,事件を見る眼や直観も大事であることをいったものかもしれません。あるいは,事件を受理しますと,訴状の審査によって直ちに訴訟要件に欠けることに気づくことがあり,また,訴状に記載された請求を裏づける事実や関連事実から紛争の背景や利害の対立状況などのおおよそを察知することがあります。これらの場面では,とりあえず訴えの却下の結論を出したり,裁判運営の一応の方針を決めたものの,その理由づけを後に起案したりするときや合議をする段階で振り返ることを捉えて,結論が先で理由づけが後にあると述べた言葉かもしれません。さらには,証拠調べ等の作業を経て事実の存否について結論を見い出したときに,その理由を記述するときの心気をいったものかもしれませんし,また,事実は明らかになったものの,その評価に迷いがあるときのことを指していったものでしょうか。

いずれにしろ，裁判の結論が事実認定作業という王道によって決められることには，疑問の余地はありません。

3 事実の認定

8 事実の認定は，どのようにして行われるのですか。

　事実の認定について，法律は，事実についての主張を真実と認めるべきか否かを判断すると規定しているだけです（法247条）。当事者が主張した事実の存否を決めるに当たっては，証拠調べの結果のほかに，弁論の全趣旨として審理に現われたすべての資料や状況が基になります。争点整理ということが厳しくいわれていますが，整理された争点ごとに，双方の主張に対して，証拠の裏づけがあるかどうか厳密に検討されます。争いのある事案では，ほぼすべての事案において，一方の主張を裏づける証拠にも必ず反対の証拠もありますから，両者の証拠が突き合わされることになります。

　事実認定を要する場面としては，当事者の言い分を成り立たせるための要素といえる事実（主要事実）が特定の証拠（直接証拠）によって直ちに認定し得る場合，直接証拠がない場合であっても他の証拠によって特定の事実（間接事実）を認定したうえ，その事実の積み重ねによって主要事実を推認する場合があります。主要事実を認定する場合，間接事実を認定する場合，間接事実から主要事実を推認する場合，そしてこれらの作業に当たっての証拠の評価をする場合，これらのいずれの場合にも，経験則や論理法則によって判断されます。

9 証拠の評価はどのように行われるのでしょうか。書証は証人よりも，証人は当事者本人よりも信用されやすく，裁判所の判断に与える影響が強いと聞きますが，正しいのでしょうか。

　書証は，文書の内容が固定的で揺らぎがないために，証明の対象が同一である場合は，証人や当事者本人よりも信用されやすいと一応はいえます。

第11章 裁判の終局

　また，証人は，当事者本人に比べて，紛争と利害関係が薄いということから，より信用ができると一応はいえます。しかし，いずれも一概に断定することはできません。

　書証といっても，いろいろあります。その文書の性質，たとえば公文書か私文書か，公証人の面前で作成されたものか，まったくプライベートに書かれたものか，その体裁，たとえば，作成者の署名と実印の押捺があるか，定型の様式を用いて活字で印刷されたものか，さらにはその内容，たとえば，交渉の経過を逐語的に記録したものか，訴えの提起後に振り返って記録したものかどうかなどによって，文書の信用度も異なってきます。

　証人についても，当事者との関係，たとえば，敵対的か，血縁関係にあるか，紛争との関係，たとえば，事件に関わっているか，利害関係が強いか，紛争との距離，たとえば紛争の現場で認識したか，後になって見聞したか，見聞の時期はいつか，記憶は定かかなどによっても異なります。もちろん，証人自身の事情，たとえば，年齢，仕事，社会的立場によっても，また，証言の態度や対応，たとえば，証言の正確さや首尾一貫性，証言が引き出された状況などに応じて，信用度が違います。これらの事情を考慮しながら，他の証拠とも照らし合わせて，不自然な点があるか，一般常識にかなっているか，首尾一貫しているか，特に客観的に動かしがたい証拠と矛盾していないかなどによって信用性が判断されます。一方，複数の供述が一致していても，同じ状況で同質の人たちが見聞したものであったり，口裏を合わせていたりするなどの事情も推察されますので，特に証拠の価値が増すことにならず，かえって信用できないとされる場合もあります。

　裁判官は，常に，以上のような事情を総合して，判断を積み重ねていくことになります。

10　弁論の全趣旨というのは，どのようなものですか。

　事実の認定に供される口頭弁論の全趣旨について，ここでまとめておきます。

　口頭弁論の全趣旨とは，審理に顕れた一切の資料で証拠調べを除いたも

のということができます。口頭弁論の場における当事者の態度や弁論の内容が代表的なものです。主張や証拠の申出の態様についていえば，たとえば，主張や証拠が最終段階になって提出されたり，前に強調していた主張や証拠が後に撤回されたこと，提出されるはずの主張や証拠が提出されないこと，証拠調べの対応が不誠実であったり，釈明に対して非協力的であることなどが挙げられます。そのほか，間接事実について当事者間に争いがないことも含まれます。ここにいう口頭弁論の全趣旨には，弁論準備手続や進行協議手続も含まれるといってよいでしょう。一方，和解手続における当事者の対応は，和解手続の進め方や当事者の態度の背景にもいろいろな思惑がみられるでしょうから，弁論の全趣旨として考慮することを控えなければなりません。

　口頭弁論の全趣旨は，それだけで事実の認定をすることができるといわれますが，弁論態度などを平板に観察して，安易にこれに寄りかかることには警戒しなければなりません。

11　証明度というものがあるのですか。民事裁判においては，刑事裁判に比べて低く，70％などといわれていますが，そのとおりでしょうか。

　証明度について，質問を受けることがありますが，その度にとまどいます。証明度という場合に，おそらく証明の対象である事実が認め得る場合の裏づけの程度ということを意味しているのでしょう。これを立証する側からいえば，立証に成功したといえる程度ということになるのでしょうか。もっとも，証明度を割合で示すことが，実践上どのような意味があるのでしょうか。その割合に従って立証を終える指標になるということはあり得ないでしょう。裁判所においても，事実を認定する場合に証明度の割合を意識することはありません。

　裁判上の真実については，科学的真実と異なり100％ということはあり得ません。一方，証明に対して疎明が対置されますが，疎明は，迅速な処理を要する事項や手続問題などについて，即時に取り調べることができる

第11章 裁判の終局

ものによって，真実であるとの心証が確信にまで達しなくても，一応確かであろうとの程度で足りるといわれます。これらのことも参考にして，「証明された」ということは，一般に，対象の事実が高度の蓋然性をもって真実らしさを備えた場合といわれます。ときには，あらゆる合理的疑いを消す程度の真実らしさなどといわれることもあります。施術と障害の因果関係の証明についてですが，通常人が疑いを差しはさまない程度の確信が要求されるとした判例（最判昭50・10・24民集29巻9号1417頁・判タ328号132頁・判時792号3頁）もあります。これらのことを意識に置きながら，裁判官は，当該事実について証明されたかどうかの心証を形成していきます。

そして，裁判所がある事実について上記の程度の心証を得れば，他の証拠調べをしなくてもよいということになり，証拠の評価を尽くしてなお真偽不明のときは，当事者のいずれが立証すべき責任を負っているかによって決めることになります。

12 当方の主張する取引には，契約書面がありますので，裁判所には疑いのないところとして受け入れられると思っていたのですが，それにもかかわらず，関係者の証拠調べを重ねています。何とかならないのでしょうか。

契約書面は，一般に，作成者の署名捺印があり，体裁が整っていれば，いわゆる処分証書として，そのとおりの内容の合意がされたことが認定されることが多いといえます。書証があるときに，特段の事情のない限りは，その記載や体裁から，記載どおりの事実を認め得るとして，合理的な理由を示すことなく排斥することは理由不備であると指摘する判例もあります。

しかし，相手方当事者から，その作成過程や意図した内容と異なる事情などの主張がされて，文書の記載に従った事実を争われることが多いのが現実です。そのような場合には，契約書面だけからは合意の内容についてなかなか心証がとれないこともあります。その作成経緯やその他の証拠から内容どおりには認めがたい事情が証明されれば，さらに他の証拠の取調べを開始せざるを得ない場合もあります。このような事情に応じて，契約

第11章　裁判の終局

書面とその他の証拠とを照らし合わせて，合意の存在について判断されることになります。

　上記のような意味で，契約書面などの書証にも，絶対的な証明力があるとはいえませんので，訴訟に当たっては，あらかじめ周辺の事情にわたる証拠を準備しておくことも求められます。

13　株主総会の決議取消訴訟において，主要な事実には争いがありません。この場合に，その事実の評価がどのようにされるか不安です。

　株主総会の決議取消訴訟といっても，同族会社のような場合には，会社の内情，紛争前の株主総会の実情や開催の経緯など背景事実などが争われる場合もあります。この場合には，親族間の紛争と変わりはありませんので，当事者本人や関係者の取調べが行われることがよくあります。一方，公開会社の訴訟では，主要事実について争いがないが，その決議の評価だけが分かれることもよくあり，この場合には，双方から複数の意見書などが提出されることもあります。

　一般に，裁判官の認識においては，事実の認定においても価値判断的なものがないとはいえないことを心得ていますから，事実の評価だけが争われている場合には，一層慎重に臨んでいるものと思いますが。したがって，事実の認定とその評価において心証の形成にはそれほど違いはないと考えているのではないでしょうか。その前提に立って，事実の評価や法規の解釈に当たっては，同種事例による裏づけや実証的効果などを見極めて，さらに波及効果や同種事案に対する影響なども考慮して，最良の選択をするように心掛けているものと思います。選択に当たってはもちろん，良識ある通常人としての考え方や常識に沿うように合理性の尺度で判断されていることでしょう。したがって，当事者としても，意見書を提出するに当たっても，これらの実証的資料で裏づけるようにすることが望ましいと思います。

　会社関係訴訟は，裁判自体が対世効をもつことが普通であり，また，会社法が包括的で，そのため規定を補ったり，解釈指針を示したりすること

第11章 裁判の終局

が求められることになり，しかも公開会社や大規模会社の事例ではステークホルダーが多数に上りますので，裁判における判断が，多くの他社の将来の会社運営の指針とされるなどの事実上の効果があることもあります。これらのことを考慮して，より慎重に判断されているものと思われます。

民訴法第247条（自由心証主義）
　　裁判所は，判決をするに当たり，口頭弁論の全趣旨及び証拠調べの結果をしん酌して，自由な心証により，事実についての主張を真実と認めるべきか否かを判断する。

4　心証形成

14　心証の形成という言葉をよく聞きますが，事実の認定とは異なるのですか。

　心証の形成という場合にも，いろいろなニュアンスがあるようです。要証事実の存否について，証拠の証明力を評価し，弁論の全趣旨も考慮に入れながら，判断を形成していくことといってよいでしょう。事実の認定の作業を進める過程において裁判官の抱く認識の程度や進み具合に照射した言葉といえます。
　心証の形成は，証拠調べの結果と口頭弁論の全趣旨を総合して行われるものですから，一本の筋を示すことはなかなかできません。心証が作られていく過程をあえていいますと，まずは争いのない事実をふまえたうえ，その作成者，体裁，内容などに照らして信頼度が高いとみられる書証などから確度をもって認定できる事実を踏み台にして，さらに次の事実の認定を進めることになります。進んで，これらの動かしがたい事実を基にして他の証拠の価値をみていくことになりますが，その場合に動かしがたい事実と相容れない証拠は排斥されることになるでしょう。そのうえで，これらの動かしがたい事実などが整合しないとき，あるいは全体を見渡して不合理なところがあるときなどは，重ねて証拠の評価や事実の認定を見直したり，それまでに立てた仮説を練り直したりします。これらの作業を通じて心証を固めていくことになります。

第11章 裁判の終局

15 心証はどのようにして形成されるのですか。ストーリーの合理性が決め手であるとも聞きますが，ストーリーの合理性とは何をいうのでしょう。

　心証は，過去の出来事について，仮説を立ててその真実性について推論する作業であるといわれます。事実認定に当たっては，動かしがたい核となる事実を見つけ，それらを有機的に繋いでいって，一定のストーリーが仮説として構築され，その仮説を説明できない証拠が出てくれば新しい仮説を目指して見直していく作業を重ねて，ストーリーの合理性を検討していくことであるとはよくいわれることです（司法研修所編『民事訴訟における事実認定』〔法曹会，2007年〕）。この場合に，動かしがたい事実としては，争いのない事実があり，成立について合理的疑いをはさまない書証があります。この作業は，既に当事者の主張の段階から始まっているといえます。当事者双方からは，それぞれ主張の展開によってストーリーが提示され，それを対比して合理性を判定することになりますが，双方のストーリーにほころびが見当たらないときは，証人調べによって判断が進められます。さらに，いずれにも不自然さを拭えないときには第3のストーリーを見出すこともあります。

　ストーリーの合理性とは，よくいわれる「スジとスワリ」と相通じます。スジのよい事件とかスワリのよい結論というときは，社会通念上，争いの端緒から解決に至るまでのストーリーに自然さがあり，合理性があり，さらには正義や公平にもかなっているということですから。

　もっとも，ストーリー性を過度に重視しますと，安易な事実認定に堕すおそれがあることには注意しておいてよいでしょう。根本には，やはり争点ごとの主張と証拠による裏づけがあると思われます。

　当事者にあっては，心証の形成がただでさえみえにくいうえに，心証がおよそ非合理な裁判官の勘にすがる面があることを覚悟して，心証をできる限り顕在化して，かつ，検証可能となるように，裁判官と対話をし，場合によっては裁判官に質問をし，さらに討議をすることも必要になるでしょう。そのうえで，採用され得る経験則の反証や特殊事情の提示とその裏

第 11 章　裁判の終局

づけの証拠を検討すべきことになります。

16　心証の形成は，要件事実ごとに行われるのですか，要件事実を離れて紛争をみつめることによって行われるのですか。

　このことは，かつてよく議論されたことがありました。紛争が社会的事象として存在し，それの解決策を見出すために要件事実があることからいえば，要件事実を離れて紛争そのものをみることが正しいといえます。しかし，社会的事象の全体をつかんでみようとすれば，ややもすれば裁判官の個性による緩みや歪みが生じ得ることが懸念されます。そのために，認識や判断の正確さを担保するために，要件事実ごとに，さらにその細部ごとに検討することも求められるというわけです。安易な，あるいは思い込みの仮説に捕らわれて，その仮説にとって不都合な事実に目をつむることがあってはなりません。

　要は，事実をミクロにもマクロにもみるということでしょう。当事者にあっても，ストーリーを検証するうえにおいては，この作業を怠ってはいけません。

17　心証形成の基準になるものは何でしょうか。

　口頭弁論の全趣旨と証拠調べによって心証を形成するに当たり，その指導規範の核になるものは経験則といえます。経験則は，主張あるいは主張された事実の存否について，一般的に経験され得る事柄として存在するものかどうかによって判断される規範といってよいでしょうが，端的にいえば，ある事象が通常このように生じるとか，人は通常このように行動するということです。経験則の当てはめ作業に当たっては，経験則に合致していると判断された事実であっても，当該訴訟内で明らかに存在されると認められる事実と矛盾なく存在するかどうかによってさらに経験則自体が検証される必要があります。裁判官においては，経験則が，字義どおり，広く共通に受け入れられるものであるかどうか自己検証することが必要でし

第11章 裁判の終局

ょう。

　一方，当事者にあっては，自らの訴訟追行行為や態度が弁論の全趣旨として考慮されることを認識して信義誠実を旨とするとともに，経験則の当てはめに関しては，自分側に有利な経験則の発見に努め，あるいは経験則を破る特殊事情を示して，裁判官に働きかけて，ときには主張を展開したり，証拠による裏打ちを求めるべきでしょう。特に，専門訴訟における知見については，何をもって経験則とするかについて，裁判所と共有できるようにしておく必要があります。

18 心証はいつ形成されるのでしょうか。

　心証は，通常は，口頭弁論を終結した時点で完成するといえます。最近では，争点等の整理が尽くされ，証拠調べが集中して実施されているので，心証は，証拠調べの結果により，いよいよ集中的に形成されるといってよいでしょう。集中審理が常態となっても，裁判官は，口頭弁論の終結後に，改めて訴訟記録を総覧して，抱いた心証を検証することを試みます。その結果，前に抱いていた心証と異なることもあり得ますが，多くの場合は，既に形成された心証を確認することになります。合議体にあっては，各裁判官が同様の作業をして合議し，さらに主任裁判官の起案を基に合議を重ねる作業を行って，最終的な心証が確認されます。最終的な心証がそれまでの訴訟経過とどうしても折り合わないと判断される場合には，弁論が再開されることもあります。

　当事者にあっては，口頭弁論終結をもって訴訟の終了とすることなく，裁判所による心証が動くこともあり得ることを考慮して，終結後であっても訴訟の過程を検証するべきです。その結果，裁判所に誤ったメッセージが届いたと懸念される事情や訴訟追行に足りないところが発見されれば，口頭弁論の再開を求め，あるいは事実上のものであっても補足書面を提出することを考えてもよいでしょう。

第11章　裁判の終局

19 心証は，どのようにして作られていくものですか。それがわかれば，訴訟の戦術も立てやすいのですが。

　心証の形成について，当事者の側からまとめておきましょう。
　第1に，心証は，口頭弁論の全趣旨と証拠調べの結果によって形成されます。口頭弁論の全趣旨として，本来の口頭弁論のみならず弁論準備手続や進行協議の過程における一切の資料が考慮されます。その中には，当事者の訴訟行為とこれに準じるもの，さらには，訴訟行為に携わる人の個性も含まれるともいわれます。当事者においては，まずは，心証形成には当事者の訴訟追行が与っていることを自覚しておくべきでしょう。
　第2に，心証は，徐々に形成されていくということです。争点整理手続において，主張とともに書証や陳述書を調べる過程で暫定的に形成され，集中証拠調べの中で吟味検証がされていきます。集中証拠調べの採用によって，当事者双方からの申出証人が一挙に調べられ，その信用性の比較検討がしやすくなり，心証が形成されやすくなったといえます。見方を変えれば，集中証拠調べのもとにおいては，心証の形成において，当事者がより大きく関わっているといえます。
　第3に，心証の形成が，裁判官の全人格的判断に従うともいわれるとおり，それだけに裁判官の経験と知見によって，形成される心証が異なることはあり得ます。特に，新しい法律事象が問われる事案や専門的知見が要求される訴訟では，当事者の果たすべき役割は大きいといえます。
　裁判において裁判所と当事者との協働が重視される近時においては，争点の明確化や証拠の整理の作業を通して心証の形成に当事者が能動的に関与する度合いが一層大きくなります。また，心証の形成が，上記のとおり，裁判官の個性に負っていることを振り返れば，当事者において，訴訟の過程を通じて裁判官の個性を見極め，それに見合った追行をし，ときには裁判官の歪みに対して警鐘を鳴らし，自ら専門的知見を補うような気概があってもよいでしょう。

第11章　裁判の終局

20　担当の裁判官が，自分の思い込みで事実をみているような気がしてなりません。何とかならないでしょうか。

　裁判官が，事件に対して思い込みや偏見をもつことはないと確信したいところです。裁判官にそのような素振りがみえるとすれば，事件の内容や性質のほか，おそらく裁判における訴訟当事者の態度や対応が与かっているのではないでしょうか。裁判官は多数の事件を抱え，その時間も限られていますから，事件の性質や規模に応じて，自らの経験知から，ある程度の評価を下して，事件管理をすることになり，場合によっては早期に事件の見通しを立てたり，事件の進行管理のうえで仕分けをしたりすることもあり得ます。このことが当事者からすると予断や思い込みと映るのかもしれません。たしかに，経験を積んだ裁判官は多数の事件処理を通じて，見通しを立てがちですが，あまりに事件の類型化を試みることは，予断にもつながりかねませんので，注意を要します。

　当事者にとって，裁判官に思い込みなどがあることの懸念が察知されれば，思い込みと思われる事項に絞って，要約追加準備書面を出したり，証拠説明を加えたりするなど工夫をして，正攻法で立ち向かうのが賢明と思います。偏頗な裁判のおそれがあるとして忌避の申立てをすることも考えられなくはありませんが，奏功しないでしょう。

21　裁判官から心証の開示はされるものでしょうか。どの時期を選んで開示されるのですか。

　裁判官が心証を開示すべきかどうかについては，かつては争いがありました。消極意見は，開示することによって，その後の訴訟を錯綜させる懸念があるといいます。不利な心証の開示を受けた当事者側が，さらに主張を費やしたり，証拠を提出したりすることになるというわけです。一方，積極意見は，心証の開示によって，主張の展開を主導し，証拠の整理にも資するといいます。当事者にとっては，自分の紛争の始末に関わることですから，自己決定するための資料を必要とするのは当然であるというわけ

第11章　裁判の終局

です。

最近では，心証の開示を積極的にすべきであるという考えも多くみられます。心証の開示によって，当事者とその後の訴訟追行の方針を共有しようとする意図によります。たとえば，裁判が終盤に差し掛かったときに，証拠調べの必要性について検討する必要が生じたような場合が挙げられます。また，和解を勧告する場合や和解の席で説得するときにも心証が開示されることもあります。いずれの場合にも，相手の反応などもみながら，慎重に行うべき場合があるのも否定できません。事案の性質や過去の訴訟追行の態様によっては，開示することが控えられることもあるでしょう。一方，開示によって懸念される事態は，開示の時期を選び，その方法を工夫することによって，さらには毅然とした訴訟進行を図ることによって，避けることができるはずです。

22　裁判官の抱いている心証がつかめません。裁判官の抱いている心証をどのようにして把握すればよいのでしょうか。

心証は，当事者からみれば，なかなかつかめないと思います。そもそも裁判官自身も，心証を客観化できているかといえば，疑わしいといえます。心証の形成は，裁判のステージに応じてそのつど塗り替えられながら徐々に作られていくものですから，当事者からはなお一層みえにくいということになるのでしょう。心証が明示されない場合であっても，たとえば，裁判官の釈明や訴訟指揮によって，裁判官が考えているところをみつけることができることもあります。補充質問によっても，同じことがいえます。

当事者にあっては，心証の形成がただでさえみえにくいうえに，心証が場合によっては裁判官の勘にすがることがあることを覚悟して，裁判の過程において，裁判官と対話をし，場合によっては裁判官に質問をするなどして，できる限り心証をつかみ得るように努め，必要に応じてストーリーを練り直す必要もあるでしょう。裁判官の訴訟指揮や補充質問などから裁判官が何を考え，どのような心証を抱いているかを察知し，さらには，裁判所の訴訟指揮が従前と大きく異なるような場合には，裁判所にその理由

第11章 裁判の終局

を尋ね，ひいては心証をうかがうことがあってもよいでしょう。場合によっては経験則や専門的知見などに関して裁判所に積極的に情報を提供し，説得することに努めなければならないこともあります。

23 良い心証を得るために，また，悪い心証を消すために，どのようなことを心掛ければよいでしょうか。

　第1に，訴訟の始まる前の準備に全力を尽くすべきです。当事者から言い分を子細に聴き取り，証拠となり得るものを示唆して提出を求めてすべてを検討して，紛争の実体をよく把握して，ストーリーを練り上げてみることが必要です。ストーリーの自然さをあらゆる角度から検討することは最も大事といえます。そのうえで，心証の見通しを立てて，早期に紛争の落ち着きどころを予測しておくべきでしょう。第2に，主張の展開において，無理がないことを心掛けることです。裁判所の抱いている心証を予測しつつ，常に，紛争実態から離れずに事実の主張と法律の構成ができるように目指すことが求められます。証拠の申出においては，良質で適量の証拠を志向するように心掛けたいものです。第3に，訴訟追行において，信義誠実を心掛けることです。相手方との応接や証人との関わりにおいて，丁寧に誠実に向かい合うことが肝心といえます。裁判所に対しても適切な対応をすることが重要で，釈明に応じないとか，証拠提出を促されても適切に対応しないことでは良い心証を得られないでしょう。第4に，心証が予想に反して不利であるとみられるときは，それまでの訴訟追行を検証して，主張と証拠の足りない部分を補うか，場合によってはストーリーの変更など方向転換するか，さらには和解勧告を求めるか，決断することになります。第5に，経験則と専門的知見について，裁判所と共有できるように，裁判所に積極的に働きかけることが求められます。

　いずれの場面でも，柔軟な思考と謙虚な態度が求められます。

第11章　裁判の終局

5　合　議

24　裁判の合議は，どのように行われますか。

　合議体裁判所では，訴訟の進行については，節目節目で，合議が行われます。特に，主任裁判官と裁判長の間では，きめ細かい打合せが行われます。事件を受理した段階から裁判の結着を目指して，そのつど，たとえば，主張について釈明をするか，補充の証拠調べをするか，判決か和解による解決を選択するか，口頭弁論の再開をするかなどについて，合議を重ねています。

　ここでは，裁判の終着における評議について説明します。合議体の評議は，裁判長が開いて整理し（裁75条2項），評議においては，裁判官は，意見を述べなければならないと規定されています（裁76条）。評議は，早い段階から随時に行われていますが，特に合議で判決による結着を図ることとした場合には，自ずから判決書の作成を意識して行われます。通常は，争点整理の終了段階，証拠調べを終えた段階，判決起案の段階ごとに，行われるようです。この場合に，争点の整理，争点ごとの主張の是非，裏づけとなる証拠の有無，証拠の評価などが行われることになります。裁判長も最も経験の少ない左陪席裁判官も，その意見の価値においては同等といえます。実務では，主任裁判官——通常は最も経験の少ない左陪席裁判官ですが——から意見を述べ，ついで右陪席裁判官，最後に裁判長という順序で意見を述べていくのが普通ですが，飛び乗り飛び降り自由などと称して，侃々諤々自由に討議されているとうかがいます。

25　合議体で意見が異なることはあるのですか。結論や賠償額に不一致がある場合は，どうするのですか。裁判長の意見に従うことになるのですか。

　合議体で意見が分かれることは，それほどまれではありません。各裁判官とも人生経験が異なるのはもとより，裁判官としての経験も考え方も異

第11章　裁判の終局

なるのが普通ですから，意見が異なるのはむしろ当然といえます。しかし，討議を重ねることによって，多くの場合は意見が一致してきます。この場合でも，妥協がされたというわけではありません。各裁判官とも自然に納得に導かれるものでなければなりません。経験の豊かな者の意見が優れているとも限りません。場合によっては，裁判経験の浅い若手裁判官の考えが的を射ていることに気づくこともあります。どの裁判官も，やむを得ず多数に従ったという経験はないのではないでしょうか。フランスの最高裁判所の調査官について，その構成を「老・壮・青」とされていることを聞いたことがあります。多様な考えから結論を導こうとするデカルトの国らしいと思いました。

　評議を尽くしても，意見の一致をみないときは，過半数の意見により決められます。また，損害額などの数額について意見が分かれたときは過半数になるまで最も多額の意見の数を順次少額の意見の数に加え，その中で最も少額の意見によって裁判すると規定されています（裁77条）。このことは，主文についてだけではなく，理由についてもいえます。

26　裁判官の個人的考えとか思想が判決に影響することはありませんか。

　裁判官は，良心に従い，独立して裁判を行い，憲法と法律にのみ拘束されることが憲法において定められていますが（憲76条3項），ここにいう良心は，客観的良心といわれているように，あくまで個人的な思想信条を超えたものでなければなりません。裁判官は，諸々の判断をする過程で，個人としての情意が入ることを避けがたいものと覚悟したうえ，法律の解釈においてはもちろん，事実の認定においても，価値判断的要素がまったくないとはいえないことを自覚しています。そのうえで，裁判官は，自己の内部に批判的他者をもって自分の考え方や自ら作った仮説を自己検証するように努めるようにしています。そのために，各裁判官は，任官以来，研修や座学を通じて，いろいろな場面で，訓練も受け，自らもあらゆる機会を捉えて自己研鑽に努めているものと思います。かつては，裁判官の公正

第11章　裁判の終局

さとか公正らしさを担保するうえで，裁判官が世間と交わることを自己規制する風があったとうかがいますが，今日では自分の視野領域を狭めることのないように，普段からできるだけ各種研究会などに積極的に関わることが求められています。

　以上のとおり，単独の裁判であっても，個人の信条などによって判断されることはあり得ませんし，合議体の裁判では，合議によって公正さが担保されます。いずれの場合にも，歪みがあれば，上訴制度によって是正されるようになっています。

裁判所法第75条（評議の秘密）
　1　合議体でする裁判の評議は，これを公行しない。但し，司法修習生の傍聴を許すことができる。
　2　評議は，裁判長が，これを開き，且つこれを整理する。その評議の経過並びに各裁判官の意見及びその多少の数については，この法律に特別の定がない限り，秘密を守らなければならない。

裁判所法第77条（評決）
　1　裁判は，最高裁判所の裁判について最高裁判所が特別の定をした場合を除いて，過半数の意見による。
　2　過半数の意見によって裁判をする場合において，左の事項について意見が3説以上に分れ，その説が各々過半数にならないときは，裁判は，左の意見による。
　　一　数額については，過半数になるまで最も多額の意見の数を順次少額の意見の数に加え，その中で最も少額の意見
　　二　刑事については，過半数になるまで被告人に最も不利な意見の数を順次利益な意見の数に加え，その中で最も利益な意見

6　判決書の作成

27　判決書はどのような手順で作られるのですか。最終口頭弁論期日後に作成されるのですか。

　判決書の作成の手順は，裁判官によって違うでしょうし，事件の規模などによっても異なるでしょうが，一般的にいえば，徐々に作り上げていくというのが通常かもしれません。的確な争点の整理とこれに基づく集中証拠調べがされていれば，争点整理を終えた段階でおおむね主張の整理ができているはずですから，単独体の場合は，判断の前提となる主張や争点については起案できていると思います。判決の理由は，証拠調べの結果を総合して判断されるものですから，理由部分は，通常は，証拠調べが終わっ

第11章 裁判の終局

た段階で起案されます。合議体の場合は，主任裁判官が起案をして，右陪席裁判官，裁判長の順に点検をしていきます。主任裁判官は，単独裁判官と同様，主張や争点は早い段階で起案を終えているのが普通でしょうが，節目節目で3人又は5人の裁判官が討議して心証を作り上げていますから，判決の理由部分も終結後直ちに起案に着手することでしょう。最終口頭弁論期日に，最終準備書面が提出されたような場合には，それを基に証拠の見直しや，起案の練直しが行われることになります。

28 判決の言渡しの期日が最終口頭弁論期日の3か月後に指定されました。判決の言渡しまでに，一体どのような作業が行われているのですか。

　判決書は，前に述べましたとおり，事件によっては早いうちから作成に取り掛かっています。早期の的確な争点整理と集中証拠調べを旨とする現在の訴訟手続からすると，審理が終結に向かうと，自ずから判決の起案も終結に近づくといってよいはずです。ただ，事件が複雑であったり，新奇の問題があったりするときなどは，簡単にはいきません。早い段階から，合議を重ねているとはいえ，裁判の進行に伴い，次から次へと新たな問題が提起されたり，証拠の評価の見直しや仮説の練直しを迫られたりすることがしばしばです。また，最終段階になって当事者から総括的な大部の準備書面が提出されることもありますので，このような場合には終結後に事件の再検討を余儀なくされることもあります。どうしても腑に落ちないときなどには，釈明をするために，あるいは補充の証拠調べをするために，思い切って再開をするかどうかの決断を迫られることもあります。当該事件の判決書の起案の間も，その作業に専念できるわけではなく，他の事件の法廷の立会いや記録読みもあります。このような事情から相当の時間が必要となるというわけです。

　以上のような事情からすると3か月の期間は，起案する裁判官にとっては長いと感じていることはないと思われます。それでも当事者が不安を感じながら結論の提示を待っていることを考えると，どの裁判官も，1日で

第11章 裁判の終局

も早く言渡しをしたいとは思っていることでしょう。

29 判決書の体裁にもいろいろあるようですが，作成基準がありますか。

　判決書の体裁に決まりはありませんが，おおむね1行における字数などの体裁や作成要領が共有されているといえます。そのほかは，各裁判官の裁量に委ねられているとはいえますが，自由気ままに作成してよいというものでもありません。公文書として自ずから制約もあるといってよいでしょう。

　判決の内容については，法律は，事実の記載について，請求を明らかにし，かつ，主文が正当であることを示すのに必要な主張を摘示することと掲げるのみです（法253条2項）。判決は，訴訟当事者に宛てて裁判の結論を知らせるものですから，何よりも訴訟当事者にとってわかりやすいものである必要があります。また，判決書の作成に当たっても，民事裁判の理念が貫かれるべきでしょう。争点の整理とこれに基づく集中証拠調べによる審理が，判決書にも反映したものでなければなりません。当事者主義の根本義を果たすためには，双方から提出された主張や証拠について，過不足なく丁寧に判断が示される必要もあります。

30 判決書を見て驚いたのですが，抗弁をいくつか順序立てて提出したのに，勝手に選択されて判断されました。

　裁判においては，請求とその原因として主張されていることは，すべて判断しなければならないというのが原則です。争いのある部分ごとに証拠の裏づけによって主張された事実が認定できるかどうかを判断していくことになります。反論がある場合も同様です。

　いずれの場合においても，論理的に必要がない場合は，当然判断するには及びませんし，請求の当否の判断に必要最小限の範囲で判断すべきといえます。たとえば，請求原因事実として複数あるうちの1つが認めがたいときには，他の事実の認定に立ち入る必要はないことになります。損害賠

償請求訴訟において，第1に行為と損害発生との間に因果関係がないと争い，第2に不法行為に故意過失がないと争われている場合に，請求を棄却するときは，そのいずれから判断して結論を導いても差し支えないことは明らかでしょう。他方，主張が数個提出されているときに，請求が理由あるとするためには，主張の1つについて判断すればよいということになります。同様に，抗弁がいくつか出されている場合に，その1つが認められて請求が棄却になる場合は，他の抗弁について判断する必要がないことになりますが，逆に請求を認容するためには抗弁をすべて排斥しなければなりません。この場合に，当事者の主張の順序には拘束されません。たとえば，予備的に主張しているものを先に判断してもよいわけです。予備的相殺の主張については例外ですが。

すべては，勝訴判決には敗訴者が納得し，敗訴判決には勝訴者が納得することが基準といえます。

31 株主総会決議無効確認の訴訟において，実体につき主張を交わしてきましたが，確認の利益がないとして訴えを却下されました。まったく納得ができません。

会社の組織に関する無効の訴え（会社828条2項各号）や株主総会決議取消しの訴え（会社831条1項）など会社法上の訴えでは，原告適格が定められていることがありますが，あわせて確認の利益が求められることがあり，そのほか株主総会決議無効確認の訴えや取締役の地位不存在確認訴訟などの民事訴訟法上の訴えでは，当然ながら確認の利益が必要とされます。

たしかに，紛争の実体において，たとえば株主総会決議が会社法の基本的ルールである株主平等の原則に違背するとか，議事の運営が著しく不当である場合など通常人の感覚からみると許しがたいような事情が認められる場合であっても，確認の利益がないとして，許しがたいとみられる状況が放置されることがあるとすると，紛争が尾を引くことになり，裁判の理念とはかけ離れた結果となることがあり得ます。裁判が紛争結着の最後の砦としての意義を全うするためには，格別の不都合のない限り，確認の利

益なしとして門前払いするのは疑問であると指摘されるのもうなずけます。現に，確認の利益について，行政訴訟のみならず民事訴訟においても広く認められる傾向があるといえますが，会社訴訟においては，今なお厳しい壁があるように感じられます。

門前払いの裁判がされる場合には，通常，それを示唆するシグナルがあるものです。裁判所においても，訴え却下の心証を抱いているときには，当事者にその点に関する主張の応酬を求めるべきでしょう。当事者としては，確認の利益について旧来の考え方を批判するだけではなしに，当該訴訟の実体判断に入らないことによって失われる社会的利益について，これを裏づける資料を示して十分に主張していくしかないでしょう。

> 民訴法第253条（判決書）
>   1　判決書には，次に掲げる事項を記載しなければならない。
>   一　主文
>   二　事実
>   三　理由
>   四　口頭弁論の終結の日
>   五　当事者及び法定代理人
>   六　裁判所
>   2　事実の記載においては，請求を明らかにし，かつ，主文が正当であることを示すのに必要な主張を摘示しなければならない。
> 民訴法第251条（言渡期日）
>   1　判決の言渡しは，口頭弁論の終結の日から2月以内にしなければならない。ただし，事件が複雑であるときその他特別の事情があるときは，この限りでない。
>   2　判決の言渡しは，当事者が在廷しない場合においても，することができる。

7　判決の間違い

32　判決において，損害額に明白な間違いがあります。どうすればよいでしょうか。

当事者が判決の間違いを発見したときは，更正決定の申立てを行うことができます。更正決定は，判決に計算違いとか明白な誤記がある場合にされますが（法257条），ここにいう明白な誤記とは，裁判所の意図するところと表示が不一致であることで，形式的な表現の誤りのことといわれています。また，請求の一部に判断漏れがあるときは，訴訟は，その部分につ

第11章 裁判の終局

いては,そのまま裁判所に係属していることになります(法258条)。この場合は,裁判所の職権で手続が動かされていきます。もっとも,当事者は,この場合に,裁判所に対して,その旨を申し出て追加の判決を求めることによって,裁判所の職権の発動を促すことができます。

民訴法第257条(更正決定)
　1　判決に計算違い,誤記その他これらに類する明白な誤りがあるときは,裁判所は,申立てにより又は職権で,いつでも更正決定をすることができる。
　2　更正決定に対しては,即時抗告をすることができる。ただし,判決に対し適法な控訴があったときは,この限りでない。

民訴法第250条(判決の発効)
　判決は,言渡しによってその効力を生ずる。

第 12 章

控　訴

裁判のあやまち

　失敗学という学問があるそうである。失敗の原因を解明して失敗を防ぐことを目的にする。失敗を大目に見てほしい，とはノーベル化学賞受賞者の弁である。ミスジャッジはありますか，というのは高校生からの質問。
　裁判の失敗を大目に見てほしいとは言えないが，裁判の失敗を防ぐこと，これが，なかなかの難事なのである。一つの事実を前にして当事者の言い分が真っ向から反するのは常。同じ物に対する目撃者の証言すら違うことも稀ではない。もちろん証人は嘘を言わないと宣誓しているのだが。そもそも人間の目が当てにならない。西洋の歴史家が窓から路上の騒動を眺めていた翌日に，別の目撃者から自分の見ていたことと違う事実を言われて，愕然として執筆中の草稿を燃やしたとか。
　小学生のころのこと，公園で遊んでいるときに，父親に伴われたかわいい女の児から，私をぶったのはこのお兄ちゃん，と言われて，閉口したことがよみがえる。思い違いは，人生の彩りであっても，裁判では厄介もの。当事者の言い分をしっかり聞いて，水脈を掘り当てるように証拠を吟味して，証言の食い違いを検証する。それでも真相に近づいたと思われないときもある。
　さて，あやまちをなくすために，裁判官はこんな努力をする。物事の有り様を鵜呑みにせずになぜの問いを発する。失敗学で言う逆演算のごとく，反対の証拠を基に組み立て直す。他の全く無縁のような事例を持ってきて検討する。文献を調べ，過去の裁判例を探す。事柄を一般化して同僚の意見を聞く。納得するまで合議を重ねる。判決案ができあがると，いったん机の引き出しに入れて，しばらく寝かせる。
　この原稿は寝かせる暇はないから，「失敗を大目に見てほしい」。

　　　　　　　　（「窓辺」『静岡新聞』平成15年1月23日付夕刊）

❶ 概　説

　第1審判決が言い渡されると，当事者は，判決の内容を検討吟味して，控訴するかどうかを含め，今後の対処方針を決めなければならない。第1審判決に不服があるときは，控訴することができる。控訴審は，第1審判決の事実認定又は法律判断について審判する。控訴裁判所は，簡易裁判所の判決に対しては地方裁判所，地方裁判所の判決に対しては高等裁判所である。

❷ 第1審判決後の準備

　第1審判決が言い渡されると，当事者においては，直ちにその内容の検討に入らなければならない。判決の結論が紛争を解決するうえで自分側の意図を満たすものかどうか見極め，上訴審における勝訴の見込み，和解の可能性，判決の結果による公の反応（レピュテーション，市場の反応）などを検討し，さらに仮執行の宣言がついている場合には強制執行の回避のための措置を講じる必要もある。他方，勝訴した場合であっても，判決書の理由中の判断もよく検討して，各方面への影響などに配慮するとともに，相手方の資産の状況を再確認したうえ強制執行の方策も立てておかなければならない。

❸ 控訴の提起

　控訴は，第1審判決の事実認定又は法律判断に不服がある場合に，申し立てられる。控訴の提起は，判決書の送達を受けた日から2週間内に控訴状を第1審裁判所に提出してしなければならない（法285条・286条1項）。控訴提起後50日以内に控訴理由書を控訴裁判所に提出しなければならない（規則182条）。これに対して，裁判長は，被控訴人に対して，反論書の提出を命ずることができる（規則183条）。

　控訴の提起がされた場合に，被控訴人も，原判決を自己に有利に取り消し，又は変更するように，控訴の方式に準じ，附帯控訴をすることができる（法

293条1項・3項，規則178条)。この場合に，附帯控訴状は，控訴裁判所に提出することができる（法293条3項ただし書）。裁判長による控訴状の審査は，第1審と同様である（法288条）。

④ 控訴審の審理

　当事者は，第1回の口頭弁論期日において，第1審の口頭弁論の結果を陳述する。これによって第1審における一切の資料が控訴審に提出される（法296条2項・298条1項）。そのうえで，当事者は，新たに攻撃防御方法を提出することができる。もっとも，第1審で争点等整理手続がされているときは，相手方の求めに応じて，追加提出をせざるを得ない理由について説明しなければならない（法298条2項，規則180条）。
　控訴がされると，訴訟のすべてが控訴裁判所に移る。しかし，控訴審における審理は，当事者が第1審判決の変更を求める限度にとどまる（法296条1項）。控訴裁判所は，続審制として，第1審における資料と控訴審になって提出された資料を基にして，控訴審の口頭弁論終結時を基準としてあらためて事実認定と法律判断をすることになる。

⑤ 控訴審の判決

　控訴審の審理が終わると，判決が言い渡される。その手続は，第1審と同様である（法297条）。第1審判決が正当であると判断されれば，控訴又は附帯控訴が棄却される（法302条）。第1審判決が不当の場合及び法律手続に違反する場合は，第1審判決が取り消され，新たな判断がされる（法305条・306条）。この場合に，さらに弁論をする必要があるときは，第1審裁判所に差し戻されることがある（法308条1項）。第1審判決が訴えを不適法として却下している場合には，第1審裁判所に差し戻される（法307条）。
　控訴の提起によって，控訴人に不利益に変更することはできないが，附帯控訴がある場合には，控訴人に不利益に変更されることもある。

第12章 控　訴

1　控訴の見極め

> **1**　第1審で敗訴しました。控訴したいと思うのですが，代理人の見通しでは，有利な判決は望めないと言われました。控訴審における勝訴の見込みについて，どのように見極めればよいのでしょうか。

　控訴は，第1審の終局判決に対して，取消し・変更を求めるために，第2審裁判所に不服を申し立てるものです。不服申立ての理由に制限はありませんので，事実認定の不当又は法令の違反を理由としてすることができます。控訴審における審理は，続審制といわれるように，第1審の審理を基礎として，新たな資料も加えて判断して，請求についての当否に関して，第1審判決を維持できるかどうかを判断するものです。この場合に，控訴審では，第1審の審理を繰り返すように判断するのではなく，控訴人から指摘された争点のうち問題と思われる争点に絞って審理されることになります。

　したがって，訴訟手続に法令違背があったり，実体法の解釈に看過しがたい違法があったりする場合はともかく，事実認定については，第1審の段階で当事者も充実した審理に関わってきた以上，不当であるというのはなかなか難しいということはできます。そのため，控訴人においては，控訴理由書で第1審判決を覆すに足りる事実認定の不当な点をしっかりと示す必要があります。第1審の事実認定をただ非難するにとどまっていたり，証拠の取捨選択に不満を述べたりするばかりでは，採用されないでしょう。

　控訴を提起するに当たっては，控訴審で第1審判決を覆すことはなかなか容易ではないと覚悟して臨むべきでしょう。その心掛けがあれば，良い控訴理由も示すことができるのではないでしょうか。なお，控訴権の濫用に対して制裁を受けることがあることも心得ておかなければなりません（法303条）。

第12章 控 訴

> ２ 株主総会決議無効確認の訴えを提起されましたが，第１審では確認の利益がないとして訴えを却下するとの判決を得ました。しかし，その判決内容をよく読みますと，被告側にとって看過しがたい理由が付記されています。控訴して正したいと思います。

　控訴は，控訴人にとって不利益な場合に限り，許されます。第１審判決が不利益かどうかは，判決主文を基準に判断されます。単に判断の理由が異なるからといって，不服を申し立てることはできません。たとえば，被告の立場で，請求原因を否認したうえ，予備的に抗弁（相殺の抗弁は別とします）を提出していた場合に，抗弁を容れて請求が棄却された場合であっても，被告の求めていたとおりの終局判決が得られたのですから，控訴はできません。被告が訴え却下の判決を求めていた場合に，他の事由で訴え却下の判決がされたときにも，被告にとって不利益な判決を受けたことにはなりませんので，控訴の利益はありませんが，被告が請求棄却の本案判決を求めていた場合には，控訴の利益があるということになります。単に理由中で不利益な言及があるからといって控訴の利益が認められるわけではありません。

　株主総会決議無効確認の訴えなどについては，原告適格が認められる場合であっても，確認の利益がないとして却下されることがあります。裁判所には，訴権の制限にならないように慎重な考察を願いたいところですが，原告においては，被告の反論に対して訴えの利益について学説などを引用してしっかりと主張する必要があります。一方，被告としても，確認の利益がないと反論するのであれば，その主張を十分に尽くすことは当然ですが，その場合にも理由中に芳しくない判断が示されることがないように裁判所の示唆するところや対応を的確に把握してその対処方を検討しておく必要があるでしょう。

民訴法第281条（控訴をすることができる判決等）
 1 控訴は，地方裁判所が第１審としてした終局判決又は簡易裁判所の終局判決に対してすることができる。ただし，終局判決後，当事者双方が共に上告をする権利を留保して控訴をしない旨の合意をしたときは，この限りでない。
 2 第11条第２項及び第３項の規定は，前項の合意について準用する。

第12章 控　訴

民訴法第293条（附帯控訴）
1　被控訴人は，控訴権が消滅した後であっても，口頭弁論の終結に至るまで，附帯控訴をすることができる。
2　附帯控訴は，控訴の取下げがあったとき，又は不適法として控訴の却下があったときは，その効力を失う。ただし，控訴の要件を備えるものは，独立した控訴とみなす。
3　附帯控訴については，控訴に関する規定による。ただし，附帯控訴の提起は，附帯控訴状を控訴裁判所に提出してすることができる。

2　控訴審における事件の取扱い

3 控訴を提起する予定でいますが，係属裁判所は，どのようにして決まるのですか。また，その後の事件の取扱いは，どのように行われますか。

　控訴の提起がありますと，第1審裁判所から記録が控訴裁判所に送られてきます（規則174条）。その前に，第1審裁判所で控訴期間が守られているかどうかなどの形式的審査がされ，不備が補正できない事由があることが明らかな場合には控訴が却下されることもあります（法287条1項）。控訴記録が控訴裁判所に送られてきますと，民事訟廷事務室で受け付けて，第1審の裁判の場合と同様に，あらかじめ定められた順序に従い担当部に配られます。事件を受けた裁判部の裁判長は，第1審の裁判長と同様に，控訴状の審査をします（法288条において準用する法137条）。そのうえで，第1回口頭弁論期日が指定されます。また，担当部では，その部の定めに従い陪席裁判官の1人が主任裁判官に指定され，主任裁判官が，真っ先に記録を検討することになります。

4 進行照会という書面が送られてきました。記載内容によっては，控訴の意図を誤解されるのではないかと心配です。回答しないと不利に取り扱われますか。

　「訴訟進行に関する照会書」と題する書面が書記官名で第1回口頭弁論期日の前に送られてくることがあります（規則179条において準用する規則61条）。第1審のときのものと同じ趣旨です。控訴審では，主に口頭弁論の

第12章 控訴

期日の調整をするために照会するものですが，第1回口頭弁論期日から充実した審理を図るために，控訴審における主張や立証の予定なども照会されます。そのほかに原審での和解経過や控訴審での和解の意向についての照会もあります。照会に対して答えにくいことやいまだはっきりと決まっていないことは，回答を留保してもよいでしょうし，その理由を率直に述べても差し支えありません。また，訴訟進行に関する希望などについて述べることもよいと思います。

これらの記載によって，その後の訴訟進行や心証に影響があることはまったくないといえます。

5 控訴裁判所は，第1回口頭弁論期日までにどのような作業をしているのでしょうか。

事件を受理した裁判体では，主任裁判官が指定されますと，主任裁判官は，第1回口頭弁論期日をにらみながら第1審の記録の検討に取り掛かります。検討の方法については，裁判官によって異なります。原審の裁判官と同じ立場で手続の順に従い訴状から読み始める場合と原判決を閲読して納得しがたいところがあるときに不当と思われる主張や証拠を見つめ直す場合があります。主任裁判官は，第1審の記録を通読して各争点の判断が原判決の理由と一致するかどうかを見極めようとします。一致しない場合は，さらに丁寧に記録を読み込むことを試みますが，原判決を攻撃する当事者の主張がもっともであると思われるときや審理を加えれば原判決の結論と異なると判断される余地があると考えられる場合なども，同様です。

主任裁判官は，検討の結果に基づき，合議メモを作成して，裁判長と他の陪席裁判官に示します。控訴理由書の記載を基に審理されるのが実情といってよいでしょうから，合議メモは，控訴理由書の記載を基に作成されます。控訴内容の概要，控訴審における争点，原判決の評価，原審の訴訟手続の問題点，第1回口頭弁論期日においてすべきこと，審理の見通しなどについて記載されます。もっとも，記録が膨大で複雑な事件などでは，第1回口頭弁論期日までに合議メモですべての検討を完結させることが困

第12章 控　訴

難な場合もあるとうかがっています。

　裁判長は，合議メモを基にして，主任裁判官と意見を交換して，訴訟の進め方を決めることになります。合議の結果，進行協議や弁論準備に付されたり，主任裁判官によって和解手続が実施されたりすることもあります。

民訴規則第174条（控訴提起による事件送付）
　1　控訴の提起があった場合には，第1審裁判所は，控訴却下の決定をしたときを除き，遅滞なく，事件を控訴裁判所に送付しなければならない。
　2　前項の規定による事件の送付は，第1審裁判所の裁判所書記官が，控訴裁判所の裁判所書記官に対し，訴訟記録を送付してしなければならない。

民訴法第285条（控訴期間）
　　控訴は，判決書又は第254条第2項の調書の送達を受けた日から2週間の不変期間内に提起しなければならない。ただし，その期間前に提起した控訴の効力を妨げない。

民訴法第286条（控訴提起の方式）
　1　控訴の提起は，控訴状を第1審裁判所に提出してしなければならない。
　2　控訴状には，次に掲げる事項を記載しなければならない。
　　一　当事者及び法定代理人
　　二　第1審判決の表示及びその判決に対して控訴をする旨

民訴法第287条（第1審裁判所による控訴の却下）
　1　控訴が不適法でその不備を補正することができないことが明らかであるときは，第1審裁判所は，決定で，控訴を却下しなければならない。
　2　前項の決定に対しては，即時抗告をすることができる。

民訴法第288条（裁判長の控訴状審査権）
　　第137条の規定は，控訴状が第286条第2項の規定に違反する場合及び民事訴訟費用等に関する法律の規定に従い控訴の提起の手数料を納付しない場合について準用する。

民訴法第137条（裁判長の訴状審査権）
　1　訴状が第133条第2項の規定に違反する場合には，裁判長は，相当の期間を定め，その期間内に不備を補正すべきことを命じなければならない。民事訴訟費用等に関する法律（昭和46年法律第40号）の規定に従い訴えの提起の手数料を納付しない場合も，同様とする。
　2　前項の場合において，原告が不備を補正しないときは，裁判長は，命令で，訴状を却下しなければならない。
　3　前項の命令に対しては，即時抗告をすることができる。

3　控訴理由書

6　控訴裁判所から，控訴理由書を提出するように促されました。控訴の理由を控訴状に記載しましたが，控訴理由書は，必ず提出しなければいけないものでしょうか。

　控訴人は，控訴の提起後50日以内に，控訴理由書を控訴審裁判所に提

第12章 控　訴

出しなければならないと定められています（規則182条）。もちろん控訴状に十分に記載されているときはその必要がありません。控訴理由書には，第１審判決の取消し又は変更を求める事由について，具体的に記載しなければなりません（同条）。この趣旨は，控訴審における争点を早期に明確にして，充実した審理の実現を目指すことにあります。

　控訴理由書の提出期間は，当事者の準備の都合を考慮しつつ，第１回口頭弁論期日に先立って確実に提出されるように定められたものです。裁判所は，担当の裁判所書記官において，控訴理由の提出期限などのチェックを厳しく行い，提出期限の１週間前には提出を促すこともあります。提出期限を守らない場合にも格別の不利益はありませんが，誠実義務をもち出すまでもなく，期間は厳守しなければなりません。遅くとも，第１回の期日に先立って，裁判所と被控訴人が内容を検討することができるように努めるべきでしょう。

　控訴理由書の内容については，第１回口頭弁論期日前の合議で審理の方向性が決められることを考慮して，反論書と合わせて，それに応えるものである必要があります。控訴理由書の記載によって第１回口頭弁論をもって結審をするかどうかが決まるといっても過言ではありません。控訴理由書に記載された控訴人の主張が大きな役割を担うわけです。

> 7　控訴理由書には，控訴理由としてどの程度記載すればよいのでしょうか。良い控訴理由書と悪い控訴理由書の違いを教えてください。

　控訴理由の中には，原審で人証が取り調べられなかったことについて不服を述べたり，主張に対して判断されなかったとか，判断が粗略であったことに不満を表したりするものがよくあります。また，控訴理由書をみますと，原審での最終準備書面と同じようなものがみられますが，原審における主張を繰り返すようではいけません。原審における証拠の採否など審理上の措置を非難するだけでもいけません。原審裁判所に対する不満を総花的に述べるものもありますが，これもよくありません。

　控訴理由書は，審理を見越したものでなければなりません。現在の控訴

第12章 控　訴

審の審理は，請求の当否を最終的な審判の対象としつつ，控訴人の指摘する争点をみつめながら，審理の対象を絞り込み，その争点に集中して行うのが実情です。したがって，控訴理由書は，控訴審の審理の対象を限定する役割を担っていること，その審理を充実したものとするための要であることを認識しておくべきです。このような観点から，原判決のどの部分についてどのような不服があるかを端的に示すもの，当該事件の特殊性を浮彫りにして不服の理由との関連を具体的に表すものは，良い控訴理由書といえます。優れた控訴理由書であれば，控訴裁判所も，これによって控訴審の審理の対象を絞り込むことができるわけです。

　控訴人にあっても，優れた控訴理由書を作成するように努めれば，自ら原判決の判断を見直して真に争うべき争点を探る役にも立つはずです。もちろん，新たな主張がある場合にはそれを明示する必要があります。

> 8　控訴審において，新たな主張をしたいのですが，採用してもらえるでしょうか。その場合に控訴理由書においてどのように記載すればよいでしょうか。

　攻撃や防御の方法は，訴訟の進行状況に応じ適切な時期に提出しなければならないと定められています（法297条において準用する法156条）。そして，当事者が故意又は過失で時機に後れて提出した場合には，却下されることがあります（法157条1項）。時機に後れたかどうかは，1審，2審を通じて判断されるというのが原則です。もっとも，この場合において，控訴制度の存在意義も考慮に入れて，たとえば第1審における訴訟経緯に照らせば，控訴審において提出せざるを得ない事情があるといえるかどうか，慎重に判断されなければならないといえます。

　そこで，控訴審において新たな主張をしようとすれば，その主張とこれを裏づける証拠を明示することは当然必要ですが，原審において主張することができなかった理由を具体的に述べることが肝要です。第1審で争点整理がされ，充実した審理が遂げられていれば，通常は，新たな主張はそれほど想定し得るわけではありませんから，その記載に当たっては，相応

第12章 控　訴

の工夫が求められます。たとえば，原審における訴訟の経過を示して，それを対比して，主張として足りない部分がクローズアップされるように証拠とともに示して，その不足部分について提出し得なかったことにやむを得なかった理由があることも自ずから明らかになるように記載することも一法です。

9 事実認定についての不服の申立ては，なかなか難しいとうかがいましたが，控訴理由書において，どのように記載すればよいでしょうか。

　第1審の裁判所は，当事者とともに，争点と証拠を整理したうえ確定し，証拠調べを尽くして，争点ごとに判断をしています。争点等整理について，当事者の関わりが重要で，実際にも裁判所は，当事者の意向を十分に考慮して，訴訟運営を図っているものと思われます。それだけに控訴審において事実認定を争うことが難しいということができます。しかも，控訴審の審理が，先に説明したとおり，事後審的に行われていることを考えれば，控訴理由書の意義がいよいよ大きいといえますから，控訴理由において，事実認定が不当であることを納得させられるように具体的に指摘する必要があります。そのためには，事実認定に対する不服の部分について，たとえば，証拠の取捨選択の判断に関する部分，事実と証拠の結びつきに関する部分，間接事実からの推認の過程の部分などを具体的に指摘し，その理由に合理性があることを的確に述べるべきであり，さらには控訴審で提出を予定している証拠によって裏づけることが必要と考えます。

　控訴理由書において，原判決を覆すに足りるような相当な理由と証拠の存在が示され，第1審判決の事実認定が合理性に欠けることが明らかにされれば，控訴裁判所を動かすことができるかもしれません。

　民訴規則第182条（第1審判決の取消し事由等を記載した書面）
　　控訴状に第1審判決の取消し又は変更を求める事由の具体的な記載がないときは，控訴人は，控訴の提起後50日以内に，これらを記載した書面を控訴裁判所に提出しなければならない。

第12章 控　訴

4　進行協議期日など

10 第1回の口頭弁論期日の前に進行協議期日が指定されました。どのようなことが行われるのですか。出席しなければならないものでしょうか。

　進行協議期日は，民事訴訟規則（規則179条において準用する規則95条）に則って行われるもので，当事者双方の立会いができるように配慮して指定されるものですから，出席する必要があります。口頭弁論の期日外で，審理充実を目的として行われます。すべての事件で行われるわけではありませんが，事件記録からみて事案が複雑で理解が困難と判断される場合はもとより，控訴理由書から原判決にいくつかの問題点がみえる場合に審理の見通しを立てるために，また，和解相当と認められるものの当事者の意向が不明である場合に和解の意向を探るために，行われることがあります。さらには，当事者双方の都合により口頭弁論期日が相当先にしか指定できないような事情があるときにも，進行協議期日が介在されることがあります。この協議の場で意見交換をするうちに事件について裁判所の認識が深まり，今後の訴訟進行の方向性を判断するうえで影響を与えることにもなりますので，当事者としても，心して臨む必要があるといえます。

　なお，進行協議期日は，第1回口頭弁論期日の前だけではなく，大きな事件では随時に行われることがあります。

11 控訴審の裁判官から事件を弁論準備手続に付されると連絡を受けました。争点などは第1審で確定しているはずですし，第1回の口頭弁論期日も開かれないのに，その意義がよく理解できません。

　弁論準備手続は，争点及び証拠の整理を行うために必要な場合に行われる手続ですから（法168条），控訴審において，特に第1回口頭弁論期日の前に行われることはまれといってよいでしょう。もっとも，第1審での争点整理が不十分であったり，控訴審になって新たな主張がされたりして争

第12章 控　訴

点の確定が必要となることが予想される場合などには，第1回口頭弁論期日の前に弁論準備手続が行われることもあります。

　この場合には，あらかじめ意見を聴かれますから，疑問があれば，その旨伝えればよいと思います。

12　控訴審の裁判官から，事件についてうかがいたいと連絡がありました。どのような趣旨なのか，何が行われるのかわかりません。

　控訴審における当事者の訴訟追行などに関して，裁判所から電話による聴取りや個別の面会が求められることがあります。主任裁判官が記録を検討した結果，原審における主張や立証について疑問点を質したり，控訴審で予定している訴訟行為について質問したり，場合によっては，当事者に審理の見通しを伝えたり，和解の打診をするために行われることもあります。その目的は，第1回口頭弁論を充実させ，事件の適正迅速な処理を図ることにあるといわれています。この取扱いを原則としている裁判体もあるようです。もっとも，法律の明確な定めによるものではないとして，慎重に行うべきであるという意見もあります。透明性の確保は大事なことですから，双方の当事者にその機会を与えるべきでしょうし，他の当事者の都合などによってどうしても一方の当事者のみと面接せざるを得ないときには，他方の当事者に面談の内容を知らせるような配慮をすべきでしょう。

　当事者においても，裁判所の対応に疑問があれば，率直にその旨を伝えて何ら差し支えありません。

　　民訴法第297条（第1審の訴訟手続の規定の準用）
　　　　前編第1章から第7章までの規定は，特別の定めがある場合を除き，控訴審の訴訟手続について準用する。ただし，第269条の規定は，この限りでない。
　　民訴規則第179条（第1審の訴訟手続の規定の準用・法第297条）
　　　　前編（第1審の訴訟手続）第1章から第5章まで（訴え，口頭弁論及びその準備，証拠，判決並びに裁判によらない訴訟の完結）の規定は，特別の定めがある場合を除き，控訴審の訴訟手続について準用する。
　　民訴規則第95条（進行協議期日）
　　1　裁判所は，口頭弁論の期日外において，その審理を充実させることを目的として，当事者双方が立ち会うことができる進行協議期日を指定することができる。この期日においては，裁判所及び当事者は，口頭弁論における証拠調べと争点

第12章 控訴

との関係の確認その他訴訟の進行に関し必要な事項についての協議を行うものとする。
2　訴えの取下げ並びに請求の放棄及び認諾は，進行協議期日においてもすることができる。
3　法第261条（訴えの取下げ）第4項及び第5項の規定は，前項の訴えの取下げについて準用する。

5　審　理

13　控訴審の審理は，どのように進められるのですか。

　通常は，第1回口頭弁論期日において，当事者双方から，事前に提出された控訴状と答弁書がそれぞれ陳述され，続いて第1審における口頭弁論の結果が陳述されます（法296条2項）。第1審の口頭弁論の結果を陳述する場合には，当事者は，原判決摘示の事実のとおり第1審口頭弁論の結果を陳述しますと述べるのが普通ですが，原判決の事実の摘示に納得がいかないようなときに，第1審判決に基づかないで第1審の口頭弁論の結果を陳述すると述べることもあります。さらに，控訴理由書が陳述され，その他の準備書面があればその陳述が，証拠の申出があれば証拠の提出とその認否が行われることになります。一通りの手続が済みますと，裁判所から，あらかじめ検討していた結果に基づき，質問や釈明をされることもあります。そのうえで，当事者に追加の主張を求め，場合によっては証拠調べが必要と判断されれば，期日が続行されますが，審理の必要がないと判断されれば，弁論は直ちに終結され，判決言渡期日が指定されることになります。引き続き審理が必要と判断された場合の措置としては，早期に口頭弁論期日を指定する場合と指定に先立ち弁論準備手続などで当事者の意見を聴くなど進行振分けのための機会を設ける場合があります。

14　控訴審では，何を中心にして審理がされるのですか。

　控訴審における口頭弁論は，当事者が第1審判決の変更を求める限度においてのみ行われますが（法296条1項），控訴審の審理は，先に説明したとおり，控訴理由書に基づいて，控訴人が指摘する原判決の誤りや審理の

不十分さがあるかどうかに焦点を当てて行われます。控訴理由書の提出が強制されることになったために（規則182条），以前にもまして，控訴理由書を基に審理されることになったといえます。そこで，控訴理由書において指摘された事項について，第1審判決の事実摘示と判決の理由を見据えて，不自然なところがないか，合理性に欠けるところはないか，主張と証拠について不足がないかなどが検討されるわけです。

　第1審において充実した審理がされていれば，さらに審理を要することは少ないといえます。その意味において，多くの事件では控訴理由書だけで判断すれば足りるというのが実情です。したがって，前に説明したとおり，審理においては控訴理由書の指摘が重要となりますので，その作成に当たっては，十分に準備して説得力があるように工夫する必要があります。

> 民訴法第296条（口頭弁論の範囲等）
> 1　口頭弁論は，当事者が第1審判決の変更を求める限度においてのみ，これをする。
> 2　当事者は，第1審における口頭弁論の結果を陳述しなければならない。
> 民訴法第298条（第1審の訴訟行為の効力等）
> 1　第1審においてした訴訟行為は，控訴審においてもその効力を有する。
> 2　第167条の規定は，第1審において準備的口頭弁論を終了し，又は弁論準備手続を終結した事件につき控訴審で攻撃又は防御の方法を提出した当事者について，第178条の規定は，第一審において書面による準備手続を終結した事件につき同条の陳述又は確認がされた場合において控訴審で攻撃又は防御の方法を提出した当事者について準用する。

6　控訴審の審理の続行

15　控訴人代理人として強く口頭弁論の続行を求めましたが，簡単に却下されました。1回結審という原則があるのでしょうか。

　結論からいいますと，口頭弁論期日を1回だけ開いて結審することが原則であるということはありません。たしかに，1回で結審する事件は，おおよそ6割ともいわれています。控訴審のあり方からすると，1回で結審することは，異とするに当たらないともいえます。第1審裁判所において，適正な手続に則って充実した審理が行われ，また，控訴審裁判所においても事前に提出された控訴理由書によってその主張をよく検討して第1審の

第12章 控　訴

記録を読みこなして準備すれば，自ずから審理を続行する必要はないということになり，その結果として1回で結審となり得るということになるからです。

　もっとも，原判決の取消変更をすることなどが見込まれる場合に，1回で結審というのは，当事者にとって不意打ち感があったり，納得がいかなかったりするでしょうから，歓迎されないでしょう。このような場合には，形式的な内容の変更や明白な手続の違背のようなときはともかく，当事者に十分な反論の機会が与えられるべきです。

　控訴審裁判所においては，審理を充実させ，迅速に進めるために，あらかじめ記録を検討して，早いうちに審理方針を決め，第1審の審理の進め方及び判決の判断や結論に特段の問題がないとされれば，直ちに結審ということになりますから，当事者としては，この点を認識して，十分な準備をしておくことが必要ということになります。

16 控訴審では，どのような場合に期日が続行されますか。控訴理由を受け入れてもらえるためには，どのようなことをすればよいのでしょうか。

　まず，続行が見込まれる場合として，事案の性質上，紛争が継続的で控訴審で新たな主張や請求の拡張があり得る場合や当事者が出頭しなかったために第1審において実質的な審理がされなかった場合が挙げられます。新たな争点が見込まれる場合も続行されます。第1審記録を検討して，当事者双方が実態に沿わない主張をしている場合や言い分が尽くされていないと判断される場合で，当事者から再度言い分を聞いてみたほうがよいと考えられるとき，あるいは裁判所から新たな視点を提示する必要が生じたときにも続行されることがあります。そのほかにも，事案の先進性や専門性に照らして慎重な判断が要求される場合や新たな法解釈を求められる場合も続行されることが多いといえます。新たな証拠の申出がされた場合は，それだけで続行されるとは限りませんが，控訴理由書の指摘からみて，第1審の判断を見直す必要があると判断されたときには，証拠調べも含めて

第12章　控　訴

期日が続行されることがあり得るでしょう。裏からいえば，原判決を取消変更する場合は，続行されるといえます。感覚的ですが続行される場合には8割以上は原判決の取消変更に当たるともいえるでしょう。

　当事者から，控訴理由について反論する時間を置かれていなかったことを理由に反論の機会を与えてほしいといわれることがありますが，控訴理由書において新たな主張等が含まれていない場合には，そのまま終結されることもあります。この場合に，裁判所から終結後に準備書面を提出されたいと言われることもありますが，それに従って提出された準備書面は，事実上参考にされることになるでしょう。

17　控訴審の続行期日では，どのようなことが行われるのですか。

　控訴審における期日の続行が，先に述べた事情による場合が多いことからすると，まず，裁判所の指摘あるいは釈明に対する応答としての主張の追加や証拠の申出が考えられます。事案によっては，第1審と同様に，争点等整理が必要な場合もあります。この場合には，弁論準備手続に移行する場合もありますが，釈明等が一義的であるような場合には口頭弁論期日の続行として行われます。また，必要に応じて人証の取調べが行われることになります。

18　控訴審で第1回口頭弁論期日の後に弁論準備期日が指定されました。第1審の繰返しになるのではないかと思うと不安です。

　第1審の判決がいわゆる欠席判決のとき，あるいは公示送達による場合や本人訴訟の場合のように実質的な審理が行われなかったときは，控訴審で争点等の整理を行わざるを得ません。第1審における争点整理や立証が不十分であった場合はもとより，そのような場合でなくても事案が複雑で争点が多岐にわたるような場合には，争点等の整理が必要と判断されることもあります。このような事案では，多くは弁論準備手続において行われます。法廷でするよりも，自由な討議によって効率的な運用が行われると

いう考えによります。

　争点等の整理が期日間の弁論準備や受命裁判官に委ねられる場合には，ときに長期化することがあり得ますので，当事者においても，裁判所の進行を注意深く見守るようにすべきです。また，この機会に，控訴審の特有の事情として，第1審判決の問題点が指摘されたり，心証が具体的に開示されたりすることがありますので，これらの裁判所のシグナルを見逃さないことが肝心です。

7　控訴審における証拠調べ

19　控訴審において，新たな人証の申出をしたのですが，採用されませんでした。控訴審における証拠調べの実情はいかがでしょうか。

　控訴審における証拠調べについて，そのうち書証は，立証趣旨によって要証事実との関係が明らかにされれば，多くの場合は採用されて取り調べることになります。

　証人については，かつては取調べをすることが多くありましたが，現在では第1審における充実した審理をふまえて取調べが行われることは少ないといえます。特に第1審で申出がされなかった証人あるいは申出をしたが採用されなかった証人については，特別な事情のない限り，採用されることは難しいでしょう。これらの証人が有益な情報をもたらすとは考えにくいからです。もっとも，第1審判決が欠席判決であった場合，訴訟代理人が代わったために新たな主張がされた場合などには，特別の事情があるものとして，採用されることになると思われます。事実認定が微妙と判断される場合や新たに弾劾証拠が提出された場合にも，第1審の事実認定を検証する意味で再度取り調べることもあり得るでしょう。もちろん第1審における審理や尋問が不十分である場合にも受け入れられると思います。次に，新たな人証の申出については，原審において尋問することができなかったやむを得ない事情，たとえばその証人が所在不明であったとか，病気であったなどの事情がある場合には，採用されるでしょう。控訴審になって新たな主張が出され，あるいは争点の変更があった場合や，弾劾証拠

が提出されたような場合にも，同様に，新たに人証の取調べが必要と判断されることがあり得ます。

　結局は，その証人が新たな争点に係る事実の解明に必要か，あるいは取調べによっては第1審の判決の結論を変え得る余地があるかどうかということで決められます。このことを考慮に入れて，当事者としては，第1審においてどのような理由で申出をできなかったか，あるいは新たに申出をする相応の事情があることについてしっかりと述べるべきです。たとえば，第1審の判決理由において採用された証人の証言の信用性を弾劾する証人の申出に当たっては，採用された証言に信用性がない理由を記録中から探し出して指摘して，申出に係る証人においてそれを弾劾し得る事情があることを具体的に述べるなどの工夫をすべきでしょう。裁判所においても，新たな証人あるいは再度の証人について，取調べの結果訴訟の帰趨に影響を与えることになり得る証人かどうかについて，当事者側とも十分に意見を交わしておく必要があると考えられます。

20　控訴審では，当事者本人の言い分を直接聞いてほしいと思います。当事者本人の顔も見ないで判決を下すのは邪道ではないでしょうか。

　控訴代理人から，せめて控訴人本人を取り調べてほしいと要望されることがあります。たしかに，控訴人本人の取調べをすることによって，控訴人本人においてその時点ではある程度の満足感を得られるかもしれません。しかし，たとえ控訴人本人を取り調べた場合であっても，第1審の判決が維持されたときに，ただ言い分を聞いてもらえたというだけで敗訴判決を受け入れられるものでしょうか。当事者の納得ということは重要で，そのことを重視して取調べがされた時代もありましたが，現在では当事者の納得のためという目的だけでは，なかなか控訴審の理解を得ることは難しいと思います。被控訴人の立場を考慮しなければならないことはもとより，審理の充実を図ってきた第1審の蒸返しになることが懸念されるからです。同じ事項について同じ人証を再度取り調べることが，特段の事情のない限り，行われないのと同様です。

当事者本人の納得は，当事者にあっては，聴取書や陳述書の提出を申し出ること，あるいは弁論準備等の機会に言い分を尽くすことなどによって，配慮すべきです。一方，裁判所にあっては，判決書において当事者の言い分について丁寧に判断することによって納得を得られるように努めるべきでしょう。

　控訴審の裁判官は，誰しも第1審裁判に間違いがあれば，必ず是正するとの強い思いで事件に向き合っていますが，そのことは当事者の納得のいく結論を目指していることにほかなりません。

8　控訴審における心証形成

21　控訴審裁判官は，どのようにして心証を得られるのでしょうか。心証形成において，第1審裁判官と異なるのでしょうか。

　控訴審においては，裁判官によって記録の調べ方が異なるようで，第1審裁判官と同様の立場で審理の段階を追うように，訴状から順次読み進める場合と，控訴理由書から始めて第1審判決に進み，証拠を検証する場合があると聞きます。いずれの場合においても，第1審判決の提示するストーリー性を経験則に従って検証することになります。控訴審において逆転判決が少ないといわれますが，原審も控訴審も，同様の思考方法で仮説を検証しているのですから，奇異とするには当たりません。ただ，証拠調べの結果に対する経験則のあてはめにおいては，異なることも十分にあり得ます。気をつけておかなければならないことは，控訴審裁判官にあっては，第1審判決の存在によっていわばバイアスがかかるおそれがあり得るということです。

　当事者にあっては，このことを考えて，原審が採用した経験則と論理自体を検証したうえ，それに従って，主張と証拠を見直す作業をして，控訴理由書の作成に反映させるべきでしょう。また，バイアスを破るべく控訴理由書の記載を工夫するなど訴訟追行を試みる必要があるといえます。

第12章 控 訴

> 22 第1審で勝訴して安心していたのですが，控訴審で敗訴しました。第1審の判決の当否は，どのようにして決められるのですか。

　控訴審のあり方からいえば，審理の対象は第1審における請求の当否ということになりますが，漫然と審理が繰り返されるわけではありません。控訴理由において示されている争点について，判断の対象が絞られ，その点に集中して審理が進められることになります。

　したがって，第1審の判決の当否の検討は，控訴理由に照らして，証拠の取捨選択，事実の認定，法律の適用に関して，一応の合理性が認められ，不自然さがないかどうかという観点から行われるといえます。この場合には，主張のあり方について腑に落ちるか，証拠の取捨を含む事実認定についてスワリがよいか，法律の適用について遺漏がないかなど，審理の過程と判断の内容について検証されることになります。

　ここでも裁判所としての説明責任が求められているといえますから，控訴理由について適切に応える必要があるでしょうし，当事者の理解を得られるものでなければなりません。

> 23 控訴に当たって，控訴理由書もしっかり書きましたが，棄却されました。控訴が認められることはほとんどないのでしょうか。

　原判決の取消変更率は，おおよそ2割といわれています。第1審の審理が充実していれば，取消変更が少ないといえます。それだけに，前に説明しましたとおり，控訴理由書に説得的な理由を掲げるように努めるべきでしょう。

> 24 企業間訴訟では，上訴に伴い，結論が異なることが多いと聞きました。その理由は何でしょうか。

　企業間訴訟の上訴による変更率が，他の事件に比べて高いかどうかは必ずしも明らかではありません。おそらくは企業間訴訟は，一般に注目され

る度合いが高く，裁判の結果が分かれることで一層目立つからかもしれません。統計上のことはおいても，企業間訴訟は，法律解釈をめぐって争われたり，新規の法律問題が争点となったりすることが多いといえます。それだけに，裁判官の見方が分かれることが多くなるのでしょう。さらに，第１審の判決が言い渡された後に，その判決の評釈によって様々な意見が表わされることによって，振り返る機会が与えられることも一因として指摘できるかもしれません。そのうえ，企業をめぐる社会・経済の動きが激しいことから，上訴後に社会の受け止め方や事情の変化があることもあり得ます。

　当事者にあっては，企業間訴訟の上訴の提起，あるいは答弁書の作成に当たっては，原判決後の学説等を紹介するにとどまらず，各説の利益衡量を緻密に行うとともに，社会の受け止め方などについて実証によって補強するなどして，自説を裏づけることが必要でしょう。

9　控訴審の判決

25　第１審の判断とはまったく異なる理由で判決を言い渡されました。争点整理手続で整理された争点とも異なるもので，実に意外で裏切られた思いです。

　控訴審の判決においては，第１審判決と同様に，当事者に対して不意打ち感を与えることのないように配慮すべきでしょう。たとえば，第１審の判決の示した理由づけでは結論を維持しがたいものの，別の理由によって控訴を棄却するような場合や当事者が重きを置いていなかった主張を基に判断をし直す場合に，控訴審においてその点が争点とされていないときには，弁論準備等でその旨を示唆して当事者に反論の機会を与えるように工夫すべきでしょう。

　控訴審が，事実審としての最終段階であることに照らしても，当事者に不意打ちを与えることになるようなことは極力避けるべきです。

第12章 控 訴

26 控訴審の判決書は，どの時点で起案されるのですか。

　控訴審における判決書の作成は，事案の複雑さや規模に応じて，異なるでしょうが，通常は，第1回口頭弁論期日の前に争点についての判断や結論の合議ができていますので，口頭弁論の終結後から起案に着手できる状態にあるといえます。そして，判決言渡期日は，主任裁判官の手持ち事件数等によって，主任裁判官の意思を尊重して決められますので，その期日の1週間前には起案は終えられているといえます。控訴審判決の作成に要する労力は，第1審判決の成果を利用することができるわけですから，第1審判決の作成に比べれば，少ないといえるのではないでしょうか。

　したがって，当事者が，準備書面を口頭弁論の終結後に提出する場合であっても，おおむねこの頃を見計らっておくべきことになります。

27 控訴審の判決が言い渡されました。原審の判決が引用されていて，何とも読みにくい限りです。

　控訴審の訴訟手続には，第1審の手続が準用されますから（法297条），控訴審判決も第1審判決と同じ記載が求められことになりますが，控訴審判決書には，第1審判決書における事実摘示や理由（争点に対する判断）を引用することができると定められています（規則184条）。実務においても，第1審判決書の事実の記載が極めて杜撰である場合や控訴審において主張の大部分が変更された場合などには，引用がされませんが，そうでない場合は，第1審判決書の記載が引用されています。もっとも，あまりに訂正・削除・付加すべき部分が多い場合に，引用方式で作成された判決は，当事者にとってなかなか理解することが困難で，とうてい受け入れられるものではありません。裁判所においても，引用方式をとる場合には，公文書としての厳密を期するのはよいとしても，当事者の立場を考慮して，看過しがたい誤りは別として，些細な誤りなどについては訂正は差し控える扱いに向かっているようです。

　控訴理由書において特に指摘された事実認定や法律判断の不服について

は，別途控訴人の当審における付加主張あるいは新たな主張として書き起こして，判断されることが普通であると思います。

> 民訴規則第184条（第1審の判決書等の引用）
> 　控訴審の判決書又は判決書に代わる調書における事実及び理由の記載は，第1審の判決書又は判決書に代わる調書を引用してすることができる。

10　控訴審における和解

[28]　控訴審で和解を強く勧告されました。勝訴しているので応じるつもりはありません。どのような場合に和解手続が行われるのでしょうか。

　当事者から和解の希望がある場合はもとより，事案の性質に照らして和解相当と認められる場合には，和解が勧告されることがあります。第1審判決の結論が逆転すると見込まれる場合にも，和解を試みるのがよいといわれています。もっとも，当事者から和解を希望された場合であっても，たとえば無理スジの事案で判決の確定を阻止するだけの理由で控訴されたとうかがえるような場合には，勧告されないこともあります。

　控訴審において，和解の勧告がされるということは，裁判所において相応の理由があるはずです。当事者においては，裁判所のシグナルをしっかりと受け止める必要があるでしょうし，場合によっては，当事者からも，裁判所に対して，その理由を積極的に質すことがあってもよいでしょう。

[29]　控訴審で，いまだ審理が開始されていない段階で和解の勧告がされました。

　控訴審における和解の時期について説明します。控訴裁判所においては，早期に第1審の記録の精査が行われ，第1審判決の結論の当否や今後の見通しについて合議が終えられていますから，早い段階で和解の勧告がされることがあります。特に，当事者双方から和解の希望がある場合には，合議によって形成された一応の心証を基にして，第1回期日の前に和解の手

第12章 控　訴

続が始められることもあります。もちろん，控訴審においても，第1審における場合と同様に，証拠調べがされる場合にはその後に和解の勧告がされることがよくあります。

当事者にとっては，控訴理由書の提出もいまだされない段階で勧告されますと，裁判所による強引な働きかけや判決を回避したいとの意図を感じるかもしれませんが，勧告に応じることに何らかの不都合がある場合には，裁判所にその旨を率直に訴えてもよいでしょう。裁判所においても，当事者に対して，和解の趣旨について，十分な理由を説明して伝えるべきでしょう。

[30] 控訴審における和解と第1審における和解とは，どの点が最も異なりますか。

控訴審における和解については，事実審の最終段階であることから，第1審の場合に比べて，より積極的に位置づけていることがうかがえます。次に，和解の方法としては，第1審判決の当否が前提とされますから，心証の開示について，より具体的に示される場合が多くなるでしょう。さらに，和解による結着については，裁判の最終段階という意味では成立の機会が多くなるともいえますが，他方，第1審判決とはいえ既に結論が示されていることから，当事者の説得には難航が予想される場合もあるといえます。

なお，心証の開示については，あくまで暫定的であることを当事者に伝えるべきでしょうし，十分な合議を経ていない場合にはその旨の説明もされるべきでしょう。和解案を拒否したことによる制裁として，逆転判決がされたと思われることがあってはなりませんから。

[31] 企業間訴訟において和解を勧告されたときに，応じるかどうかはどのように判断すればよいでしょうか。

企業間訴訟においても，通常の訴訟と同様に，控訴審が事実審の最終の

第12章 控 訴

段階であることをまず考えるべきでしょう。和解による解決をするための最後の機会といえます。次に，時間に対する配慮が欠かせません。判決と比較して，早期の結着を図れることはメリットといえるでしょう。また，事案に応じて，レピュテーションその他による事業価値の毀損なども考慮する必要があります。内容に関しては，今後の取引を重ねるに当たって行動規範を判決に求める意味があるかどうかも検討されなければなりません。他方，和解の場合には，当該訴訟の範囲にとどまらず各般における柔軟な措置などを講じることが可能となることも考慮しておいてよいでしょう。あわせて，内容次第では株主代表訴訟を招くことも視野に入れておかなければなりません。これらのことを検討する前に，勝敗の見込みを探っておかなければならないのは当然です。そのためには勧告に係る裁判所の意図を十分に把握する必要がありますし，勧告に至るまでの裁判所の対応から心証を読みとることも大事です。

第 13 章

上 告

ムラとムリ

　ムラも前回のムダ同様に嫌われる。「P地方裁判所で原告敗訴，Q地方裁判所で原告勝訴」。同種の訴えに結論の違った判決が出ると必ず大騒ぎされる。同じ被害者の事件で無罪なのに民事裁判で損害賠償が認められると矛盾ではないかとしかられる。

　裁判の争点が同じでも，当事者が違えば，出される主張が異なる。主張が同じでも，提出される証拠が異なる。同じ違法行為でも，刑事と民事の裁判では，証明の程度や自白の扱いなどが異なる。そして，最終的判断は，それぞれ独立した裁判官に委ねられる。裁判にムラは避けられないという次第。それにしても主張も証拠も同じで裁判官によって結論が違うというムラはおかしいと言われると，さて。

　家康の時代に，奉行の裁断を不当として訴えた者を，一人は斬罪に，一人は放免にした。法を厳しく行うか，行き過ぎを是正するかで相反する結論となったという。時代は下って，手形の振出人に100万円を請求した事件。その手形の金額欄には「壱百円」，その右上段に「¥1,000,000-」と記載され，100円の収入印紙が張られている。第1審は100円だけを認め，第2審は100万円を認め，最高裁は，3対1で100円に軍配を上げた。法律の字義を厳格に解釈した結末である。事実の評価や法律の解釈はとかく難しい。ムラも各裁判官の誠実の証しで，ムラを整えるのは，三審制。

　裁判にムダとムラがつきものとしても，ムリはない。ムリな裁判運営もムリな法解釈もいけない。道理が引っ込んじゃ裁判ではない。

　　　　　　　　（「紙つぶて」『中日新聞』平成22年9月17日付夕刊）

第13章 上 告

❶ 概　説

　控訴審の判決に不服があるときは、上告することができる。上告審は、当事者の権利保護を図るとともに、法令の解釈適用の統一を図ることを目的とする。上告裁判所は、地方裁判所の判決に対しては高等裁判所、高等裁判所の判決に対しては最高裁判所である（法311条）。

❷ 上告の申立て

　上告は、判決書の送達を受けた日から2週間内に（法313条において準用する法285条）上告状を原裁判所に提出してしなければならない（法314条1項）。上告状の審査は、原裁判所の裁判長が、控訴状あるいは訴状と同様の要領で行う（法313条において準用する法288条）。
　上告理由は、憲法解釈の誤りや憲法違反及び判決に理由を付けなかったり食違いがあることなど重大な手続違反に限られる（法312条1項・2項）。もっとも、簡易裁判所の判決に対する上告は、法令違反を理由とすることもできる（法312条3項）。

❸ 上告受理の申立て

　上告審が最高裁判所であるときに、上告とは別に上告受理の申立ての制度がある（法318条1項・2項）。最高裁判所の判例に反することや法令解釈に重要な事項が認められるときに、上告審として事件を取り扱うように求めるものである。最高裁判所に対する上告理由が制限されているためである。
　上告受理の申立てに対して受理の決定があると、上告があったものとみなされる（法318条1項）。

第13章 上 告

❹ 上告審の審理

　上告裁判所は，上告理由に基づき，不服申立ての限度で，原審の事実認定を前提として，法律の適用に関して調査する（法320条・321条）。上告状等の書類からみて，上告の理由がないと認められるときは，口頭弁論を経ないで，上告棄却の判決が言い渡される（法319条）。

❺ 上告審の判決

　上告が適法要件を欠くときは上告却下の決定が（法317条1項），上告に理由がないと認めるときは上告棄却の判決が（法319条），上告理由が明らかに法定の事由に該当しないとき上告棄却の決定（法317条1項）がされる。他方，上告の理由があるときは原判決が破棄され（法325条・326条），事実認定の必要があれば原審に差戻し又は移送がされ，原審の確定した事実に基づき裁判し得るときは自ら裁判（自判）する（法326条）。

　　　　　📖 📖 📖

1　上告の提起・上告受理の申立て

> ①　第1審で勝訴したのですが，控訴審で逆転敗訴となりました。最高裁判所の判断を仰ごうと思っています。どのような方法があるのでしょうか。

　最高裁判所に不服を申し立てる方法には，上告の提起と上告受理の申立てがあります。この2つの方法は，それぞれその目的とするところが異なり，不服とする理由によって区別されます。
　上告の提起は，判決に憲法の解釈の誤りなどの憲法違反があること又は裁判所の構成に違法があるなど絶対的に許されない理由があること（法

第13章 上 告

312条）に限られます。なお，簡易裁判所の判決に係る上告の提起については，法令違反のうち判決に影響を及ぼすことが明らかな場合にも，することができます（同条3項）。

　一方，上告受理の申立ては，判例違反又は重要な法令違反に限られます（法318条1項）。裏からいえば，上告事由を理由とすることができないということになります（同条2項）。受理の決定がされますと，上告があったものとみなされます（同条4項）。

　最高裁判所の判断を仰ぐに当たっては，不服の理由をよく見極めて，いずれかの方法を選択する必要があります。

2　上告の提起と上告受理の申立ては，どのような方法ですればよいのでしょうか。

　上告の提起は，上告状を原裁判所に提出する方法で行われます（法314条）。原判決の送達の日から2週間内に提起しなければなりません（法313条において準用する法285条）。原裁判所では，訴状審査権と同様に，上告の方式が適法かどうか審査されます。必要的記載事項や印紙の貼付に関し不備があるときは，補正が命じられます。補正に応じないときは，原裁判所の裁判長により上告状が却下されます（法313条において準用する法286条2項・288条）。上告理由書は，原裁判所に50日以内に提出する必要があります（法315条，規則194条）。上告が期間経過後にされた場合や上告理由書が提出されない場合などには，原裁判所により上告却下の決定がされます（法316条）。上告の方式が適正と判断されますと，原裁判所から上告裁判所に事件の送付が行われます（規則197条）。

　上告受理申立ても，同様に，申立書とその理由書を原審に提出することになります。原裁判所では，同様に，申立書の審査をし，申立状の却下の命令又は申立ての却下の決定がされます（法318条5項において準用する法313条～315条，規則199条2項）。

　上告の提起と上告受理の申立てが，1通の書面でされることもありますが，この場合にはその旨を明らかにするとともに，それぞれの理由を区別

第13章 上 告

して記載しなければなりません（規則188条）。

民訴法第311条（上告裁判所）
1 上告は，高等裁判所が第2審又は第1審としてした終局判決に対しては最高裁判所に，地方裁判所が第2審としてした終局判決に対しては高等裁判所にすることができる。
2 第281条第1項ただし書の場合には，地方裁判所の判決に対しては最高裁判所に，簡易裁判所の判決に対しては高等裁判所に，直ちに上告をすることができる。

民訴法第312条（上告の理由）
1 上告は，判決に憲法の解釈の誤りがあることその他憲法の違反があることを理由とするときに，することができる。
2 上告は，次に掲げる事由があることを理由とするときも，することができる。ただし，第4号に掲げる事由については，第34条第2項（第59条において準用する場合を含む。）の規定による追認があったときは，この限りでない。
　一 法律に従って判決裁判所を構成しなかったこと。
　二 法律により判決に関与することができない裁判官が判決に関与したこと。
　二の二 日本の裁判所の管轄権の専属に関する規定に違反したこと。
　三 専属管轄に関する規定に違反したこと（第6条第1項各号に定める裁判所が第1審の終局判決をした場合において当該訴訟が同項の規定により他の裁判所の専属管轄に属するときを除く。）。
　四 法定代理権，訴訟代理権又は代理人が訴訟行為をするのに必要な授権を欠いたこと。
　五 口頭弁論の公開の規定に違反したこと。
　六 判決に理由を付せず，又は理由に食違いがあること。
3 高等裁判所にする上告は，判決に影響を及ぼすことが明らかな法令の違反があることを理由とするときも，することができる。

民訴法第313条（控訴の規定の準用）
　前章の規定は，特別の定めがある場合を除き，上告及び上告審の訴訟手続について準用する。

民訴法第314条（上告提起の方式等）
1 上告の提起は，上告状を原裁判所に提出してしなければならない。
2 前条において準用する第288条及び第289条第2項の規定による裁判長の職権は，原裁判所の裁判長が行う。

民訴法第318条（上告受理の申立て）
1 上告をすべき裁判所が最高裁判所である場合には，最高裁判所は，原判決に最高裁判所の判例（これがない場合にあっては，大審院又は上告裁判所若しくは控訴裁判所である高等裁判所の判例）と相反する判断がある事件その他の法令の解釈に関する重要な事項を含むものと認められる事件について，申立てにより，決定で，上告審として事件を受理することができる。
2 前項の申立て（以下「上告受理の申立て」という。）においては，第312条第1項及び第2項に規定する事由を理由とすることができない。
3 第1項の場合において，最高裁判所は，上告受理の申立ての理由中に重要でないと認めるものがあるときは，これを排除することができる。
4 第1項の決定があった場合には，上告があったものとみなす。この場合においては，第320条の規定の適用については，上告受理の申立ての理由中前項の規定により排除されたもの以外のものを上告の理由とみなす。

第13章 上　告

5　第313条から第315条まで及び第316条第1項の規定は，上告受理の申立てについて準用する。

2　事件の取扱い

3　最高裁判所に事件が送られますと，事件はどのように取り扱われるのですか。

　事件は，下級裁判所におけると同様に，あらかじめ定められた順序に従い，各小法廷に順次配られます。各小法廷では，主任裁判官が決められます（最高裁判所裁判事務処理規則6条）。あわせて，担当の最高裁判所調査官も決められます。主任裁判官は，下級裁判所とは異なり，事件の配点に伴い直ちに記録を点検するということはありません。事件が，まずは最高裁判所調査官の調査に委ねられるからです。各裁判官は，調査官から調査の結果を報告書として受け取った後に，検討に着手することになりますが，主任裁判官は，必要に応じて，審理の方針等について調査官の意見を求めるなどしてから，審理が開始されることになります。

最高裁判所裁判事務処理規則第6条
　　小法廷では，各事件につき，主任裁判官を定める。

3　上告等の受理

4　上告受理の申立てであれ，上告の提起であれ，なかなか最高裁判所の扉を開いてもらえないと聞きます。

　上告審は，法律審として，上告の理由も限られていますし，多数の事件を扱うことから，真に審理に値する事件を選別するためにも，上告理由の審査が厳格に行われるといえます。
　上告の理由の記載においても，憲法違反を理由とする場合には，憲法の条項とともに憲法に違反する事由を示すとともに，さらに訴訟手続に関するときは憲法に違反する事実を記載しなければなりません。また，絶対的上告理由を理由とする場合にも，該当する事実と関係条項を記載すること

が求められています（規則190条）。

　上告受理の申立ての理由の記載においても，原判決に判例と相反する判断があることや法令の解釈に関する重要な事項を含むこととともに，法令の条項や違反事実を示さなければなりません（規則199条）。

　いずれの場合であっても，採り上げられるためには，指摘する理由について，的確に述べる必要があります。

5　上告受理の申立てをしましたが，不受理とされました。その後同種事案で受理されたことを知りました。どうしてでしょうか。

　たしかに，前に不受理とされた事案と同様の事案で，後に受理決定がされることがあります。そのような場合としては，まず一見同種と見受けられる事案であっても，異種事例であることが考えられます。次に，同種事案であるとしても，上告受理の申立てが，たとえば判例違反を理由とする場合に，申立理由において示された判例と異なる判例に違背することを理由とするときがあり得ます。さらに，当初の申立ての段階では，その申立ての理由によっても法令の解釈に関する重要なものが含まれているとみられなかった場合が考えられます。この中には，その後に事例が積み重ねられることによって，あるいは高等裁判所の判断が分かれるに至った場合に，判断の統一の要請から採り上げられることがあり得ます。何よりも，社会経済の動向によって，重要な法令違背として看過できない事態が生じたことも考えられます。いずれも受理申立ての制度上やむを得ないことかもしれません。

　いずれの場合でも，受理を得るためには，申立てに当たって，受理の理由に該当する事項を具体的に克明に記載することが重要といえます。

第13章　上　告

> 6　1審，2審とも，過失に関する事実の認定の過程が極めて不合理で，過失があるとされた認定判断も不自然であって，とうてい納得できません。

　上告審は，原判決の憲法その他の法令違反の有無を審判することを目的としますから，原審の適法に確定した事実に拘束されます（法321条）。翻っていえば，原審の事実認定に法令違背がある場合には，拘束されないということです。たとえば，違法な弁論に基づくものや違法な証拠調べの結果を用いた事実認定は違法とされます。また，事実認定の過程に経験則からみて看過しがたいとみられる場合もあり得ます。経験則が法律であるかどうかは，いろいろな考え方があるところですが，最高裁判所は経験則違背を法律違反とみています。

　そもそも，過失のほかにも意思表示のありようや因果関係の有無などは，事実の認定か法律の解釈か微妙な場合もあるでしょうから，これらの規範的事実自体に不服を述べる場合には，その根拠として，事実の認定ではなく評価部分を争うものであることを的確に示す必要があるでしょう。

　上告受理の申立てにおいても上告の提起においても，法令違背等を指摘するものの実質は原審の事実の認定を非難するとみられるものが多くあります。事実の認定の過程を非難する場合には，法令違背あるいは理由不備等を裏づけ得る理由を具体的に示すことが必要です。

> 7　1審，2審を通じて当方の申し出た証人も取り調べられずに終わりました。原判決の事実認定も極めて杜撰です。審理不尽として上告をしたいと思います。絶対的上告理由にはどのようなものがあるのですか。

　たしかに，上告審の判決には，かつては審理不尽として原判決を破棄したものがありました。しかし，上告の理由として，法律には，憲法その他の法令違反が掲げられ，絶対的上告理由としては，裁判所の構成の違反などと並んで，理由不備や理由の食い違いが掲げられています。このうち，理

第13章 上　告

由不備とは，主文に到達した過程に理由が欠けているか不明確な場合をいい，理由の食違いとは，判決の理由に矛盾があることをいうとされていますが，いずれもその当てはめは，なかなか難しいところです。審理不尽とは，自由心証主義に関する法律違反（法247条）をいうか，あるいは理由不備をいうものでしょうか。

審理不尽についても，理由不備あるいは理由齟齬と同様に，単に判決理由の事実認定の当否を指摘するだけでは正当な上告の理由とはされないことを銘じておく必要があります。

なお，絶対的上告理由の裁判所の構成の違反について付言しておきます。裁判官の交替後に「当事者が従前の口頭弁論の結果を陳述」する弁論の更新手続がされないで判決がされた場合が挙げられます。弁論の更新がされますと，口頭弁論調書にその旨の記載がされなければなりませんので（規則67条），弁論の更新が実際に行われていても口頭弁論調書に弁論の更新の記載がないだけで上告理由となるわけです。このような事例はときに起こります。職権調査によって採り上げられることがよくありますが，当事者としても，口頭弁論調書に弁論の更新手続の記載がされているか点検しておく必要があります。

民訴法第315条（上告の理由の記載）
　1　上告状に上告の理由の記載がないときは，上告人は，最高裁判所規則で定める期間内に，上告理由書を原裁判所に提出しなければならない。
　2　上告の理由は，最高裁判所規則で定める方式により記載しなければならない。

民訴規則第190条（法第312条第1項及び第2項の上告理由の記載の方式・法第315条）
　1　判決に憲法の解釈の誤りがあることその他憲法の違反があることを理由とする上告の場合における上告の理由の記載は，憲法の条項を掲記し，憲法に違反する事由を示してしなければならない。この場合において，その事由が訴訟手続に関するものであるときは，憲法に違反する事実を掲記しなければならない。
　2　法第312条（上告の理由）第2項各号に掲げる事由があることを理由とする上告の場合における上告の理由の記載は，その条項及びこれに該当する事実を示してしなければならない。

民訴規則第191条（法第312条第3項の上告理由の記載の方式・法第315条）
　1　判決に影響を及ぼすことが明らかな法令の違反があることを理由とする上告の場合における上告の理由の記載は，法令及びこれに違反する事由を示してしなければならない。
　2　前項の規定により法令を示すには，その法令の条項又は内容（成文法以外の法令については，その趣旨）を掲記しなければならない。
　3　第1項の規定により法令に違反する事由を示す場合において，その法令が訴

第13章 上 告

訟手続に関するものであるときは，これに違反する事実を掲記しなければならない。

民訴規則第192条（判例の摘示）
　前2条（法第312条第1項及び第2項の上告理由の記載の方式並びに法第312条第3項の上告理由の記載の方式）に規定する上告において，判決が最高裁判所の判例（これがない場合にあっては，大審院又は上告裁判所若しくは控訴裁判所である高等裁判所の判例）と相反する判断をしたことを主張するときは，その判例を具体的に示さなければならない。

民訴規則第199条（上告受理の申立て・法第318条）
1　上告受理の申立ての理由の記載は，原判決に最高裁判所の判例（これがない場合にあっては，大審院又は上告裁判所若しくは控訴裁判所である高等裁判所の判例）と相反する判断があることその他の法令の解釈に関する重要な事項を含むことを示してしなければならない。この場合においては，第191条（法第312条第3項の上告理由の記載の方式）第2項及び第3項の規定を準用する。
2　第186条（控訴の規定の準用），第187条（上告提起の場合における費用の予納），第189条（上告提起通知書の送達等）及び第192条から前条まで（判例の摘示，上告理由の記載の仕方，上告理由書の提出期間，上告理由を記載した書面の通数，補正命令，上告裁判所への事件送付及び上告理由書の送達）の規定は，上告受理の申立てについて準用する。この場合において，第187条，第189条及び第194条中「上告提起通知書」とあるのは「上告受理申立て通知書」と，第189条第2項，第195条及び前条中「被上告人」とあるのは「相手方」と，第196条第1項中「第190条（法第312条第1項及び第2項の上告理由の記載の方式）又は第191条（法第312条第3項の上告理由の記載の方式）」とあるのは「第199条（上告受理の申立て）第1項」と読み替えるものとする。

4 審 理

8 最高裁判所で口頭弁論が開かれるのは，原判決を破棄する場合だけとうかがいましたが，間違いありませんか。

　上告裁判所といえども，判決で上告を棄却する場合には，本来であれば，口頭弁論を開かなければならないことになります（規則87条）。しかし，上告が不適法である場合や明らかに上告理由がない場合は決定で棄却されることは先に説明したとおりですが（法317条），そのほかにも，上告裁判所が，上告理由書や答弁書などから上告に理由がないと判断すれば，口頭弁論を経ないで上告を棄却することができると定められています（法319条）。上告裁判所は，上告理由書における不服申立ての限度で原判決の当否につき裁判するものであり（法320条），上告審は，法律審であって，上告理由の有無は書面を審理するだけでも判断できるというわけです。一方，上告棄却が見込まれる場合であっても，たとえば，重要な事項が含まれている

第13章 上 告

とみられる場合には，原則に則って，口頭弁論を開くこともできるわけです。

これに対して，上告を受け入れる場合は，原則として口頭弁論を開かなければなりません。もっとも，原判決を破棄する場合であっても，訴えが不適法であって却下されるときには，口頭弁論が開かれないこともあります。

審理は，まず小法廷で行われます。憲法判断が求められる場合などには大法廷に回付されます（裁10条，最高裁判所事務処理規則9条）。

9 会社訴訟では，破棄されることが多いと聞きました。どうしてでしょうか。答弁書の記載において心掛けるべきことがあるでしょうか。

破棄事例を見ますと，会社訴訟が多いとは必ずしもいえないようです。ただ，会社訴訟では，そもそも世間の耳目を引くものがあり，その結論が覆されたということで一層注目を浴びることから，破棄判決が多数に見えるのでしょうか。

会社訴訟では，社会経済事象が流動的で複雑であるうえ，性質上新規の法律判断が求められたり，また，争点について複数の考え方があり得る場合が多いともいえます。そこには会社法の規定が包括的で抽象的であることも関係しているのかもしれませんし，ソフトローなどの行政解釈や行政実例の動きも無視できません。さらに，具体的な事情として，下級審で判決や決定が出ますと，それについて多数の評釈が著わされて，それを参考として最高裁判所調査官において検討がより深められることが与っていることもあるでしょう。

会社訴訟の上告の提起に当たっては，あるいは答弁書の作成に当たっては，学説等によって会社法のあり得る解釈を示すにとどまらず，各説の利益衡量を緻密に行ったうえ，自らの仮説を立法過程や実証によって補強するとともに，必要に応じて他国の立法例や実例とそれらとの適合性を明らかにするなどして自説を裏づけることが必要でしょう。

第13章 上　告

民訴法第317条（上告裁判所による上告の却下等）
　1　前条第1項各号に掲げる場合には，上告裁判所は，決定で，上告を却下することができる。
　2　上告裁判所である最高裁判所は，上告の理由が明らかに第312条第1項及び第2項に規定する事由に該当しない場合には，決定で，上告を棄却することができる。

民訴法第319条（口頭弁論を経ない上告の棄却）
　　上告裁判所は，上告状，上告理由書，答弁書その他の書類により，上告を理由がないと認めるときは，口頭弁論を経ないで，判決で，上告を棄却することができる。

民訴法第320条（調査の範囲）
　　上告裁判所は，上告の理由に基づき，不服の申立てがあった限度においてのみ調査をする。

民訴法第321条（原判決の確定した事実の拘束）
　1　原判決において適法に確定した事実は，上告裁判所を拘束する。
　2　第311条第2項の規定による上告があった場合には，上告裁判所は，原判決における事実の確定が法律に違反したことを理由として，その判決を破棄することができない。

5　最高裁判所調査官

10　調査官裁判という言葉を聞きます。最高裁判所調査官は，上告審の判断にどのように関わっているのですか。

　裁判所調査官は，事件の審理及び裁判に関して必要な調査を掌るもので（裁57条），裁判官の負担を軽減するために補助的機関として設けられたものといえます。そのうち最高裁判所調査官は，当分の間裁判官をもって充てると定められています（裁附則3項）。最高裁判所調査官は，法律問題等の調査に携わりますが，もとより審理や訴訟手続上の権限をもつわけではありません。

　最高裁判所調査官の関与の実情をみますと，最高裁判所調査官は，裁判官全体を補佐するのであって，特定の裁判官に付いているわけではありません。その執務も，裁判官とは別室で行われます。事件は，その種別に応じて，行政調査官室，民事調査官室，知的財産権担当調査官の区分に従い，原則として各調査官に順次割り当てられますが，最高裁判所調査官は，裁判官として職務を遂行するわけではありませんから，下級裁判所の裁判官のように，あらかじめ決められた定めに従って厳密に割り当てられるわけ

第13章 上 告

ではありません。事件の担当に当たっては，原則として，単独で遂行します。最高裁判所調査官は，関係の判例，判例評釈，学説等を調査したうえ，調査結果をまとめた報告書を作成します。作成された報告書は，各裁判官に配布されます。その報告書に基づき，裁判官の求めに応じて，説明を加え，指示によっては報告を補充することもあります。最高裁判所調査官は，審議に立ち会うこともあります。裁判官による審議が行われ，多数意見が形成されますと，裁判官の指示により判決や決定の起案をします。

裁判官は，担当の調査官から報告書が提出されてから，事件の検討に着手しますが，簡易処理にふさわしい事件を除いては，対面合議による審議に付されます。もとより審理に当たり調査の結果に拘束されるものではありません。

最高裁判所調査官による判決書等の起案への関与も，最高裁判所の負担からみれば，やむを得ないと理解されます。

11 最高裁判所調査官が事件の選別をするとうかがいましたが，どのような基準で事件を選別するのでしょうか。

最高裁判所調査官は，原判決の当否を判断するに当たって，上告又は受理申立ての理由書に指摘された理由を検討します。その場合に，原判決に係る評釈，関係の判例，学説を調査し，ときには外国の立法例や判例を探し求めることもあります。これらを資料として調査結果をまとめて報告書を作成します。報告書においては，事件についていくつかの考えがあることを示すことはありますが，調査官自身の意見を述べることは控えます。その場合に，事件処理の見通しとして最終処理についての意見を付す慣例があるとうかがっていますが，これをもって事件の選別といわれるのかもしれません。たとえば，上告理由に記載された理由が法律に定められたものとはいえない事件などは軽微事件として簡易な審理に委ねられますが，一方，重要な論点が含まれている事件，新しい事象に対する判断を求められる事件，下級裁判所の判断が分かれている事件，破棄相当といえる事件は，合議を集中することが必要となります。このような観点から，意見が

第13章 上　告

付されます。
　最高裁判所には，多数の事件が持ち込まれます。民事事件でいえば，年間6000件に上ります。したがって，15人の裁判官だけで取り扱うことはほぼ不可能といえます。事件の選別は，最高裁判所の負担の軽減を図り，ひとえに重要な争点のある事件の審理の効率化を図るためのものといえるでしょう。

　裁判所法第57条（裁判所調査官）
　　1　最高裁判所，各高等裁判所及び各地方裁判所に裁判所調査官を置く。
　　2　裁判所調査官は，裁判官の命を受けて，事件（地方裁判所においては，知的財産又は租税に関する事件に限る。）の審理及び裁判に関して必要な調査その他他の法律において定める事務をつかさどる。

6　判　決

12　上告理由をしっかりと記載しましたが，簡単な定型の理由で上告を棄却されました。

　たしかに，上告が棄却される場合に，その理由として紋切り型のものが示されることがあります。
　最高裁判所において，発足のころから扱ってきた事件数は実に多数に上るわけですが，多くの事件を取り扱う過程で事件が類型化され，類型に応じて自ずから判決理由も定型化されることになります。例文棄却といわれる定型の理由についても，かつて最高裁判所調査官室において幾度となく検討を重ねて案文が練り上げられたとうかがっています。そのような検討の結果がふまえられていることからすると，いわゆる定型の理由によって棄却されていたとしても，十分な検討を経た結果といえるかもしれません。
　最近では，上告棄却の場合であっても，できるだけ事案に応じた理由づけがされるように努力しているともうかがっています。

第13章　上　告

13 補足意見が付されました。どのような場合に補足意見が付くのでしょうか。

　最高裁判所においては，裁判書に各裁判官の意見を表示しなければならないと定められています（裁11条）。評議の結果，全員一致の判断がされたときは，1つの理由記載をもって全員の意見が表示されたことになります。その場合に，法廷意見の結論には賛成であるが，理由づけが異なる場合には，少数意見として異なる理由が示されることになります。

　補足意見が付けられる場合には，いろいろあります。法廷意見又は多数意見を補充する場合のみならず，当該事案の処理には直接関わらないものの重要な争点が含まれている場合，周辺の事象に問題が見込まれる場合，将来の事例を見越して問題を提起する場合などに考え方を示しておくことがあります。

　補足意見は，後に多数意見を形成することもありますし，下級審が腐心している争点に関して導きの役目をすることもありますので，十分に把握しておく必要があります。

民訴法第325条（破棄差戻し等）
　1　第312条第1項又は第2項に規定する事由があるときは，上告裁判所は，原判決を破棄し，次条の場合を除き，事件を原裁判所に差し戻し，又はこれと同等の他の裁判所に移送しなければならない。高等裁判所が上告裁判所である場合において，判決に影響を及ぼすことが明らかな法令の違反があるときも，同様とする。
　2　上告裁判所である最高裁判所は，第312条第1項又は第2項に規定する事由がない場合であっても，判決に影響を及ぼすことが明らかな法令の違反があるときは，原判決を破棄し，次条の場合を除き，事件を原裁判所に差し戻し，又はこれと同等の他の裁判所に移送することができる。
　3　前2項の規定により差戻し又は移送を受けた裁判所は，新たな口頭弁論に基づき裁判をしなければならない。この場合において，上告裁判所が破棄の理由とした事実上及び法律上の判断は，差戻し又は移送を受けた裁判所を拘束する。
　4　原判決に関与した裁判官は，前項の裁判に関与することができない。
民訴法第326条（破棄自判）
　　次に掲げる場合には，上告裁判所は，事件について裁判をしなければならない。
　一　確定した事実について憲法その他の法令の適用を誤ったことを理由として判決を破棄する場合において，事件がその事実に基づき裁判をするのに熟するとき。
　二　事件が裁判所の権限に属しないことを理由として判決を破棄するとき。

第13章　上　告

7　和　解

14　上告審は法律審ですから，和解はできないとうかがいましたが，和解はできるのでしょうか。

　和解の試みは，裁判の係属中いつの段階でもできるのですから（法89条），上告審でもすることができます。記録が控訴審にあるときは，控訴審でもすることができます。

　たしかに，上告審は，法律審として，法令の解釈適用の是正統一を主要な役割としますから，和解の試みには馴染みにくいともいえます。そのうえ，当事者，裁判所とも，1，2審で既に和解に向けての努力はされているのが通常でしょうから，裁判所から和解を勧告することも多くはないといえるでしょうし，当事者から和解が希望されたというだけではなかなか和解手続は開始されないかもしれません。もっとも，当事者双方から既に合意が形成されているとして和解勧試が希望されたときには開かれることがあり得ます。また，裁判所からの勧告としては，集団的訴訟などで多数者において和解が既に成立している場合，原審の裁判終了までに長期間を要している場合で法律判断を示すだけでは抜本的な解決が図れない場合などの特別の事情がある場合には，あり得るでしょう。

15　最高裁判所における和解の試みに特別の手続がありますか。最高裁判所調査官が担当するのですか。

　和解の手続は，上告審であるからといって，特別のものがあるわけではありません。和解の勧告は，下級審においてと同様，裁判所による訴訟指揮として行われます。そして，当事者間で合意が成立すれば，裁判官が和解条項を確認して調書に記載されます（規則163条・164条）。下級審と異なるところといえば，最高裁判所調査官が，裁判官の補助者として進行を図り，下級審で行われるところの和解成立に向けての作業を執り行うことが挙げられます。

8 判　例

> 16　最高裁判所の判決や決定は、すべて判例となるのですか。公式の判例はどのようにして決められるのですか。

　上告審で下された判決や決定は、いずれも確定した判断としての意味があります。最高裁判所の裁判の理由において同じ趣旨の判断が繰り返されれば、具体の事件についての判断とはいえ、やがてその判断部分が下級審の裁判を強く拘束することになり、一層強く規範的価値をもってきます。法律も、最高裁判所の判決又は決定の理由において法令の解釈適用について示された判断は、それを変更するためには大法廷の裁判によらなければならないと規定しています（裁10条3号）。このような判断部分は、制定法に準じる規範的効力をもつといえます。この規範的価値は、明確にされ、安定的に供する必要がありますので、公式に認知されることが求められます。そこで特に公式の判例集に登載されたものが判例といえるでしょう。

　公式の判例は、民事裁判についていえば、最高裁判所民事判例集（「民集」と略称されます）に掲げられたものということができます。民集登載の選別は、最高裁判所内の判例委員会において行われます。判例委員会は、判例委員である各小法廷から選ばれた6名の裁判官と幹事である調査官全員で構成されます。選別に当たっては、判示事項と判決要旨が決められます。これらを示すことによって、判例部分が明示されることになります。判例委員会で民集に登載されなかったもので重要なものは、最高裁判所裁判集に登載されます。このことについても、一般の法律雑誌に掲載されます。

> 17　上告を提起しようと思うのですが、既に判例があると聞きました。判例は動かし得ないものでしょうか。

　判例にもいくつかの種類がありますし、その拘束力にも違いがあるといえます。一般には、判例は、理論判例（一般判例）、場合判例及び事例判例

第13章 上 告

に分類されます。事例の積重ねの程度などから，強い判例と弱い判例に分けられることもあります。

理論判例とは，一般法理を示すもので法律と同等の規範性が認められ，場合判例とは，一定の要件が充たされる場合に一般的に適用される規範として位置づけられ，そして事例判例とは，当該事例と同様の事情があって初めて適用される規範といえます。したがって，その拘束力は，理論判例にあっては，法規範と同等であり，場合判例にあっては，示された要件によって限定され，事例判例にあっては，同様の事情を必要とするということができます。

場合判例と事例判例については，その要件又は事情を充たしていないとして，判例の拘束性がないと争うことができます。また，理論判例であっても，決して不動のものではありません。法規の当てはめと同様に，特別の事情があるときには，別の解釈の余地もあり得るからです。

当事者としては，判例を的確に分析して，要件や事情が異なることについて，あるいは特段の事情があることについて主張することによって，判例の拘束から免れることを述べ，場合によっては，社会経済事情の変化等を根拠に果敢に判例変更を求める気構えがあってもよいでしょう。

第 14 章

民事執行

安全安心社会

　法的解決を必要とする紛争がなお広範囲に社会内に伏在しているのが実情なのである。

　その理由として、「法的解決の時間的・金銭的コスト」「法的アクセスの不十分」が指摘されている（裁判の迅速化に係る検証に関する報告書第5回）。裁判に躊躇を感じた者は、46.7％。その理由として、費用が72％、時間が73％である。民事裁判の平均審理期間は7.8か月であるが、医療関係訴訟や建築関係訴訟になると、その3倍にもなる。そもそも、弁護士の利用もまだまだ少なく、原被告双方に弁護士がついた割合は37％にすぎない。

　企業間の紛争に目を転じても、東京地裁の専門部に持ち込まれる会社訴訟は350件前後で、そのうち8割ほどは非公開会社、とりわけ同族会社の親族間の紛争であるという。企業活動の国際化で、あるいは物言う株主によって、国際的な企業紛争や大規模会社のコンプライアンス関係の紛争が司法の場に持ち込まれつつあるとはいえ、司法が十分に受容されているのか疑問である。企業にとって、訴訟リスクは織り込み済みであるというものの、その予測可能性と解決までの道筋が示されなければ、企業活動はいつまでも不安を抱え、活性化も妨げられることになろう。

　「法的アクセスの不十分」等については、法教育の充実はもとより、社会の隅々から紛争を汲み上げ、仲裁や調停などから最適のシステムを容易に選択できるように、法の担い手において、不断に対話や情報発信に取り組んでいかなければなるまい。なによりも、裁判官はもとより法曹が協働して現在あるツールを最大限に使いこなすことである。そのためには、マネジメント意識を強く持って、時間と費用の軽減に努めるほか、裁判過程の見える化を図ることも求められる。紛争当事者が自己決定できるように、裁判の心証を含む情報の開示を図ることも必要である。こうして実体法が埋めきれない部分を裁判が法規範として示すことができれば、企業活動の行為準則としても役立ち、紛争の予防・回避にも有益となるであろう。

　紛争が正当に汲み上げられず、潜在化しているとすれば、社会の底に蓄えられたマグマはいつ爆発するかもしれない。紛争に対する備えを確かなものとしない社会は、安全安心社会とはいえまい。高齢化社会への突入、家族観の変容等を前にして、新しい革袋も用意されなければならない。民事裁判は社会の重要なインフラであることを今一度問い直したいものである。

　（「安全安心社会」『Business Law Journal』（2014年12月号）17頁より抜粋）

第14章　民事執行

❶　概　　説

確定判決を得た場合であっても，相手方が判決の記載のとおりに任意に履行しないときには，強制的に判決の内容の実現を図らざるを得ない。そのためには，強制執行の申立てが必要である。

❷　強制執行の申立て

強制執行の申立ては，裁判所書記官から確定判決などに執行分の付与を得たうえ（民執26条，民執規16条），その執行力のある債務名義を添付して，申立書に必要事項を記載してしなければならない（民執23条，民執規1条・23条）。執行文は，債務名義の執行力を公証する文書で，債務名義の正本の末尾にその債務名義によって強制執行することができる旨を付記する方法で付与される（民執26条2項）。

❸　強制執行の実施

強制執行の実施は，執行文の付された債務名義の正本に基づいて行われる（民執25条）。強制執行の開始には，債務名義の正本又は謄本が債務者に送達されていることが必要である（民執29条）。

民事執行には，請求の内容に応じて，金銭の支払を求める執行（民執43条以下）と金銭の支払を目的としない執行（民執168条以下）がある。前者の金銭債権の給付を求める執行は，相手方の財産に対して行うもので，裁判所又は執行官が，対象物を差し押さえたうえ，対象物が不動産，動産等である場合には競売してその配当を受け，債権その他の財産権である場合には差押命令を得てそれを取り立て，あるいはその債権の転付を受ける。後者の金銭以外の請求権の執行は，建物の収去のように相手方に代わってする執行，動産などの物の引渡しの執行，建物の所有権移転登記の申請のようにその意思表示があったものと擬制する執行などがある。

第14章　民事執行

　強制執行に不服がある場合は，執行抗告や執行異議，請求異議などの対抗手段が用意されている（民執10条・11条・32条・35条・38条）。

民執法第23条（強制執行をすることができる者の範囲）
　1　執行証書以外の債務名義による強制執行は，次に掲げる者に対し，又はその者のためにすることができる。
　一　債務名義に表示された当事者
　二　債務名義に表示された当事者が他人のために当事者となつた場合のその他人
　三　前2号に掲げる者の債務名義成立後の承継人（前条第1号，第2号又は第6号に掲げる債務名義にあつては口頭弁論終結後の承継人，同条第3号の2に掲げる債務名義又は同条第7号に掲げる債務名義のうち損害賠償命令に係るものにあつては審理終結後の承継人）
　2　執行証書による強制執行は，執行証書に表示された当事者又は執行証書作成後のその承継人に対し，若しくはこれらの者のためにすることができる。
　3　第1項に規定する債務名義による強制執行は，同項各号に掲げる者のために請求の目的物を所持する者に対しても，することができる。

民執法第25条（強制執行の実施）
　強制執行は，執行文の付された債務名義の正本に基づいて実施する。ただし，少額訴訟における確定判決又は仮執行の宣言を付した少額訴訟の判決若しくは支払督促により，これに表示された当事者に対し，又はその者のためにする強制執行は，その正本に基づいて実施する。

民執法第26条（執行文の付与）
　1　執行文は，申立てにより，執行証書以外の債務名義については事件の記録の存する裁判所の裁判所書記官が，執行証書についてはその原本を保存する公証人が付与する。
　2　執行文の付与は，債権者が債務者に対しその債務名義により強制執行をすることができる場合に，その旨を債務名義の正本の末尾に付記する方法により行う。

《事項索引》

あ

意見書	176
移　送	117
一人制	31
訴えの提起	23, 26
――の証拠収集	11, 14
――の証拠収集の処分	16
――の方式	23
応訴の準備	39, 41

か

会社関係訴訟	17, 44, 90, 110, 185, 204, 212, 220, 234, 242, 258, 262, 276
管　轄	115
鑑　定	133, 136, 182
――の嘱託	136, 182
鑑定人質問	184
鑑定人の陳述方式	184
鑑定の申出	134, 183
鑑定事項	183
鑑定方法	183
期日外釈明	77
期日外面接	78
既判力	210
求釈明	108, 109
強制執行	239
――の実施	287
――の申立て	287
経験則	209
形式的証拠力	135
検　証	133, 136, 187
検証調書	187
公開の原則	51
合議制	31, 111
攻撃防御方法	83, 97, 106
控訴審の審理	240, 251
控訴の提起	239, 243
控訴理由書	245
――の作成	246
口頭弁論	51, 97
――の終結	209
――の全趣旨	217
――の続行	97, 252
――の併合・分離	113
口頭弁論期日の実施	51, 97, 104
口頭弁論期日の指定	101
口頭弁論主義	51
口頭弁論調書	102

さ

最高裁判所調査官	277
最終準備書面の作成	209, 211
裁判官の交替	119, 125
裁判長の指揮権	109
裁判の合議	229
時機に遅れた攻撃防御方法	70, 97, 106
事実認定	209, 216, 221, 248, 273
執行力	210
実質的証拠力	135
釈明権	78
自由心証主義	134, 216
集中証拠調べ	133, 157
準備書面	45, 83
――の記載事項	83

事項索引

——の作成……………………… 83, 84
　　——の体裁・形式……………… 86
準備的口頭弁論…………………… 61, 64
上告受理の申立て……………… 267, 269, 272
上告審の審理…………………… 268, 275
上告等の受理……………………… 271
上告の提起……………………… 267-269
上告理由………………………… 267, 269, 273
証拠調べ………………………… 133, 255
　　——の実施…………………… 134
証拠説明書………………………… 138
証拠の準備………………………… 14
証拠の評価………………………… 216
証拠の申出…………………… 51, 133, 137
　　——の採否………………… 150
　　——の撤回………………… 149
　　立証事項…………………… 139
　　立証趣旨……………………… 139, 174
証拠保全…………………………… 14
証人調べ…………………… 135, 136, 157
証人尋問…………………… 133, 135, 159
　　——の順序…………………… 157
　　——の申出………………… 133, 142, 143
証人尋問の方法…………………… 163
　　主尋問……………………… 164
　　反対尋問…………………… 165
　　補充尋問…………………… 166
証　明……………………………… 133
証明責任…………………………… 133
証明度……………………………… 218
書　証…………………… 133, 135, 173
　　——の取調べ………………… 51, 173
　　——の申出…………………… 134, 139
職権進行主義……………………… 52
書面尋問……………………… 161, 162
書面による準備手続…………… 61, 64
進行協議期日………………… 62, 76, 249
心証形成… 93, 150, 170, 178, 187, 201,

209, 213, 221, 257
　　——の基準…………………… 223
心証の開示………………………… 226
尋問事項書………………………… 142
専門委員の関与…………………… 76
争点等整理手続…………………… 61
　　——の実施…………………… 61
　　——の種類………………… 61, 63
　　——の目的…………………… 61
双方審尋主義……………………… 51
訴訟進行に関する照会書……… 32, 243
訴訟の勝敗……………………… 214
訴訟の進行……………………… 99
訴　状
　　——の記載事項…………… 27, 28
　　——の作成……………………… 27
　　——の受理………………… 24, 32
　　——の審査………………… 24, 32
　　——の送達……………………… 25
　　——の添付書類………………… 28
　　——の対処……………………… 42
訴状等の陳述の擬制……………… 52

た

第1回口頭弁論期日………… 25, 51, 244
　　——の実施…………………… 51, 53
　　——の指定…………………… 25, 34
第1審判決後の準備…………… 239, 241
対　質……………………………… 161
調査嘱託…………………………… 179
直接主義…………………………… 210
陳述書…………………… 91, 154, 175
　　——の作成…………………… 175
テレビ会議……………………… 161, 162
当事者照会………………………… 147
当事者尋問…………………… 133, 136
当事者の欠席………………… 51, 97
答弁書の記載事項…………… 39, 40

事項索引

答弁書の作成……………………… 39, 45

は

判　決………… 209, 240, 259, 268, 279
　　——の言渡し……………… 210, 232
　　——の間違い……………………… 235
判決書……………………… 210, 239, 260
　　——の作成………………… 210, 231
　　——の体裁……………………… 233
判　例………………………………… 282
評　決………………………………… 230
附帯控訴……………………………… 239
文書送付嘱託………………………… 179
文書提出命令……………… 134, 179, 180
紛争解決の準備…………………… 3, 4
弁護士会照会…………………………… 16
弁論主義……………………………… 210
弁論準備手続……………… 61, 64, 249
　　——の実施…………………… 62, 66
　　——の終結…………………… 62, 74

時系列表………………………………… 67
争点整理表……………………………… 67
立証計画………………………………… 70

ま

民事保全…………………………… 9, 12

や

要件事実………………………… 133, 223

わ

和　解………………… 191, 261, 281
　　——の実施……………………… 191
　　——の成立……………………… 191
和解勧告…………………… 192, 261, 281
　　——の拒絶……………………… 195
　　——の申出……………………… 194
和解条項………………………………… 191
和解条項案……………………………… 200

《初出一覧》

　本文における質疑・応答部分は，以下の連載によります。

「裁判最前線（第1回）和解について」金融法務事情1981号55～61頁。
「裁判最前線（第2回）裁判所に提出する書面」金融法務事情1983号39～45頁。
「裁判最前線（第3回）訴訟における裁判所対応(1)」金融法務事情1985号110～115頁。
「裁判最前線（第4回）訴訟における裁判所対応(2)」金融法務事情1987号108～113頁。
「裁判最前線（第5回）訴訟における裁判所対応(3)」金融法務事情1989号92～97頁。
「裁判最前線（第6回）民事事件の取扱い(1)」金融法務事情1991号92～96頁。
「裁判最前線（第7回）民事事件の取扱い(2)」金融法務事情1993号62～65頁。
「裁判最前線（第8回）証拠調べ(1)」金融法務事情1995号83～88頁。
「裁判最前線（第9回）証拠調べ(2)」金融法務事情1997号76～81頁。
「裁判最前線（第10回）証拠調べ(3)」金融法務事情1999号138～141頁。
「裁判最前線（第11回）証拠調べ(4)」金融法務事情2003号85～89頁。
「裁判最前線（第12回）証拠調べ(5)」金融法務事情2005号114～118頁。
「裁判最前線（第13回）裁判の終結(1)」金融法務事情2007号42～46頁。
「裁判最前線（第14回）裁判の終結(2)」金融法務事情2009号87～91頁。
「裁判最前線（第15回）控訴(1)」金融法務事情2011号67～71頁。
「裁判最前線（第16回）控訴(2)」金融法務事情2013号106～111頁。
「裁判最前線（第17回）上告」金融法務事情2015号60～66頁。
「裁判最前線（第18回）補遺(1)」金融法務事情2021号59～65頁。
「裁判最前線（第19回・完）補遺(2)」金融法務事情2023号95～99頁。

民事裁判の要領――裁判官の視点から――

2016年7月15日　初版第1刷印刷
2016年8月15日　初版第1刷発行

廃止　検印	
	©著者　門口正人
	発行者　逸見慎一

発行所　東京都文京区本郷6丁目4の7　株式会社　青林書院
振替口座　00110-9-16920／電話03(3815)5897〜8／郵便番号113-0033

印刷・中央精版印刷㈱／落丁・乱丁本はお取替え致します。
Printed in Japan　ISBN978-4-417-01689-2

JCOPY　〈(社)出版者著作権管理機構　委託出版物〉
本書の無断複写は著作権法上での例外を除き禁じられています。複写される場合は，そのつど事前に，(社)出版者著作権管理機構（電話03-3513-6969，FAX03-3513-6979，e-mail: info@jcopy.or.jp）の許諾を得てください。